HILAL SEZGIN

WIESO?
WESHALB?
VEGAN!

WARUM TIERE RECHTE HABEN UND
SCHNITZEL SCHLECHT FÜR DAS KLIMA SIND

FISCHER Taschenbuch

Dieses Buch ist vegan. Alle bei der Herstellung verwendeten
Materialien sind frei von tierischen Inhaltsstoffen.

Erschienen bei FISCHER Kinder- und Jugendtaschenbuch

Frankfurt am Main, Juni 2016

Originalausgabe
© 2016 S. Fischer Verlag GmbH, Hedderichstr. 114,
D-60596 Frankfurt am Main

Umschlaggestaltung: favoritbüro, München, unter Verwendung
von Vignetten von Jaroslaw Kaschtalinski
Infographiken: Christina Hucke & Christiane Hahn, Frankfurt am Main
Satz: Dörlemann Satz, Lemförde
Druck und Bindung: CPI books GmbH, Leck
Printed in Germany
ISBN 978-3-7335-0228-7

INHALT

KAPITEL 1

WAS VEGANER EIGENTLICH WOLLEN

Es gibt unheimlich viele Klischees und Vorurteile über Veganerinnen und Veganer. Manche Menschen meinen, Veganer würden überhaupt keine üblichen Speisen essen, sondern sich praktisch nur von Grünzeug ernähren, also etwa von Gras oder dem Kraut an den Möhren; darum wären alle Veganer dünn und klapprig.

Allerdings ist es nicht so leicht, ausgerechnet mir das ins Gesicht zu sagen, denn ich bin überhaupt nicht dünn und klapprig. Dafür hat mir vor ein paar Tagen eine Frau gesagt, sie würde das mit dem Veganismus alles verstehen und gutheißen, nur hätte sie persönlich keine Lust, immer nur Brei zu essen. »Brei?«, habe ich gefragt. (Ich finde Brei ekelhaft.) Sie nickte. Und ich war so verblüfft, dass ich vermutlich den Eindruck erweckte, meine vegane Gesichtsmuskulatur hätte von dem ganzen Brei essen Schaden genommen, denn ich starrte sie sprachlos und mit offenem Mund an.

Zur Richtigstellung: Veganerinnen essen nicht nur Kraut oder Brei, sondern sie lehnen bloß alles ab, was vom Tier kommt – weil Tiere dafür leiden und sterben mussten. Wir essen also kein Fleisch, Fisch, Käse, Milch oder Eier. Übrig bleibt aber die ganze Palette der globalen Pflanzenwelt, nämlich Getreide,

Obst, Gemüse, Hülsenfrüchte, Nüsse, Gewürze, auch Pilze; und ganz viele Produkte, die man herkömmlich aus Kuhmilch gemacht hat, aber auch aus Sojamilch herstellen kann, wie Frischkäse und Joghurt. Nur eben nichts vom Tier.

Backhefe ist übrigens kein Tier. Auch das ist mir einmal passiert: dass ein Freund, der sehr gut kocht und backt, aber leider das mit dem Veganismus überhaupt nicht versteht, fragte, ob ich denn sein selbstgebackenes Brot essen dürfe, da sei nämlich Hefe drin.

Ich weiß nicht, ob ihr mal einen Hefewürfel gesehen habt, wie man ihn zum Backen von Rosinenbrötchen oder Brot verwendet: Das sind ungefähr 3 cm große Würfel aus einer hellgrauen Masse, die an Knete erinnert; wenn man draufdrückt, zerbröselt sie. Ein Hefewürfel hat weder Augen, Ohren, Beine, Flügel, Flossen, Muskeln noch Nerven, kurzum, es ist eigentlich für jeden unmittelbar ersichtlich, dass Hefe kein Tier ist. (Tatsächlich besteht sie aus einzelligen Pilzorganismen.) Ein Hefewürfel leidet nicht, wenn er mit dem Teig vermischt wird, und er hat keine Angst davor, sein Leben beim Backen zu verlieren. Ich werde nie verstehen, wie dieser Freund auf die Idee kam, wir Veganerinnen würden keine Hefe essen – jedenfalls war klar, dass er sich ungeheuer schlau vorkam, als er mich das fragte. (Mir kam er in dem Moment eher weniger schlau vor.)

Andere Leute kennen berühmte sportliche Veganer aus dem Fernsehen und meinen darum, alle Veganer hätten Wahnsinnsmuskeln und einen Sixpack, würden sich Smoothies aus exotischem Super-Food zusammenmixen und praktisch ununterbrochen Marathon laufen. Dann wieder glauben manche, um vegan zu leben, müsste man reich sein und viel Geld fürs Essen ausgeben; wieder andere meinen, alle Veganerinnen hätten studiert und wären äußerst intellektuelle Leute.

Doch all das stimmt nicht. Veganerinnen und Veganer gibt es in allen Bevölkerungsgruppen, mit allen Berufen, allen Körperformen und in jedem Alter. Sicherlich sind darunter mehr junge Leute als alte oder mittelalte – allerdings kommen zu unseren monatlichen veganen Treffen auch drei Menschen über siebzig. Es leben wohl etwas mehr Frauen vegan als Männer – heißt es. Aber wenn ich mich auf den Tierrechtsdemos oder bei veganen Straßenfesten umschaue, will sich das nicht so recht bestätigen.

Auch das mit den Bevölkerungsgruppen – dass nur studierte Menschen vegan leben – ist nicht richtig. Als Schriftstellerin und Journalistin habe ich viel mit Menschen aus dem Kulturbereich, aus Zeitungen und Verlagen zu tun. Dort arbeiten sehr viele studierte Menschen, aber es enttäuscht mich oft zu sehen, wie wenige von ihnen über Tiere nachdenken und darüber, was wir ihnen mit der Massentierhaltung antun. Die meisten dieser Leute essen Fleisch, Eier und Käse, als ob es kein Morgen gäbe.

Bei unseren veganen Treffen hingegen kommen Leute mit allen möglichen Berufen zusammen, und wenn eine Berufsgruppe hervorsticht, dann am ehesten wohl die Krankenpflege. Zumindest kenne ich überproportional viele vegane Krankenschwestern, und wenn man sich überlegt, worauf sie spezialisiert sind, ist es gar nicht so abwegig: In ihrem Beruf geht es nicht um sie selbst, sondern um andere. Krankenpflegerinnen und -pfleger haben gelernt, sich um das Wohlergehen anderer Gedanken zu machen, und sie machen es auch gerne, sonst hätten sie diesen Beruf nicht gewählt. Dass jemand, der Menschen helfen möchte, wieder gesund zu werden, auch kein Interesse daran hat, Tieren Schaden zuzufügen, ist zwar nicht zwangsläufig so, aber doch eine plausible Konsequenz.

Die Wahrheit wissen wollen

Denn eigentlich müsste es Folgen für unser aller Handeln haben, *wenn* wir über den Zusammenhang zwischen unserer Lebensweise und dem Leid der Tiere nachdenken. Die meisten Leute denken natürlich nicht darüber nach, oder wenn doch, dann schieben sie diese Gedanken ganz schnell wieder beiseite. Zum Beispiel sehen sie im Fernsehen einen Film über einen Stall voller Legehennen, und diese Hühner sehen ganz erbärmlich aus, sie haben kaum Platz, reißen einander aus Frust die Federn aus und werden offensichtlich wie kleine Maschinen behandelt, die jeden Tag ein Ei auf dem Fließband abzulegen haben.

Der Anblick der armseligen Tiere rührt viele Menschen, aber irgendwie ist es nicht schön, abends über unbequeme Dinge nachzudenken, lieber schaut man einen Krimi oder eine Komödie, und überhaupt, was würde daraus für das eigene Frühstücksei folgen? Und gab es da nicht auch ein Problem mit Kälbern in der Kuhmilchproduktion? Wie kommen die Schweine eigentlich in die Wurst? Die Ahnung, dass sie selbst die Initiative ergreifen müssten, um etwas zu ändern, behagt den meisten Menschen nicht.

Menschen ändern ungern ihre Gewohnheiten, und sie stellen ihren Alltag ungern in Frage. Wenn man irgendetwas in seinem bisherigen Leben immer gleich gemacht hat, will man nicht darüber nachdenken, ob man es in Zukunft anders machen sollte. Und, so sonderbar es auch klingt: Die meisten Menschen reagieren auf den Gedanken, dass sie bisher vielleicht etwas falsch oder jedenfalls nicht optimal gemacht haben, nicht etwa damit, das zu ändern. Meistens verdrängen wir lieber die neue Einsicht und halten an unserem alten Handeln fest – unter anderem deswegen, weil es weh tut, sich Fehler einzugestehen. Besonders wenn einem die anderen, die unter diesen Fehler leiden müssen, leidtun.

Vielleicht habt ihr schon mal beobachtet, an euch selber oder euren Eltern, wie Menschen reagieren, wenn sie beim Shoppen in der Fußgängerzone ein Flugblatt angeboten bekommen, auf dem zum Beispiel das Foto eines Affen ist, der für einen Tierversuch benutzt wird. Es sieht schlimm aus, wie die wehrlosen Tiere da sitzen. Ihnen wurde ein Bolzen am Schädel montiert, und dieser Bolzen wird dann am Versuchsstuhl festgeschraubt (freiwillig würden die Affen dabei ja nicht stillhalten).

Die meisten Leute schauen betroffen, wenden sich dann aber einfach ab. Es macht ihnen ein schlechtes Gewissen oder sie bekommen Schuldgefühle, wenn sie erkennen, dass so viele Tiere für uns leiden, und dass wir so wenig unternehmen, um das zu ändern. Und Schuldgefühle gehören zu den unangenehmsten Gefühlen, die man haben kann. Die leichteste und schnellste Methode, sie wieder loszuwerden, ist natürlich, sie zu verdrängen – also mit aller Kraft zu »vergessen«, dass da überhaupt ein Problem war. Man macht irgendeinen blöden Witz über Tiere und Fleisch, lacht, und schon ist alles wieder gut. Beinahe.

Die andere Alternative ist, sich genauer zu informieren und vielleicht manchmal auch traurig zu werden bei dem, was man erfährt. Dazu braucht man etwas Mut und Stärke, und dann kann man darüber nachdenken, ob sich etwas ändern lässt.

Da ihr aber nun schon mal dieses Buch in die Hand genommen habt, gehe ich davon aus, dass ihr genau das tun wollt: Euch informieren und nachdenken, statt euch gleich abzuwenden. Vielleicht wollt ihr etwas tun, um das Leid der Tiere zu mindern, oder vermutlich tut ihr sogar schon einiges dafür. Bevor ich mit diesem Buch angefangen habe, habe ich einige Kinder und Jugendliche interviewt; viele von ihnen haben sehr bedenkenswerte und berührende Sachen gesagt. Und einen, Arved – er ist erst neun! –, der mit seinen Eltern schon länger vegan lebt, habe ich gefragt, ob das nicht manchmal ein bisschen traurig sei, so viel darüber zu wissen, wie schlecht es den Tieren geht, die Milch und Eier geben und irgendwann als Fleisch auf dem Teller landen. Ob es nicht einfacher wäre, all das nicht zu wissen? Arved schüttelte den Kopf und sagte ganz bestimmt: »Ich will die Wahrheit wissen.«

Die positive Seite ist nämlich: Auch wenn man sich mit einem Krimi leichter ablenken kann und bei einer Komödie häufiger lacht, als wenn man sich mit dem Schicksal der Tiere beschäftigt, kann es sehr zufrieden machen, die Wahrheit herauszufinden – und etwas zur Verbesserung der Umstände zu unternehmen. Man lernt Menschen kennen, die die Dinge ähnlich sehen. Mit denen man über politische Fragen diskutieren kann. Die auch etwas unternehmen wollen. Mit denen man Infoveranstaltungen an der Schule, Kuchenbackaktionen in der Innenstadt und Demonstrationen vorbereiten und durchführen kann.

Das Schlimmste wäre zu meinen, dass man hilflos ist: Ich bin nur eine einzelne Person, ich kann eh nichts tun ... Über dieses Gefühl werde ich noch einiges schreiben, aber vorneweg: Es stimmt nicht. Jeder von uns kann etwas tun; und es gemeinsam mit anderen zu tun, kann sogar sehr viel Spaß machen. Anne Frank, das jüdische Mädchen aus Frankfurt, das sich mit ihrer Familie in einem geheimen Raum vor den Nazis versteckte, und irgendwann doch verraten und gefunden wurde und im Konzentrationslager Bergen-Belsen umgekommen ist, hat in ihr Tagebuch geschrieben: »Wie schön, dass keiner von uns auch nur einen Moment warten muss, um die Welt ein klein wenig zu verbessern.«

Ich nehme an, sie meinte solche Dinge wie Freundlichkeit; ihr Bewegungsspielraum war schließlich sehr begrenzt. Andererseits: Ihr Tagebuch, das weltweit millionenfach verkauft und gelesen wurde und wird, hat so viel dazu beigetragen, anderen Menschen den Horror des Nationalsozialismus klarzumachen und davor zu warnen, ein solches Gesellschaftssystem je wieder entstehen zu lassen. Insofern hat Anne Frank, selbst wenn sie in ihrem Kämmerchen saß und »nur« Tagebuch geschrieben hat, mit jedem Eintrag die Welt ein wenig verbessert. Und der Bewegungsspielraum von euch, die ihr dieses Buch lest, ist ja viel weniger eingeschränkt!

Eine Definition von Veganern

Vermutlich habt ihr schon gemerkt, dass ich mal die weibliche Form »Veganerinnen« verwende und mal die männliche: »Veganer«. Auch bei anderen Wörtern handhabe ich das so, aber gemeint sind jedes Mal alle Geschlechter. Im Deutschen (anders als im Englischen) klingen halt leider die meisten Endungen nach einem bestimmten Geschlecht, und um den Eindruck zu vermeiden, man würde nur Männer oder Frauen meinen, kann man Sternchen einsetzen (Veganer*innen) oder Unterstriche (Veganer_innen). Oder man lässt die Formen ohne besonderes Schema abwechseln, so mache ich es.

Ich habe das Kapitel mit allerlei Vorurteilen und verqueren Ideen angefangen, was Veganerinnen wohl sein könnten. Was ich dabei noch nicht erwähnt habe: Wie viele »Veggies« es überhaupt derzeit in Deutschland gibt. Ganz genau weiß man das nicht, man muss sich schließlich nirgendwo eintragen oder anmelden. Aber es gibt Schätzungen und Hochrechnungen. Der

Vebu – der deutsche Vegetarierbund, der allerdings eher für die vegane statt die vegetarische Lebensweise plädiert – spricht von rund 7,8 Millionen Vegetariern und 900 000 Veganern und führt dazu diverse Umfragen an. Demnach lebten rund zehn Prozent der Bevölkerung vegetarisch und 1,1 Prozent vegan. Wenn man bedenkt, dass vor zehn, zwanzig Jahren Vegetarier, und noch viel mehr Veganer(!), als verrückte Exoten galten, wird einem klar, welch große Fortschritte die vegane Bewegung in letzter Zeit gemacht hat. Übrigens nicht nur in Deutschland oder in anderen Ländern Europas, sondern weltweit! Neulich erst habe ich von einem veganen Studentinnenverein in Äthiopien gehört. Es gibt Veganer in Südostasien, in China und Indien. Und besonders viele in Brasilien und Israel – über Israel war kürzlich zu lesen, es seien dort bereits fünf Prozent!

Auch davon, wie sich die Massentierhaltung auf andere Teile der Welt auswirkt, wird in diesem Buch später die Rede sein. Doch zum Abschluss dieses Kapitels gibt es erst noch mal eine erweiterte Definition von dem, was Vegan-Sein bedeutet, nämlich übers bloße Essen oder Nicht-Essen von diesem oder jenem hinaus: Veganerinnen und Veganer sind Menschen ganz verschiedener Alters- und Bevölkerungsgruppen, die davon überzeugt sind, dass sich an der Umgangsweise von uns Menschen mit den Tieren etwas ändern muss. Zuallererst bedeutet dies, dass wir Tiere nicht mehr einsperren oder töten dürfen, um Nahrung aus ihnen zu gewinnen, wo es doch so viel anderes zu essen gibt. Weil diese »Nutztiere« eine so große Zahl ausmachen, engagieren sich Veganer vor allem gegen den Konsum von Fleisch, Milch, Eiern, Käse und dergleichen.

Aber sie finden es auch falsch, Tiere zu töten, um ihnen den Pelz abzuziehen, oder sie für Tierversuche zu quälen. Ganz grundsätzlich denken Veganer einfach: In unserer Gesellschaft sollte Gerechtigkeit herrschen – auch gegenüber Tieren. Man darf andere nicht töten – keine Menschen und auch keine Tiere. Man darf niemand Unschuldigen einsperren und ihm sein ganzes Leben verpfuschen und ihn behandeln wie eine Sklavin oder einen Sklaven. Sklaverei unter Menschen war früher üblich und ist heute verboten, und etwas ganz Ähnliches wünschen sich Veganerinnen und Veganer auch für Tiere.

KAPITEL 2

MIT WELCHEN TRICKS WIR MENSCHEN UNS DIE TIERE VOM LEIB HALTEN

Am Ende des vorigen Kapitels habe ich von »Gerechtigkeit« für Tiere gesprochen und darüber, dass Tiere nicht wie »Sklaven« leben sollten – aber solche ethischen oder politischen Begriffe im Zusammenhang mit Tieren zu verwenden, ist keineswegs selbstverständlich. In unserer Alltagssprache haben wir nämlich meist ganz unterschiedliche Wörter für den Umgang mit Tieren und mit Menschen. Ich habe auch geschrieben, dass wir Tiere nicht »einsperren« dürfen – aber sprechen wir normalerweise überhaupt von »einsperren«, wenn ein Bauer zum Beispiel Schweine in seinem Stall mästet, um sie zu schlachten?

Ich weiß nicht, ob ihr mal einem gesunden, ausgewachsenen Schwein begegnet seid – einem freien Schwein, meine ich. Eines, das irgendwo in Frieden alt werden darf oder praktisch wie ein Haustier lebt. Ich kenne einige solcher Schweine, und sie sind sehr beeindruckend. Erstens sind sie ziemlich groß, zweitens haben sie ungeheuer menschliche Augen, die einen sehr wach angucken. Wenn dich ein Schwein ansieht, kannst du meinen, ein verkleideter Mensch schaut dich an.

Außerdem mögen sie ziemlich viele Dinge, die Menschen auch mögen, und verhalten sich oft so, wie wir es tun. Wenn sie sich etwas in den Kopf gesetzt haben, sind sie nur schwer davon abzubringen, und sie versuchen einen auch gelegentlich auszutricksen. Prinz Lui zum Beispiel, ein ehemaliges Zirkusschwein, das bei meiner Freundin Karin auf dem Hof lebt, liebt Äpfel. Dummerweise (für Prinz Lui) hat Karin einen Zaun mit Törchen um den Apfelgarten gebaut. Dummerweise (für Karin) vergessen allerdings manche Menschen, das Tor richtig zuzumachen – und das hat Prinz Lui längst kapiert. Er weiß, dass es einmal »Klick« macht, wenn das Tor geöffnet wird; und wenn das zweite Klick fehlt, ist das für ihn ein Signal.

Weil er allerdings auch weiß, dass Karin seine Tätigkeiten im Obstgarten nicht schätzt, wartet er immer erst, bis Karin außer Sicht ist. Dann macht er sich auf den Weg. Karin konnte ihn erst überführen, nachdem sie das Törchen einmal absichtlich offen gelassen und sich versteckt hat. Prinz Lui wartete etwas, dann stapfte er los – und wurde ertappt.

Es ist ein bisschen blöd, unterschiedliche Tiere miteinander zu vergleichen und gegeneinander auszuspielen – aber es heißt, Schweine seien sogar intelligenter als Hunde. Von einigen Schweinen wird berichtet, dass sie musikalisch sind; Experimente zeigen, dass sie Farben und Formen unterscheiden und in Puzzletests zuordnen können. Sie sind sehr verspielt und haben ein komplexes Sozialleben mit persönlichen Sympathien und Antipathien. Die heutigen, eher rosafarbenen Schweine stammen von den dunkleren, behaarteren Wildschweinen ab, genetisch und vom Verhalten her sind beide fast identisch. Bei Wildschweinen konnte man beobachten, dass Sauen, die wegen einer Verletzung nicht mehr mit der Gruppe mithalten konnten, oft von einer anderen, befreundeten Sau begleitet wurden. Die Freundin blieb also lieber bei der Kranken und gab dafür die Sicherheit der Gruppe auf.

Schweine, die wie Haustiere mit Menschen zusammenleben, haben auch in mindestens zwei Fällen »ihren« Menschen das Leben gerettet. Einmal zog ein Schwein seinen Menschen, der beim Spazierengehen in einem Sumpf zu versinken drohte, an einer Leine heraus. Ein anderes Schwein, das im Haus lebte und sah, dass seine menschliche Mitbewohnerin schwächelte (weil sie einen Herzinfarkt hatte), zwängte sich mit aller Kraft durch die (für den Hund eingebaute, viel zu kleine) Türklappe trotz etlicher Schrammen nach draußen, legte sich auf die Straße und lotste die anhaltenden Autofahrer nach Hause zu der Hilfsbedürftigen, so dass sie einen Krankenwagen riefen.

Wenn sie nicht gerade Äpfel klauen oder Menschenleben retten, ziehen Schweine kilometerweit durch Wald und Wiesen, suchen mit ihrem empfindlichen und gleichzeitig robusten Rüssel im Boden nach Wurzeln und Würmern, nehmen im Sommer ein Bad im Bach oder suhlen sich zur Reinigung im Matsch und rubbeln später die Kruste ab, wie ein Peeling.

Es ist nicht schwer, sich vorzustellen, was es für solche intelligenten, aktiven Tiere bedeutet, wenn man sie in Ställe einschließt. Viel Platz haben sie darin nicht. Wenn sie geschlachtet werden, sind Schweine noch längst nicht erwachsen, sondern nur sechs bis sieben Monate alt. Dennoch wiegen sie dann bereits 110 Kilo und sind im Durchschnitt 130 cm lang und 40 cm breit. Laut Gesetz stehen jedem Schwein genau 0,75 Quadratmeter zu, das entspricht etwa der Größe einer Duschwanne.

Was sollen sie in dieser Duschwanne tun? Es ist ja klar, dass sie ihr normales Verhalten dort nicht ausleben können. Auf Freundschaften und Familien der Tiere wird in der Landwirtschaft sowieso keine Rücksicht genommen, man steckt einfach irgendwelche unbekannten Schweine zueinander, dann werden sie verkauft, zum nächsten Stall transportiert und wieder mit neuen unbekannten Tieren zusammengebracht. Das führt zu Stress und Kämpfen.

Und so ein enger Stall bieten den Schweinen keinerlei Möglichkeiten, etwas zu tun, etwas anzugucken, etwas zu erforschen. Durch Spalten im Betonboden fließen ihr Kot und ihr Urin in eine Grube darunter. Auf dieser Betontoilette gibt es für ihre neugierigen Rüssel nichts zu wühlen. Von unten steigen Kotgeruch, Ammoniak und Keime auf, darum bekommen sie oft Lungenentzündungen. Ein paarmal am Tag wird ihnen Futter in den Trog geschüttet, das ist rasch aufgegessen – den Rest der Zeit langweilen sie sich. Sie werden unruhig und fangen an, den anderen Schweinen, mit denen sie sich den engen Platz teilen, Schwänze und Ohren anzuknabbern.

Kein Wunder! Diese intelligenten und neugierigen Tiere werden von uns gezwungen, in den Mastställen ein völlig verarmtes Leben zu führen. Dennoch sprechen wir nicht von einsperren, sondern von »halten«. Jemand »hält« Tiere – und das klingt vollkommen zivilisiert. Tatsächlich aber hindern wir die Tiere durch Zwang, mit Hilfe von Mauern und technischen Vorrichtungen daran, sich ihren Weg in die Freiheit und in ein eigenes Leben zu suchen. So gesehen halten wir Tiere nicht, wir halten sie gefangen! Bei Menschen würden wir es Freiheitsberaubung nennen.

Ebenso würden wir von Entführung oder Kidnapping sprechen, wenn Kinder den Eltern weggenommen würden. Genau das aber ist in der Landwirtschaft Tieren gegenüber Routine! Die Ferkel nimmt man den Müttern weg, wenn sie erst drei oder vier Wochen alt sind – dabei würden sie noch viel länger bei ihnen trinken und mit ihnen herumziehen, wenn sie denn könnten. Die Kälber nimmt man den Kühen meist direkt nach der Geburt weg. Die meisten Kälber, aber auch Hühnerküken

Vergleich Lebenserwartung »Nutztier« vs. natürliche Lebensdauer

ÜBLICHES SCHLACHTALTER
NATÜRLICHE LEBENSERWARTUNG
··· AUSGEWACHSENES ALTER

J = JAHRE
M = MONATE
W = WOCHEN

30-50 J

NATÜRLICHE LEBENSERWARTUNG: 15-20 JAHRE

10-15 J

10-12 J

AUSGE-
WACHSEN
MIT 2-2,5
JAHREN

ÜBLICHES
SCHLACHT-
ALTER:
6-7 M

20-24 W

5-6 W

10-12 M

14-24 W

10-14 M

16 W

SCHWEIN

ZUM MÄSTEN
EINGESETZTE
HÜHNER UND
HÄHNE

PUTE

GANS

12-18 J

20-25 J

20-25 J

20-25 J

2 J

3 J

3 J

3 J

5-6 J

18-32 M

3-12 M

6 M

LAMM

ALS »KALB-
FLEISCH«
VERZEHRTES
RIND

TYPISCHES
»RINDFLEISCH«,
MEIST VON
JUNGBULLEN

MILCHKUH

lernen ihre Mütter nie kennen. Man steckt sie in die Mast, sorgt dafür, dass sie schnell »Fleisch« ansetzen und schickt sie zum Schlachthof, wenn sie noch längst nicht ausgewachsen sind, sondern eigentlich ihr Leben noch vor sich haben sollten. Was im Schlachthof mit ihnen passiert, ist ganz brachiale Gewalt, sie werden gewaltsam und völlig unschuldig getötet.

Aber nennen wir es Tötung? Nein, es heißt natürlich Schlachtung, und auch mit diesem Wort haben wir uns ein nützliches Etikett geschaffen, das ein bisschen verschleiert, was da eigentlich vor sich geht. Schlachtung klingt irgendwie technisch und sauber, wie etwas, das nicht weiter hinterfragt werden muss. Tatsächlich aber hat das mit Blut und Schreien und Angst und Schmerzen zu tun – eigentlich werden die Tiere schlicht umgebracht. Ist Schlachtung vielleicht einfach ein verharmlosendes Wort für »Mord« oder »Hinrichtung«?

Unsichtbar gemacht

Noch in meiner Kindheit, also vor etwa vierzig Jahren, gab es mitten in unserem kleinen Ort einen Metzger, der an einem bestimmten Wochentag dort Schweine geschlachtet hat. Wie man sich vorstellen kann, ist das kein schöner Vorgang – die Schweine haben Angst, sie versuchen zu entkommen, und wenn man sie anpackt oder mit den Schlachtermessern auf sie zugeht, schreien sie fürchterlich. Meine Mutter und ich vermieden es immer, an diesem Tag im Ortszentrum einkaufen zu gehen.

Heute ist es üblich geworden, Tiere außerhalb von Städten zu schlachten. Mit LKWs werden sie in die Schlachthöfe gefahren. Was drinnen geschieht, sieht und hört und riecht man von draußen nicht. Später kommen andere LKWs mit Fleisch wieder raus. Diese Schlachthöfe sind irgendwo auf dem Land am Rande kleiner Ortschaften platziert, nahezu unsichtbar für die Verbraucher, die das Fleisch nachher im Supermarkt kaufen.

Damit will ich natürlich nicht sagen, dass es besser ist, wenn man Tiere sicht- und hörbar in einem Wohngebiet schlachtet! Ich denke nur, dass wir seither wohl etwas sensibler geworden sind, wir würden Schlachtungen in unserer Mitte nicht mehr so einfach dulden. Irgendwie dämmert uns wohl auch allmählich, dass hier etwas Unrechtes geschieht ... Heute kann man jedenfalls nicht mehr einmal die Woche schreiende Schweine mitten im Ort schlachten, die meisten Anwohnerinnen – auch viele, die Fleisch essen – würden sich beschweren, den Metzger beschimpfen oder gar wegziehen. Was also machen wir?

Die US-amerikanische Bürgerrechtlerin Angela Davis, übrigens auch Veganerin, ist berühmt geworden durch ihren Einsatz für die gleichen Menschenrechte für schwarze und weiße Bürgerinnen und Bürger. Sie hat einmal gesagt: »Ich will nicht mehr all das akzeptieren, was ich nicht ändern kann. Ich will das ändern, was ich nicht akzeptieren kann!« Leider machen wir es im Alltag meist umgekehrt: Wir nehmen vieles stillschweigend hin, was eigentlich brutal und schrecklich ist. Und so hat unsere Gesellschaft, die das Schlachten von Schweinen nicht mehr mit ansehen möchte, nicht etwa das Schlachten von Schweinen eingestellt, sondern einfach den Ort des Geschehens verlegt. Dorthin, wo man es nicht mitbekommt.

Schon die Ställe, in denen tausende Schweine oder Hühner leben, auf engem Raum und meist ohne je den Himmel zu sehen oder die Sonnenstrahlen auf der Haut zu spüren, liegen fernab von Städten und sogar von den Dörfern. Wenn heute ein Landwirt einen Stall baut, baut er ihn weit draußen, jenseits vom Dorfrand; denn die Menschen wollen die armen Tiere dort nicht sehen, hören oder riechen. Die verrückte Konsequenz ist, dass wir die Tiere meistens gar nicht mehr als Tiere wahrnehmen, bevor wir sie sozusagen auf dem Teller haben.

Die Macht der Sprache

Ich werde in den späteren Kapiteln ausführlicher davon berichten, was mit den Tieren in unseren Ställen passiert. Jetzt möchte ich nur darauf hinaus, dass wir ständig verharmlosen, was wir den Tieren tatsächlich antun.

Der erste Trick, mit dem wir Tiere von uns fernhalten, ist also, dass wir deutliche, zutreffende Begriffe vermeiden; wir sprechen nicht von Gewalt, Einsperren, Kidnapping, Umbringen, sondern verwenden »neutrale« Begriffe wie Tierhaltung und Schlachtung. Und ein weiterer Trick ist die räumliche Entfernung und sogar Unsichtbarkeit: Die Tiere, die wir essen, leben außerhalb unseres Blickfelds und werden außerhalb unseres Blickfelds getötet; wir sehen sie erst im Supermarkt, da heißen sie Salami oder Schnitzel.

Und damit sind wir wieder bei der Sprache. Tote Tiere, die wir zu essen gedenken, nennen wir nicht mehr Tiere, sondern Fleisch. Es ändert sich etwas in der Grammatik: Man isst nicht *das* Schwein, *ein* Schwein oder *Schweine*, sondern Schwein. Das ist wie ein anderes Wort, es braucht keinen Artikel und hat keinen Plural. Es handelt sich nicht mehr um ein individuelles Tier, oder mehrere, sondern praktisch um Material – so wie man auch sagt: Das Geländer ist aus Eisen. Wir basteln mit Ton. Heute Abend grillen wir Fisch, in der Wurst ist Schwein. Oder man sagt eben gleich Speck oder Schnitzel.

Es gibt auf YouTube dieses Video, wo ein etwa fünfjähriges Mädchen aus Irland vor einem Teller mit Putenfleisch sitzt und weint. Wiederholt sagt es, es wolle nicht, dass Tiere zerhackt würden. Sie fragt: »Warum zerhacken die Menschen Tiere?« Schließlich sagt sie sogar: »Ich will nicht, dass wir Leute zerhacken.« Ihr Vater korrigiert: »Wir zerhacken keine Leute, sondern Tiere.« Und sie sagt: »Ich will nicht, dass wir Tier-Leute zerhacken.« Und ihr Vater: »Du meinst Tiere?« Das kleine Mädchen empfindet Tiere als »Leute«, aber in unserer Sprache ist das nicht korrekt.

Auch für die einzelnen Stadien im Leben eines Tiers haben wir unterschiedliche Begriffe geprägt, sogar wenn es um genau dieselben Vorgänge geht wie bei uns. Tiere fressen, wir essen; bei ihnen ist es Futter oder Nahrung, bei uns sind es Essen oder Speisen. Eine (Menschen)frau gebärt und stillt, eine Tiermutter hingegen wirft und säugt. Irgendwie klingt »gebären« und »stillen« vornehmer als »werfen« und »säugen«, dabei ist doch völlig klar, dass es dieselben biologischen Funktionen sind.

Als ich auf meinen Hof gezogen war und eine Schafherde geerbt hatte und einige der Schafmütter geboren/geworfen hatten, hat mich mein Nachbar, ein Landwirt, manchmal freundlich gerügt. Ich sagte nämlich zum Beispiel: »Da drüben steht Ernestine mit ihren Kindern«, aber er sagte: »Das sind Lämmer und keine Kinder!« Natürlich wusste ich, dass es Lämmer waren, aber warum ich sie nicht auch Kinder nennen sollte, hat mir nie so ganz eingeleuchtet: Schließlich waren Christopher und Kumpelchen – so nannte ich die Zwillinge – ja Ernestines Kinder. Und sie war ihre Mutter. Die beiden folgten ihr auf die Weide, und zwar, wie es Lämmer tun, schräg hinterm Hinterbein. Eins links, eins rechts. Wenn Ernestine irgendwo geruht hatte und aufstand, vollführte sie mit ihrem Kopf immer eine

Acht, um auf beiden Seiten nachzuschauen, ob Christopher und Kumpelchen ihr auch folgten.

Lämmer sind ganz entzückende Wesen, und die Leute aus dem Dorf brachten ihre (Menschen)kinder vorbei, um sie zu streicheln und sie zu betrachten. Viele aßen und essen dennoch »Lamm« ... Umso wichtiger ist es also, dass wir zu den Lämmern nicht Kinder sagen! Sonst würden wir uns klarmachen: Wir essen Schafskinder. Genau solche Schafskinder, die wir eigentlich so niedlich und lustig finden, zum Beispiel wenn sie auf der Weide spielen und einander jagen, mit allen Vieren gleichzeitig in die Luft springen (wie es ausgelassene Lämmer gerne tun) oder total konzentriert auf einem Grashalm herumkauen (aber man sieht: Der Grashalm kommt auf der anderen Seite ihres Mäulchens wieder völlig unbeschadet heraus, sie können in ihren ersten Wochen nämlich noch gar nicht kauen, aber sie üben es halt schon mal).

Was soll ein »Nutztier« sein?

Es kommt übrigens immer wieder vor, dass Menschen nicht verstehen können, warum die Schafe bei mir einfach so für sich leben und (hoffentlich) alt werden, ähnlich wie Katzen oder Hunde, ohne dass ich sie »nutze« oder »etwas mit ihnen tue«. Ich wurde schon zigmal gefragt: »Und was tust du mit den Schafen?« – »Nichts!« Viele Menschen zögern auch, die Schafe zu streicheln, obwohl einige der Tiere sehr verschmust sind; aber dann sagen die Leute, das seien doch »Nutztiere«.

Sie benutzen das Wort so, als wäre es vom Himmel gefallen oder als hätte es die Natur so eingerichtet, dass es »Nutztiere« auf der einen Seite gibt und auf der anderen Seite Haustiere,

Wildtiere und freie Tiere. Dabei sind doch alle Tiere Individuen, ganz egal, was wir Menschen mit ihnen vorhaben; wir kleben ihnen nur sozusagen das Etikett »Nutztier« auf, damit alles Spätere weniger brutal erscheint. Wenn wir zum Beispiel einen Hund oder eine Katze in einer Duschwanne einsperren und über dem eigenen Kot leben ließen, würden wir als Tierquälerinnen beschimpft und angezeigt.

Wenn Landwirte dasselbe mit Schweinen tun, ist es scheinbar völlig okay.

Aber hat das Schwein etwas davon, dass man es vorab als »Nutztier« deklariert hat? Wird dadurch irgendetwas für das Schwein besser?

Darum kann und mag ich das Wort »Nutztier« nicht ohne Anführungsstriche verwenden: »Nutztier« ist wirklich ein total blödes Wort für ein Tier, das gerne frei und unbehelligt leben würde, mit dem wir aber Schändliches vorhaben.

Mit all solchen Begriffen stellen wir eine Distanz her zwischen uns und den Tieren, die wir benutzen oder essen. Wir versuchen, uns die Tiere ganz buchstäblich vom Leib zu halten, als ob sie uns nichts angingen, als ob wir nicht genau wüssten, dass ihr Schmerz und ihre Freude und ihre Lebenslust der unseren ganz ähnlich ist. Indem wir sogar die grundlegendsten biologischen Funktionen bei ihnen anders benennen als bei uns (gebären/werfen, essen/fressen), hilft uns das, die Tatsache zu vergessen, dass wir mit ihnen verwandt sind.

Doch genau das sind wir. Genau das besagt Charles Darwins Evolutionstheorie, die wir im nächsten Kapitel genauer anschauen werden. Seit Charles Darwin ist klar, dass alles Leben auf der Erde aus demselben Ursprung entstanden ist und dass auch wir Menschen Tiere sind, nämlich Säugetiere. Biologen wissen das, wir anderen wissen es auch – dennoch reden wir im Alltag nicht so. Vielleicht kränkt es uns ein wenig, wenn der Mensch auf dieser Erde nicht etwas so Einzigartiges und Besonderes, sondern mit allen verwandt ist. Weil sie diese letztlich arrogante Haltung ablehnen, sprechen viele Veganerinnen und Tierrechtlerinnen nicht von »Menschen und Tieren« sondern von »Menschen und anderen Tieren«. Denn der grundlegendste Trick, mit dem wir uns die Tiere vom Leib halten, besteht darin, so zu tun, als ob wir selber keine Tiere wären.

KAPITEL 3

WELCHE GESCHICHTE UNS MIT DEN (ANDEREN) TIEREN VERBINDET

Habe ich eben etwa geschrieben, der Mensch sei nichts Einzigartiges und Besonderes? Aber natürlich sind wir etwas Besonderes! In Büchern und Filmen erzählen wir einander Geschichten über längst Vergangenes oder Erfundenes, in unseren Krankenhäusern wird am offenen Herzen operiert, und über das Internet kommunizieren wir mit Freunden und Freundinnen auf der anderen Seite des Globus.

Andererseits: Andere Tiere sind auch »besonders«. Viele ihrer Talente kennen oder sehen wir bloß nicht. Elefanten zum Beispiel sind beeindruckende und schöne Tiere, Elefantenbilder schmücken viele Alltagsgegenstände, von der Windel über den Kerzenleuchter bis hin zu Tapeten. Aber die wenigsten Menschen wissen, was zum Beispiel alles in einem Elefantenfuß steckt. Elefanten können im Infraschallbereich kommunizieren, also mit extrem niedrigen, für den Menschen unhörbaren Tönen; und sie empfangen die Schallwellen der anderen nicht nur über die Ohren, sondern auch über ihre Fußsohlen – über mehrere Kilometer hinweg! (Ist es nicht rätselhaft, wie ein so robust wirkendes Körperteil so sensibel sein kann?)

Auch Krokodile nutzen Infraschall, den sie durch Vibrationen im Wasser erzeugen und mit empfindlichen Sensoren auf ihren Körpern empfangen können. Wale können im Wasser über tausend Kilometer weit kommunizieren – und hören sogar, mit welchem anderen Wal sie »sprechen«! Seehunde wiederum, für die Orcawale eine Bedrohung darstellen, können die »Ausspracheunterschiede« von einheimischen oder ihnen unbekannten Orcafamilien erkennen.

Zugvögel orientieren sich an ihrem inneren Magnetkompass und am Sonnenstand; nachtziehende Vögel verwenden sogar eine Art Sternenkompass und orientieren sich an dem Polarstern, genau wie es viele Generationen menschlicher Seefahrer getan haben. Aale haben die vermutlich besten »Nasen« des Tierreichs – noch um ein Vielfaches sensibler als Hunde – und folgen damit der Spur von Meeresströmungen mehrere tausend Kilometer durch den Ozean.

Manche Fische besitzen elektrische Sensoren; afrikanische Goldmulle, die ähnlich wie Maulwürfe leben, können die Tritte von Termiten hören, die über den Sand laufen. Fledermäuse verschaffen sich Orientierung, indem sie Ultraschall abgeben, und sie können das von Gegenständen und Hindernissen zurückkommende Echo genauer auswerten als unsere besten Hightech-Geräte.

Über die Bulldog-Fledermaus habe ich gelesen, dass sie ihr Kind zwischen Millionen anderer Fledermauskinder wiederfinden kann, die alle zusammen in einer Höhle hängen, nachdem dieses Kind seinen eigenen Ruf geäußert hat, der nur 0,1 Sekunde lang dauert! Den Forschern hat es ziemliche Mühe gemacht, das herauszufinden, denn Menschen können keine Geräusche identifizieren, die so kurz sind – und dann noch in einem Gewirr von Millionen anderer Tönen!

Durch das Auge eines Tiers gesehen

Nach dem, was ich bis jetzt aufgezählt habe, scheint sich die Welt einer Fledermaus, eines Krokodils, eines Kranichs oder eines Aals ganz anders anzuhören, anzufühlen oder anders zu riechen als unsere. Dabei ist das Thema dieses Kapitels doch eigentlich nicht, was uns trennt, sondern was uns mit anderen Tieren verbindet. Aber die entscheidende Gemeinsamkeit ist, dass auch Tiere, genau wie wir Menschen, die Welt um sich herum bewusst wahrnehmen und dabei auch etwas empfinden. Die Informationen, die die Sinnesorgane der Tiere aufnehmen, werden nicht wie bei einem leblosen Gerät irgendwo abgespeichert, sondern bei Tieren (und Menschen) gibt es eine Art Zentrale, in der die Informationen zusammenlaufen und wo sie erfasst, empfunden und erlebt werden.

Auch ein Echolotgerät kann schließlich Schallwellen aussenden und auffangen, auch die Handycam kann visuelle Informationen aufnehmen und weitergeben; aber das sind bloße Daten, rein physikalische Vorgänge – die Geräte selbst nehmen keinerlei inneren Anteil an dem, was sie da nun aufnehmen, ob das ein vorbeifliegendes Insekt ist oder ein Feind, der sie zerstören will, es ist dem Gerät völlig gleich. Es registriert nur die empfangenen physikalischen Impulse. Der Unterschied zwischen einer Handycam und einem Auge liegt aber darin, dass zu jedem sehenden Auge eines Tiers jemand gehört, *für den* ein Geschehen oder die Umwelt soundso aussehen. Jedes Tier hat sozusagen eine Innenwelt, in der die Eindrücke der Außenwelt ankommen und wo diese Eindrücke meistens als negativ oder positiv empfunden werden.

Um es mal an einer anderen Wahrnehmung, dem Schmerz zu verdeutlichen: Jeder kennt den Unterschied, ob man einen

Stuhl tritt oder einen Hund. Wenn man einen Stuhl tritt, gibt es eventuell ein Geräusch, der Stuhl fällt um, vielleicht geht er sogar kaputt. Wenn man aber einen Hund treten würde, würde er aktiv einen Laut von sich geben – aus Überraschung oder aus Schmerz; er würde zurückweichen, um sich in Sicherheit zu bringen; und selbst wenn er nicht »kaputtginge« oder ernsthaft verletzt wäre, würde es dem Hund doch weh tun. Der Hund unterscheidet sich also von dem Stuhl darin, dass er den Tritt wahrnimmt und dass der Tritt ihm weh tut.

Die Philosophie hat verschiedene Begriffe für diesen Unterschied zwischen einem Stuhl und einem Hund gefunden; einer davon lautet: empfindungsfähig. Der Hund ist empfindungsfähig, der Stuhl nicht. Dafür gibt es eine biologische Grundlage: Die Tatsache, dass Säugetiere, Vögel, Fische und diverse andere Tiere Nerven und ein Gehirn oder eine Art »Nervenzentrale« haben, unterscheidet uns von unbelebten Gegenständen und macht uns zu empfindungsfähigen Lebewesen.

Ich habe Gehirn und Nerven genannt, weil das die beiden körperlichen Voraussetzungen sind, die die Biologie für unser Empfinden-Können verantwortlich macht. Diese Grundvoraussetzungen haben wir, trotz etlicher Unterschiede im Aufbau des Gehirns, mit anderen Säugetieren, Vögeln und Fischen gemeinsam; biologisch gesehen gehören wir alle zu den Wirbeltieren. Wirbeltiere heißen wir alle ja überhaupt deswegen, weil wir ein Rückgrat haben, das nicht nur die zentrale Achse unseres Skeletts ist, sondern in dessen Wirbeln viele gebündelte Nerven verlaufen, die zu unserer »Nervenzentrale« führen. So gesehen sind wir nicht nur Wirbeltiere, sondern vor allem auch »Nerventiere« oder »Gehirntiere«. (Diese Begriffe gibt es biologisch allerdings nicht! Im Übrigen haben auch einige andere Tiere, die keine Wirbeltiere sind, Empfindungen; dazu später mehr.)

Dass Tiere empfindungsfähig sind, was sie wahrnehmen, worunter sie leiden und was sie wollen, macht ethisch und für den Umgang mit ihnen einen entscheidenden Unterschied. Wenn jemand einen Stuhl kaputttritt, kann man sagen: »Mach nicht so viel Krach« oder »Hey, der Stuhl war teuer!«. Ganz anders reagiert man, wenn jemand plötzlich in unserem Beisein einen Hund treten würde: »Bist du verrückt, das arme Tier?!« oder »Man darf doch nicht einfach so einen Hund treten!«. Es geht uns dabei um den Hund selber – weil er ein empfindungsfähiges Lebewesen ist. Und genauso sind natürlich auch Kühe und Schweine und Hühner empfindende Lebewesen, deshalb wird es in diesem Buch noch viel darum gehen, wie sie ihre »Welt«, also die Ställe und Schlachthöfe, erleben, und ob wir das mit ihnen tun dürfen, was wir tun.

Descartes' Hunde

Jedes Tier hat also eine eigene Wahrnehmung, ein Erleben, eine Sicht auf die Welt – denn Tiere sind keine Computer oder Geräte, keine Automaten oder Maschinen. Dass ich etwas so Offensichtliches überhaupt auf mehreren Seiten ausbreite, mag etwas überflüssig wirken, aber tatsächlich hat es eine einflussreiche Tradition im Europa der letzten Jahrhunderte gegeben, die allen Ernstes behauptet hat, dass Tiere so etwas sind wie Automaten. Es gab wirklich einen bedeutenden Philosophen und Naturwissenschaftler, der gemeint hat, wenn Tiere Schmerzensschreie von sich geben, könne man das getrost ignorieren: Der Schmerzlaut eines Hundes sei ungefähr so etwas wie das Quietschen des Rades an einer schlecht geölten Maschine.

Es war der französische Naturforscher, Mathematiker und

Philosoph René Descartes, der das behauptet hat, und er behauptete es zu einer Zeit, als in Europa gerade ein entscheidender Wandel vor sich ging: Es war um 1600, und die Naturwissenschaften, wie wir sie kennen, entstanden. Man löste sich aus der Weltsicht des Mittelalters und versuchte, den Geheimnissen der Physik, Chemie und Biologie auf die Schliche zu kommen. Man wollte wissen, wie die Welt »zusammengesetzt« war und wie alles, vor allem auch das Leben, funktionierte.

Und darum haben die Naturforscher damals mit Begeisterung alles aufgeschnitten und auseinandergenommen, was die Erde hergab. Sie wollten die Natur in Aktion sehen, also das pulsierende Herz, die pumpende Lunge, die zuckenden Gliedmaßen. Dazu haben sie ihre armen Versuchstiere nicht mal in Narkose versetzt. Die Neugier von René Descartes zum Beispiel konzentrierte sich auf Hunde, die er bei lebendigem Leibe sezierte; er fühlte dann bei einzelnen Adern nach, wie das Blut durch sie strömte – während der Hund noch lebte und alles spürte! Und was uns heute offensichtlich ist – dass Hunde Schmerz empfinden –, konnte Descartes trotz allen Jaulens glatt ignorieren: Hunde waren für ihn nur quietschende Maschinen.

Im Grunde ist das ein bisschen sonderbar, weil man zu der Zeit noch gar nicht so komplizierte Maschinen herstellen konnte – man kannte damals noch keine Roboter oder batteriebetrieben Plüschtiere. Aber man stellte sich die natürliche Welt wie einen Supermechanismus, wie ein riesiges Uhrwerk vor, das Gott irgendwann mal gebaut und in Gang gesetzt hätte. Descartes glaubte, Gott hätte der »Maschine« Mensch zusätzlich noch eine Seele mitgegeben, daher wären wir empfindungsfähig (wie wir heute sagen würden). Die Tiere aber hätten keine Seele erhalten, würden daher also auch keinen Schmerz fühlen. Angeblich hat Descartes sogar den Hund seiner Frau an einer Wand festgenagelt und lebendig zerschnitten, um nachzuschauen, ob da eventuell doch eine Seele war – wie auch immer man die erkannt hätte. In dem Jaulen und Winseln und der entsprechenden Mimik des Hundes erkannte Descartes die Seele anscheinend nicht.

Damit es nun nicht so aussieht, als ob Descartes einfach ein unglaublich brutaler Mensch gewesen wäre, noch eine ganz andere Geschichte: Descartes' Tochter Francine starb, als sie fünf Jahre alt war. Descartes hatte sie wahnsinnig geliebt und sagte noch viele Jahre später, ihr Verlust sei der größte Schmerz seines Lebens gewesen. Er wusste also, was Schmerz war, er konnte lieben, er war nicht herzlos. Nur war er eben völlig überzeugt, dass Hunde keine Seele hätten, darum interpretierte er alle Anzeichen dafür, dass sie doch Schmerzen empfanden, in seinem Sinne.

Darwins Finken

Descartes' Geschichte ist nicht nur ein Beispiel dafür, dass Menschen manchmal sehr sonderbare Theorien über die Welt aufstellen, sondern zeigt auch, wie sehr uns solche Theorien gegen neue Erfahrungen immun machen – und wie sie uns »helfen« können, das eigentlich offensichtlich Falsche und Brutale zu tun. Alles Winseln der Hunde konnte Descartes nicht davon überzeugen, dass Hunde Schmerzen hatten, weil er eben schon vorher »wusste«, dass das gar nicht geht.

Das ist eigentlich eine Warnung an uns, vorsichtig zu sein bei dem, was wir über Tiere zu wissen glauben. Man hat uns erzählt, Tieren sei es egal, ob man sie tötet. Aber stimmt das? Man hat uns erzählt, Kühe und Schweine seien »dazu da«, gegessen zu werden. Wer sagt das? Mit dem Hinterfragen solcher vermeintlicher Allerweltsweisheiten beginnt für mich eigentlich auch Veganismus: Jahrelang haben wir Steaks, Eier und Wurst einfach als Lebensmittel angesehen – und dann beginnen wir uns klarzumachen: Das war eigentlich mal ein Lebewesen. Hinter dem, was ich im Supermarkt kaufe, stehen die Leben von anderen empfindungsfähigen Wesen. Ich bin es gewöhnt, mir Frischkäse oder Schokocreme aufs Brot zu streichen – aber was machen eigentlich derweil die, von denen das Ausgangsmaterial für diese Brotaufstriche stammt? Was bedeutet es *für sie*?

Wenn wir mit anderen über das Fleischessen sprechen, also über diese Tatsache, dass für jedes Stück Fleisch ein Tier sterben musste, zucken sie vielleicht mit den Schultern und sagen: »Das ist doch nur ein Tier.« Aber was heißt denn hier »nur« ein Tier? Eigentlich benutzen wir auch diese Formulierung, um die Verbindung zwischen uns und ihnen zu kappen; um eine Zeitlang vergessen zu können, wie unheimlich ähnlich sich Menschen und Tiere sind, einfach dadurch, dass wir biologisch verwandt und aufgrund unserer Nervensysteme auch alle empfindungsfähig sind.

Und diese Tradition, die Verwandtschaft zwischen uns zu leugnen und Tiere mehr oder weniger als Automaten anzusehen, blieb noch sehr lange Zeit nach Descartes lebendig, im Grunde, bis ein anderer Naturforscher einige wichtige Beobachtungen machte, die ein gänzlich neues Licht auf die Entstehung des Lebens warfen. Das war der bereits erwähnte Engländer Charles Darwin, der Vater der Evolutionstheorie.

René Descartes hatte von 1596 bis 1650 gelebt, Charles Darwin lebte von 1809 bis 1882, wir befinden uns also mehr als zwei Jahrhunderte später. Strenggenommen war Darwin übrigens nicht der alleinige Urheber der Evolutionstheorie, er hatte einen Kollegen, der zur selben Zeit Ähnliches beobachtete und überlegte. Aber es ist Darwins Name, den wir heute mit der Entdeckung der Evolution verbinden.

1832 erhielt Darwin die Gelegenheit, an Bord des Schiffs *Beagle* einmal um den Globus zu reisen. Die *Beagle* segelte nach Südamerika, besuchte unterwegs viele Inseln, fuhr weiter nach Australien und von dort über den Indischen Ozean nach Südafrika. Erst gut fünf Jahre später kamen die Reisenden wieder in England an. Bis dahin hatte Darwin zahllose Landexkursionen auf Kontinenten und Inseln unternommen, viele, viele Notizbücher gefüllt, Krebse, Vögel, Insekten und Säugetiere beobachtet, gezeichnet – und, man muss es leider auch sagen: getötet, aufgespießt und gesammelt. Als Darwin wieder in England eintraf, führte er 1529 in Spiritus eingelegte Tiere mit sich und 3907 Tierhäute, Knochen und getrocknete Tiere.

Damals hatte man weder unsere hochauflösenden Mikroskope, noch wusste man von den Genen; aber Darwin erkannte das Prinzip der Evolution einzig durch Beobachtung von verwandten, aber in Details voneinander abweichenden Tieren. Nachdem er auf den Galapagosinseln viele verschiedene Arten von Finken, Drosseln und Schildkröten vorgefunden hatte, die alle ein wenig voneinander abwichen, und trotzdem höchstwahrscheinlich irgendwie verwandt waren (also: jeweils die Finken untereinander, die Drosseln und Schildkröten), entwickelte er seine Theorie von der Evolution aller Lebewesen.

Bis dahin hatte man geglaubt, Gott hätte die Tiere einzeln erschaffen und in der Form, wie wir sie heute kennen, zu Anbeginn der Zeit auf die Erde gesetzt. Das Wort »Evolution« stammt von dem lateinischen Verb »evolvere«, das so viel heißt wie »sich entwickeln«, und meint: Die Tier- (und Pflanzen)arten haben sich im Laufe vieler Millionen Jahre erst entwickelt. Und zwar aus einem gemeinsamen Ursprung. Das waren zunächst ganz einfache Zellen, aus denen sich nach und nach komplexere vielzellige Gebilde entwickelten. Immer wieder gab es winzige Unterschiede zwischen einer neuen Generation und der vorigen, und was aus der Nähe winzig aussieht, summiert sich im Laufe vieler Millionen Jahre zu deutlichen Unterschieden.

Die Galapagosfinken zum Beispiel hatten zwar alle gemeinsame Vorfahren, vielleicht nur ein einziges Weibchen, das irgendwann vom Festland auf die Insel geflogen war; aber auf der Abgeschiedenheit der Inseln vermehrten sie sich, passten sich an die örtlichen Bedingungen an, spezialisierten sich auf unterschiedliche Nahrung und entwickelten unterschiedliche Schnabelformen. So erhält man aus einer Finkenart mit der Zeit viele Variationen von Finken.

Diese Prinzipien der gemeinsamen Abstammung und der Variation gelten auch für Menschen. Auch wir Menschen haben uns aus anderen Tierarten entwickelt, vor 5 Millionen Jahren hatten wir den letzten gemeinsamen Verwandten mit dem uns am nächsten verwandten Menschenaffen, dem Schimpansen, und vor vermutlich 65–85 Millionen Jahren lebte der letzte gemeinsame Vorfahre innerhalb unserer »Tier-Familie«, von dem sowohl die Mäuse als auch die Primaten abstammen.

Für die Menschen zu Darwins Zeiten war diese Vorstellung einer Verwandtschaft von Menschen und Tieren schockierend; sie warf ihr ganzes Weltbild durcheinander, weil der Mensch plötzlich keine gottgegebene Vorrangstellung mehr besaß, sondern seine Entstehung denselben Naturgesetzen verdankte, und auch denselben Naturgesetzen unterworfen war, wie alle anderen Tierarten.

Und stand in der Bibel nicht, dass Gott Himmel, Erde, Pflanzen und auch Tiere und Menschen innerhalb von wenigen Tagen so erschaffen hat, wie wir heute auf der Erde herumlaufen? Nun, so erzählt es zwar an einer Stelle die Bibel, aber man muss diese Geschichte doch nicht komplett wörtlich verstehen! Heute gibt es nur noch wenige Menschen, die die Evolutionstheorie ablehnen. Mancherorts, vor allem in den USA, gibt es sogenannte Kreationisten (von Kreation = Schöpfung), die sehr fromm und dabei in Wissenschaftsdingen etwas altmodisch sind und die das mit der Schöpfung innerhalb von sechs Tagen (am siebten Tage ruhte Gott, laut Bibel) wörtlich nehmen. Die allermeisten Menschen allerdings, auch Menschen, die an die Bibel glauben, denken, dass das mit den sechs Tagen eher bildlich gesprochen ist. Vielleicht war es Gott, der uns alle erschaffen hat; für oder gegen diesen Glauben will ich hier gar nichts sagen. Aber wenn er es war, dann hat er uns jedenfalls allmählich, über viele Millionen Jahre entstehen lassen, und zwar alle aus einem gemeinsamen Ursprung.

Nicht alle Details, die Darwin in seinen Büchern damals beschrieb, gelten heute noch als richtig, aber an dem Grundprinzip zweifelt heute kein ernstzunehmender Wissenschaftler mehr. Die Lehre von der Evolution gilt als die Basis aller heutigen biologischen, genetischen und teilweise auch der medizinischen Forschung.

Das Ende menschlicher Vorrangstellung?

Darwin beobachtete nicht nur den Körperbau der Tiere, ihr Fell und ihr Gefieder, sondern auch ihr Verhalten; er schrieb auch ein Werk mit dem Titel »Der Ausdruck der Gemütsbewegungen bei den Menschen und den Tieren«. (Statt »Gemütsbewegungen« würden wir heute von Gefühlen sprechen.) Für Darwin war klar, dass Menschen und Tiere nicht nur im Grundaufbau ihrer Körper viele Gemeinsamkeiten haben, sondern auch in der Art, wie sie anderen Tieren (und Menschen) gegenüber ihre Gefühle zum Ausdruck bringen. Präzise beschrieb er, wie sich bei Menschen, aber auch bei Affen, Hunden und Katzen die Gesichtszüge je nach Stimmung verändern; wie wir (und viele andere Tiere) bei verstärkter Aufmerksamkeit die Augenbrauen hochziehen, wie sich uns die Härchen aufrichten, wie wir unserer Freude Ausdruck verleihen. Denn auch viele Gefühle und Gefühlsreaktionen haben sich evolutionär und verwandtschaftlich entwickelt, darum schrieb Darwin: »Die Tiere empfinden wie der Mensch Freude und Schmerz, Glück und Unglück; sie werden durch dieselben Gemütsbewegungen betroffen wie wir.«

Man könnte meinen, dass damit die Geschichte der Entdeckung der Ähnlichkeit zwischen Menschen und Tieren zu einem glücklichen Ende gekommen wäre. Wenn alle zustimmen, dass wir mit ihnen verwandt sind – wie könnten wir ihren Schmerz ignorieren? Wenn die anderen Tiere Freude, Schmerz, Glück und Unglück empfinden wie wir, wieso sollten wir dann so tun, als ob sie weniger wert wären? Wieso dürfte jemand ein Tier töten (lassen), nur weil er ein Stück von ihm neben seine Kartoffeln legen will? Im Grunde bedeutete Darwins Theorie, konsequent zu Ende gedacht, auch das Ende der Vorrangstellung der Menschen.

Doch niemand gibt seine Privilegien gern auf, und so ist es wenig verwunderlich, dass die Menschen auch nach Darwin noch allerlei Argumente fanden, warum sie andere Tiere ausnutzen und misshandeln durften. Ganz oft zu hören ist beispielsweise bis heute, dass Tiere keine Sprache hätten, keine Vernunft hätten, keine Kultur kennen; dass sie nicht an ihren

Familien hängen, dass sie keine Freude empfinden und dass ihnen der Tod angeblich nichts bedeutet. Nichts davon ist richtig,
das werden uns in den nächsten beiden Kapiteln viele Beispiele
aus der aktuellen Verhaltensbiologie zeigen.

KAPITEL 4

WAS TIERE ALLES KÖNNEN

Es war im Juli 1960, als eine zierliche junge Engländerin namens Jane Goodall erstmals am Ufer des Tanganjikasees entlangging. Östlich des Sees erstreckte sich ein Nationalpark mit Regenwald, gebirgig und von tiefen Tälern durchzogen. Er beherbergte Dutzende verschiedener Vögel und Reptilien, Paviane, Colobus-Affen, Rotschwanzmeerkatzen – und Schimpansen. Um die Schimpansen zu erforschen, hatte man Jane Goodall hergeschickt. Rückblickend ist es eine ziemlich unglaubliche Geschichte. Viele trauten ihr die Aufgabe nicht zu, schließlich war sie erst 25 Jahre alt, hatte nie Biologie oder sonst etwas studiert, sondern war »nur« als Sekretärin ausgebildet.

Aber Goodall hatte sich seit frühester Kindheit für Tiere interessiert und wollte unbedingt einmal nach Afrika. Eines Tages warf sie darum ihren bisherigen Job hin, reiste nach Kenia, lernte dort ihren künftigen Auftraggeber und dessen Frau kennen, überzeugte die beiden von sich – und landete so am Rande des Tanganjikasees. Im Gepäck hatte sie wenig mehr als ihr Zelt, ein paar Blechteller, eine Tasse, von der der Henkel abgebrochen war, und ein Fernglas.

Jeden Tag zog sie von nun viele Stunden durch den Regenwald, begegnete Leoparden und Kobras, überstand eine Malariaerkrankung und schützte sich während der Regenzeit mit einer Plastikplane. Zunächst sah sie die Schimpansen nur aus der Ferne, immer huschten sie davon, wenn sie sich näherte. Es folgte eine Phase der Aggression, während der ihr einige Schimpansenmännchen drohten – keine leeren Drohungen, denn erst kurz zuvor hatte ein Mitarbeiter des Nationalparks durch eine Schimpansenohrfeige ein Auge verloren.

Nach einem halben Jahr jedoch hatten sich die Schimpansen etwas an sie gewöhnt, sie duldeten die Forscherin in ihrer Nähe; und nach gut einem Jahr nahm ein Schimpanse erstmals aus ihrer Hand eine Banane entgegen. Längst konnte Goodall alle Schimpansen auseinanderhalten, diesen hier nannte sie David Greybeard. Wenig später durfte sie David Greybeard sogar lausen, also sein Fell mit ihren Fingern nach Läusen durchsuchen – was jetzt erst mal nicht so toll klingt, aber ein großer Vertrauensbeweis unter Schimpansen ist. Sie sitzen gern mit ihrer Familie oder mit Freunden zusammen und lausen sich gegenseitig, das ist ihre Form von Gemütlichkeit und Entspannung.

Diese Familienbeziehungen und Freundschaften faszinierten Goodall besonders. Sie war dabei, als die Schimpansenmutter Melissa kurz nach der Geburt ihren neugeborenen Sohn im Schoß hielt und aufmerksam anschaute. »Die Augen des Zwergs waren fest gegen das Licht der untergehenden Sonne geschlossen, und er sah aus wie ein verhutzelter Gnom (...) Melissa betrachtete ihren Sohn volle zwei Minuten lang, bevor sie eine Hand stützend an seinen Rücken drückte und sich auf den Weg machte, um ihr Nest für die Nacht zu bauen.«

Auch den Tod von Schimpansen-Babys musste Goodall miterleben; manche Schimpansenmütter trugen tote Babys noch tagelang mit sich herum – vielleicht wollten sie einfach nicht wahrhaben, dass ihre Kinder wirklich für immer eingeschlafen waren.

Binnen weniger Jahre wurde Jane Goodall eine der berühmtesten Verhaltensforscherinnen der Welt. Ihr Chef schickte sie nach London, wo sie innerhalb kürzester Zeit ihren Doktor machte (was normalerweise nur geht, wenn man vorher schon länger studiert hat, aber Goodall erfüllte alle Anforderungen auch so). Doch trotz allem, und obwohl bis dahin niemand Schimpansen so genau erforscht hatte wie Goodall, kritisierten ihre Wissenschaftskollegen eine Sache anfangs immer wieder, dass Goodall den Tieren Namen gegeben hatte: David Greybeard, Melissa, Flint, Flo usw. Ihre Kollegen bestanden darauf: Um sorgfältige Wissenschaft zu betreiben, müsse man den Tieren Nummern geben, keine Namen.

Was ist der Vorteil von Nummern gegenüber Namen? Eigentlich gibt es keinen, nur klingen Nummern nüchterner und schaffen dadurch mehr Distanz. Und genau das ist die Absicht: Eine Forscherin soll Distanz zu ihren »Untersuchungsgegenständen« haben. (Dabei sind Tiere natürlich keine Gegenstände! Erinnert ihr euch, wie man Begriffe einsetzen kann, um sich die Tiere fernzuhalten?)

Goodall allerdings entgegnete ihren Kritikern häufig, sie könne die Schimpansen nicht wegen der Distanz so gut beobachten, sondern gerade umgekehrt: weil sie ihnen so vertraut war. Weil sie den Schimpansen monate- und jahrelang durch den Regenwald gefolgt und von ihnen akzeptiert worden war.

Forschen heißt beobachten

Jane Goodall gehörte zu einer neuen Generation von Verhaltensforscherinnen. Die meisten ihrer Kollegen konzentrierten sich bisher darauf, gefangene Tiere im Labor zu studieren. Das hat auch einen praktischen Hintergrund: Im Freien gibt es unzählige Details, die das Verhalten eines Tiers beeinflussen können. Da kommt ein Kumpel vorbei, mit dem es sich gestern geprügelt hat, oder es findet eine reife Frucht und ist abgelenkt. Und schon weiß der Forscher nicht mehr, was in dem Tier vorgeht und warum es so reagiert, wie es reagiert. Wenn man die Tiere in einem Käfig hält und in einem leeren Versuchsraum testet, kann so etwas nicht passieren.

Der Nachteil ist allerdings: Ein Tier in Gefangenschaft verhält sich nie wie ein freies Tier. An einem Tier, das ohne Mutter oder ohne Gruppe aufgewachsen ist, kann man nicht wirklich studieren, wie es mit Artgenossen umgeht. An einem Tier, das man zwischen vier Wänden gefangen hält, kann man nicht erkennen, wie es sein Futter finden und sich einen Schlafplatz suchen würde, wenn es sich in einem viele Hektar großen Regenwald aufhalten würde. Und ein Tier, das man vor künstliche Aufgaben stellt, kann einem nicht verraten, wie geschickt es sich anstellen würde, wenn es mit den Herausforderungen kämpfen würde, die in seinem natürlichen Lebensraum vorkommen und für die es von der Natur ausgestattet ist. Evolution bedeutet nämlich auch, dass sich unterschiedliche Tierarten für unterschiedliche Lebensräume und Lebensweisen entwickelt haben, auf die sie spezialisiert sind. Sie daran zu messen, was eine andere Tierart – der Mensch – kann, ist irgendwie sinnlos.

Vor ein paar Jahren erklärte mir ein Primatenforscher, dass genau darin seiner Meinung nach der größte Fehler der Verhaltensforschung des 20. Jahrhunderts bestehe: Viele Wissenschaftler haben nicht unbedingt herauszufinden versucht, wie Tiere die Probleme ihres eigenen Lebens angehen. Sondern sie haben vom Menschen her geschaut und überprüft: Was können Tiere von dem, was wir Menschen können? Können sie mit so hohen Zahlen rechnen wie wir? Nein, also müssen sie wohl dumm sein. Sprechen sie unsere Sprache? Nein – noch dümmer! Können sie denken?

Nun, andere Tierarten denken nicht wie wir in menschlichen Sätzen oder Wörtern, aber auch sie können überlegen, Probleme lösen, ihre Schlüsse ziehen und dergleichen. Sie können auf ihre eigene Art und Weise rechnen oder kommunizieren, und das Interessante ist: Wie tun sie es?

Viele Tiere erweisen sich beim Bewältigen ihrer »Alltagsprobleme« als sehr flexibel, das heißt also, sie spulen nicht einfach immer dasselbe »Programm« ab, sondern sie haben verschiedene Strategien, die sie je nach Situation anwenden. Vögel orientieren sich, wie gesagt, sowohl am Magnetfeld der Erde als auch am Sonnenstand. Bei vielen Arten hat man allerdings herausgefunden, dass sie das vor allem tun, wenn sie in unbekanntem Gebiet fliegen. Wenn sie ein Gebiet kennen, richten sie sich nach sogenannten Landmarken, also etwa nach einem bestimmten Baum oder Bachlauf.

In menschlichen Siedlungsgebieten orientieren sich viele Vögel sogar an unseren Straßen! Wenn man viel Glück hat, kann man eventuell einmal eine Taube sehen, wie sie im Flug an einer Kreuzung »abbiegt«. Natürlich könnte sie auch diagonal fliegen, auf dem Luftweg, das wäre kürzer; aber anscheinend ist es einfacher, wenn man sich – auch als Vogel – mit der Zeit eine innere Landkarte einer Gegend erstellt. Ihr Gedächtnis, das Vorstellungsvermögen und die Rechenleistung, um sich so eine Karte gedanklich zu kombinieren, muss erstaunlich sein!

»Fortwährend kann man beobachten, dass Tiere zaudern, überlegen und sich dann entschließen. Es ist bezeichnend, dass Naturforscher bei längerer Vertiefung in die Gewohnheiten eines bestimmten Tieres immer mehr Verstand und immer weniger ungelernte Instinkte zu erkennen glauben«, hatte Darwin geschrieben. Doch erst etwa hundert Jahre später, nämlich seit den 1960er und 1970er Jahren, entwickelte sich endlich eine Form der Verhaltensforschung, die sich für das Zaudern, Überlegen und Entscheiden, anders gesagt: für die geistigen Vorgänge im Kopf der Tiere interessierte. Die überhaupt zugab, dass solche geistigen Vorgänge bei Tieren existierten!

Als der berühmte amerikanische Zoologe Donald Griffin im Jahr 1976 schrieb, auch Tiere könnten denken und man sollte sich mehr mit ihrer Art des Denkens befassen, begann eine »Revolution« innerhalb der Verhaltensforschung, wie einige seiner Kolleginnen es später nannten. Für viele Biologen, die schon länger geglaubt hatten, dass in den Tieren mehr steckt, als man ihnen gemeinhin zutraute, war Griffins Vorstoß wie eine Befreiung. Irgendwie hatte nämlich die Auffassung, dass Tiere eine Art Maschine seien, die Jahrhunderte überlebt; sie hatte nur andere Formen angenommen.

Ehrlich gesagt: Ihr werdet sie immer noch finden. Diese Tradition der Missachtung der Tiere ist äußerst zählebig, vielleicht weil sie so »praktisch« ist. Ansonsten müssten wir nämlich einiges an unserem Umgang mit Tieren ändern. Wir dürften Tiere nicht mehr einsperren und hin- und hertreiben und benutzen und töten, ganz wie wir wollen, sondern wir müssten uns damit befassen, was die Tiere selbst dabei wohl empfinden, was sie können und was sie wollen. Wir müssten Tiere als eigenständige Wesen wertschätzen und kennenlernen. Stattdessen neigen auch heute noch viele Menschen dazu, das Können der Tiere, ihre Wahrnehmung und ihre Sicht auf die Welt zu unterschätzen. Darum möchte ich im Folgenden von einigen Ergebnissen der neueren Verhaltensbiologie berichten.

Der beste Stein des Otters

Erst vor kurzem habe ich mit einer Freundin gesprochen, die Biologin ist und ihre Doktorarbeit über Riesenotter geschrieben hat. Riesenotter leben in den Flüssen des südamerikanischen Regenwalds, werden knapp zwei Meter lang, und jeder ist an den weißen Flecken an der Kehle sehr gut von allen anderen zu unterschieden. Diese Freundin ist also nach Peru zu den Riesenottern geflogen und hat herausgefunden, dass die Rufe, mit denen sie untereinander Kontakt halten, bei jedem Otter etwas verschieden klingen und dass sie diesen Unterschied auch erkennen können. Das ist ungefähr so, wie wenn ihr ans Telefon geht und schon an dem »Hallo« des anderen unterscheiden könnt, ob ihr den Anrufer kennt oder nicht. Solche individuellen Unterschiede gibt es übrigens bei vielen Vogel- und Säugetierarten.

Dieselbe Freundin hat mir auch erzählt, dass Seeotter in einer Hautfalte unter der Achsel einen Stein mit sich herumtragen, um mit ihm Seeigel zu knacken und zu fressen.

Ich verstand nicht sofort, warum man so einen Stein unbedingt mit sich herumtragen muss. »Und sie finden genau diesen einen Stein toll?«, fragte ich.

»Das vermutlich nicht«, sagte sie, »aber manche Steine eignen sich zum Knacken von Seeigeln besonders gut. Und wenn man mal einen gefunden hat, will man ihn ja nicht wieder irgendwo hinlegen und riskieren, dass man ihn nicht mehr wiederfindet, oder?«

So gesehen ist das nur logisch.

Wenn ein Seeotter einen Stein benutzt, um Seeigel oder Muscheln zu knacken, nennen Biologen diesen Stein ein Werkzeug – der Stein wird eingesetzt, um etwas anderes zu erreichen. Auch bei den Schimpansen in Tansania beobachtete Jane Goodall, wie sie gelegentlich kleine Zweige verwendeten, um sie in Termitenhügel zu stecken und damit Termiten zu »angeln«, die sie essen wollten. Und nicht nur das: Goodall beobachtete auch, wie sich die Schimpansen diese Zweige erst zurechtzupften oder -bissen, das heißt, sie stellten Werkzeuge her!

Ein Biologe, der vor Indonesien auf Tauchgang war, beobachtete vor kurzem einen Tintenfisch, der eine halbe Kokosnussschale mit sich herumschleppte. Man muss wirklich sagen schleppte, denn der Tintenfisch war nicht viel größer als die Schale, und wie er mit seinen acht Beinen, die jeweils nur ein kleines Stück über die Schale hinausragen, über den Meeresboden läuft oder schwimmt, sieht in dem Video, das der Taucher gedreht hat, ziemlich komisch aus. Erst als der Tintenfisch auf eine zweite halbe Kokosnussschale traf, wurde klar, wozu er beide braucht: Bei Gefahr kann er zwischen die beiden Hälften schlüpfen und sich schützen. »Es ist, wie wenn man einen Regenschirm mitnimmt für den Fall, dass es regnet«, sagt der Forscher. »Er nahm sie mit, weil er wusste, dass er sie später mal gebrauchen könnte.«

Wieder ein Werkzeuggebrauch! Und besonders überraschend deshalb, weil Tintenfische gar keine Wirbeltiere sind. Sie haben ein Gehirn, das sich sehr von dem der Wirbeltiere unterscheidet; ein Großteil ihres Gehirns, falls man das so sagen kann, steckt sogar in ihren Gliedmaßen. Und habe ich nicht oben gesagt, dass die Fähigkeit, Wahrnehmungen und Empfindungen zu haben, den Wirbeltieren zu eigen ist? Nicht ausschließlich! Wie gesagt, alle Tierarten haben sich allmählich aus Vorformen entwickelt, und die Natur trennt nicht so sauber, dass man genau sagen könnte: Diese Tiere sind klug und empfinden etwas, jene nicht. Tintenfische jedenfalls werden, obwohl sich ihr Nervensystem von unserem unterscheidet, zu den empfindungsfähigen Lebewesen gezählt.

Fische wiederum sind zwar sehr wohl Wirbeltiere, dennoch behaupten einige Menschen, dass sie keinen Schmerz empfinden könnten. Die Menschen, die das behaupten, sind mehrheitlich Angler, und es wirkt auf mich so, als wollten sie da ihr Hobby verteidigen. Denn Fische haben Geschmacksknospen, mit denen sie ihr Futter von Schlamm unterscheiden; sie erkennen individuelle Mitglieder ihres Schwarms, bauen soziale Rangordnungen auf und haben ein Langzeitgedächtnis. Auch bei ihnen wurde der Gebrauch von Werkzeugen beobachtet, und eigentlich alle Wissenschaftler und Wissenschaftlerinnen sind sich einig, dass Fische Stress empfinden können. Ihren Gehirnen fehlen bestimmte Rezeptoren, die *bei uns* für das Schmerzempfinden zuständig sind; aber dafür haben sie viele andere Rezeptoren. Wieso sollten Tiere, die Stress empfinden und ihre Verwandten erkennen, nicht auch Schmerz fühlen – nur weil sie ein bisschen anders gebaut sind? Wie man an den Tintenfischen sieht, muss nicht jede Tierart denselben »Bauplan« haben.

Auch Vögel haben übrigens ein etwas anderes Gehirn als wir Säugetiere. Doch viele Vögel zählen zu den findigsten Tieren überhaupt und überraschen immer wieder. Auch Krähen wurden dabei gesehen, wie sie sich Zweige als Werkzeug präparierten, indem sie unnötige Stückchen wegzupften. Und wenn sie eine Nuss knacken wollen, ist es durchaus üblich, dass sie mit der Nuss irgendwo hinfliegen, wo der Untergrund hart ist, und die Nuss dann aus einiger Höhe fallen lassen. In Japan und in Kalifornien haben sich Krähen Ampelkreuzungen zunutze gemacht, um ihre Nüsse von den Autos überfahren zu lassen. Wenn die Autos dann Rot hatten, sind sie gefahrlos hin und haben sich das Innere der Nuss geholt.

Am Erstaunlichsten aber klingt die Geschichte der achtjährigen Gabi, die im amerikanischen Seattle lebt und seit einigen Jahren die Krähen in ihrem Garten füttert. Im Gegenzug erhält Gabi dafür kleine Geschenke: Die Krähen hinterlassen an der Futterstelle Knöpfe, bunte Scherben, Metallstückchen oder was sie sonst so finden und offenbar für wertvoll crachten. Gabi hat all diese Geschenke sorgfältig aufbewahrt wie in einer wissenschaftlichen Sammlung, im Internet gibt es Fotos davon.

Aus der Schimpansenküche

Von »Kultur« spricht man in der Biologie dann, wenn Tiere sich ein bestimmtes Verhalten zurechtlegen oder eine »Erfindung« machen und über Generationen hinweg an Artgenossen weitergeben. Das berühmteste Beispiel dafür sind die Blaumeisen, die sich 1921 im südenglischen Southampton angewöhnt hatten, die Deckel der Milchflaschen aufzupicken, um daraus zu naschen. Diese Technik verbreitete sich bis Ende der 1940er Jahre in ganz England. Damals fuhr morgens nämlich noch ein Milchmann herum und ließ die bestellte Anzahl von Flaschen vor jeder Haustür. Vermutlich hatte irgendeine Blaumeise einmal herausgefunden, was da Leckeres in der Flasche ist, und die anderen haben es durch Zusehen erlernt. Sie lernten sogar die Farben der Deckel zu unterscheiden, mit denen angegeben wurde, um welche Sorte Milch es sich handelte; die mit hohem Fettgehalt mochten sie am liebsten.

An so etwas kann man erkennen, dass Tiere nicht nur die Fähigkeiten draufhaben, die ihnen die Natur von Geburt an mitgegeben hat, sondern dass sie dazulernen und sich auch eigene Angewohnheiten zulegen. Manche Schimpansen zum Beispiel lieben es, ihr Futter vor dem Verzehr mit Salzwasser zu befeuchten. Eine Gorillamutter wurde einmal dabei beobachtet, wie sie einen Palmschößling in ein bestimmtes Blatt wickelte und ihrem Kind zu essen gab. Beides sind fast Beispiele für das Zubereiten von Speisen!

Überhaupt hat man gerade bei Schimpansen viele kulturelle Verhaltensweisen beobachtet, die in unterschiedlichen Schimpansengruppen unterschiedlich weitergegeben werden. So sind verschiedene Schimpansen auf die – in der Schimpansenwelt wohl naheliegende – Idee gekommen, Geräusche zu erzeugen, indem sie Laub zerreißen. Sie verwenden dieses Geräusch dann auch zur Kommunikation – nur heißt das Knistern in verschiedenen Schimpansensprachen Unterschiedliches! In der einen Gegend wollen die männlichen Tiere die weiblichen zum Sex einladen, woanders geht es darum, ihre Gruppe mit einer »Trommelshow« zu beeindrucken. Hier sind wir wieder ganz in der Nähe der Orcas und ihrer sprachlichen Unterschiede.

Schimpansen kennen auch unterschiedliche Techniken zum Nüsseknacken, und von Delphinen kennt man mindestens vier verschiedene Strategien zu jagen. Dazu gehören so originelle Methoden wie die, lauter Luftbläschen aufsteigen zu lassen, um mit dem Vorhang aus Bläschen die Fische in eine bestimmte Richtung zu treiben. Außerdem stöbern Delphine im Meeresboden nach Nahrung; und in einer Bucht an der Westküste Australiens verwenden die Delphine Schwämme, um dabei ihre Nasen zu schützen! Auf diese tolle Idee sind aber nur die Delphine in dieser einen Bucht gekommen, oder vielmehr: Vermutlich hat es sich einer ausgedacht, und die anderen haben es sich abgeguckt.

Laut dem Delphinforscher Karsten Brensing haben Delphine auch so etwas wie eigene Namen für sich, einen sogenannten Signaturpfiff, mit dem sie sich selbst den anderen Delphinen ankündigen. Delphinmännchen bilden oft Grüppchen zu zweit oder zu dritt; und wenn sie sich kennenlernen und befreunden, können ihre Pfiffe verschmelzen; also praktisch so, wie wenn Leute heiraten und dann oft einen gemeinsamen Familiennamen annehmen. Karsten Brensing ist aufgrund seiner Forschungen zu Delphinen und aufgrund seiner jahrelangen schlechten Erfahrungen mit Delphinarien zu der Ansicht gelangt, dass Delphine, Wale und natürlich auch Menschenaffen Persönlichkeitsrechte erhalten sollten. Also zum Beispiel das Recht auf ihr eigenes Leben in Freiheit. Weil die erwähnten Tierarten dem Menschen so ähneln, sehr intelligent sind und ein sehr komplexes Sozialverhalten haben, muss man ihnen auch per Gesetz Rechte verleihen, ähnlich wie uns Menschen.

Nun, etwas ganz Ähnliches denken auch Veganerinnen. Nur meinen wir nicht, dass nur Delphine und Affen das Recht auf Freiheit haben, sondern alle Tiere. Ich bin übrigens inzwischen mit Karsten befreundet und unterstütze seine Idee, aber ich finde, wir sollten noch weiter gehen und mehr fordern, für alle Tiere. Weil das Recht zu leben nicht davon abhängt, wie intelligent man ist, ob man Werkzeug basteln kann oder ob man einen Namen hat – sondern ob man das eigene Leben, und was einem geschieht, wahrnimmt. Ob man empfindungsfähig ist. Um Tieren Rechte zu geben, müssen wir uns daran erinnern, dass sie fühlen.

KAPITEL 5

WAS TIERE ALLES FÜHLEN

Am Ende unseres Dorfes hält ein Nachbar einige Schafe. Von meinem Garten aus kann ich sie zwar nicht sehen, ich höre aber, wenn er ihnen Wasser oder Heu bringt, denn dann mähen die Schafe aus voller Kehle. Jedes Jahr im Frühling bekommen sie Lämmer, dann vergrößert sich die Herde von etwa einem Dutzend auf gut zwei Dutzend Tiere. Im Laufe des Jahres verkauft der Nachbar Schafe und Lämmer zum Schlachten, und die Herde wird wieder kleiner.

Im Frühsommer vor zwei Jahren, es war herrliches Wetter, setzte ich mich zum Sonnen in den Garten. Aber schon nach wenigen Minuten hörte ich auf der hinteren Weide ein Lamm rufen, wieder und wieder. Ich hatte Angst, es könnte sich vielleicht im Zaun eingeklemmt haben, und ging nachschauen. Alles wirkte wie immer. Da waren größere Schafe und etliche Lämmer; und eins der Lämmer – es war vielleicht drei Monate alt – rief alle paar Minuten.

Dazu muss man wissen: Anders als ein Hund, der auch mal kurz aufbellt, um einem Gefühl wie Freude oder Schreck Ausdruck zu verliehen, wollen Schafe einander mit dem Mähen eigentlich immer etwas Dringendes sagen. Und wenn Lämmer mähen, sieht es absolut süß aus. Sie reißen ihr Mäulchen auf, oft sieht man die rosafarbene Zunge, und ihre Stimmen klingen unheimlich niedlich – wie in einem Disney-Film. Echte Lämmer sind eigentlich noch viel süßer als Disney-Lämmchen!

Ich wartete bis zum Nachmittag, doch das Mähen ging weiter, und ich ging beim Nachbarn klingeln und sagte, eins seiner Lämmer mähte andauernd.

»Das macht nichts«, sagte er. »Das mäht nur, weil ich gestern Abend seine Mutter verkauft habe.«

»Das Lamm ruft nach der Mutter? Wie schrecklich!«

»Ach nein, das ist alt genug, das kann auch ohne Mutter überleben.«

»Aber es vermisst sie doch anscheinend!«

Der Nachbar lächelte und sagte nochmals: »Das macht nichts. Es hört bald auf.«

Es dauerte noch drei Tage, während derer das Lamm ständig vergeblich nach der Mutter rief; wie es der armen Mutter erging, will ich mir gar nicht erst vorstellen. Sicher hat auch sie ihr Kind vermisst; dazu kamen der beunruhigende Transport, die fremde Umgebung, fremde Menschen, die sie anfassten – und am Ende vermutlich der gewaltsame Tod.

Es gibt einen Thriller, der heißt »Das Schweigen der Lämmer« – es ist ein ziemlicher Schocker, den ich niemandem empfehlen möchte; ich selbst musste mir dabei zigmal ein Sofakissen vor die Augen halten. Es geht auch eigentlich gar nicht um Tiere. Aber es stellt sich im Laufe des Films heraus, dass die Hauptfigur auf einem Bauernhof groß geworden war und es in ihrer Kindheit immer schrecklich fand, das Mähen der Lämmer zu hören, wenn sie von ihren Müttern getrennt wurden, bevor man sie verkaufte. Am liebsten hätte sich die Bauerntochter versteckt, um nichts zu sehen und nichts zu hören.

Das ist zwar nur eine Filmszene, aber sicher haben etliche

Kinder von Bauern etwas Ähnliches wirklich erlebt. Sie haben mitbekommen, wie Schafe oder Kühe von ihren Lämmern oder Kälbern getrennt wurden, und das war nicht schön anzusehen und anzuhören. Vermutlich trauen sich die Kinder meist nicht, etwas zu sagen; ihre Eltern und ihre Umgebung machen ihnen ja andauernd vor, dass das Auseinanderreißen von Tiermutter und -kind »normal« ist und dass niemand auf die Gefühle der Tiere Rücksicht nimmt. Aber die Figur in dem Film, und sicher viele reale Kinder, haben bemerkt, dass daran etwas grausam ist, bevor man ihnen einreden konnte: »Das macht nichts.«

Einem ähnlichen »Weghören« war ich schon einmal begegnet, als ich noch an der Universität und etwa 26 Jahre alt war. Ich hatte Philosophie studiert, und mein damaliger Freund schrieb seine Magisterarbeit ebenfalls in Philosophie. Ich lebte in einer WG mit mehreren Menschen und zwei Katzen. Auch mein Freund liebte die Katzen. Er war allerdings im Zwiespalt, denn nicht nur in der Biologie, sondern auch in der Philosophie hatte es eine lange Zeit gegeben, in der Descartes' Behauptung, dass Tiere Maschinen seien, weiterlebte. Man sagte es nicht so plump, aber Philosophen meinten zum Beispiel, weil Tiere keine Sprache hätten wie wir, könnten sie auch nicht wirklich denken. Gedanken müssten nämlich sprachlich aufgebaut sein, zum Beispiel: »Ich glaube, dass es morgen regnen wird.« Das kann jemand, der keine Sätze mit »dass« bilden kann und nicht weiß, was »morgen« bedeutet, natürlich nicht denken.

Diese Einsicht haut mich persönlich jetzt nicht so wirklich um, weil das mit den fehlenden Sätzen recht offensichtlich ist. Vielmehr müsste die Frage doch sein: *wie* also denken Tiere *ohne* die Struktur der menschlichen Sprache: in Bildern? In Gerüchen? Mit Bedeutungen, die ohne Worte auskommen?

Solche Fragen werden erst in den letzten Jahren im Rahmen

der Tierphilosophie selbstverständlicher – wohingegen man ein ganzes Buch über den Unsinn schreiben könnte, mit dem Philosophen während des 20. Jahrhunderts versucht haben, die Tatsache von sich fernzuhalten, dass Tiere eben auch empfindungsfähige Lebewesen mit einem eigenen Bewusstsein sind.

Aber zurück zur WG mit Tiger (so hieß der Kater), Tobi (so hieß der Freund) und mir. Tobi und ich saßen am Küchentisch, Tiger strich um unsere Beine, und Tobi streichelte ihn. Und sagte zu dem Kater: »Es ist wirklich zu schade, dass ich offiziell weiß, dass du nur ein Automat bist. Sonst würde ich eigentlich sagen, du magst es, wenn ich dich streichele.«

Der Kater schnurrte. Immer wieder kam er auf Tobi zu und stupste seine Hand an – natürlich mochte er es, gestreichelt zu werden! Aber Tobi war auf Sprachphilosophie spezialisiert, und zu sagen, dass Tiger etwas mochte oder wollte, vertrug sich nicht recht mit den Grundlagen von Tobis Magisterarbeit. Anders als bei meinem Nachbarn, der das Rufen des Lammes missachten »musste«, um weiterhin unbekümmert die Mütter verkaufen zu können, ging es bei Tobi sozusagen nur ums Rechthaben, um eine Theorie, von der man überzeugt war und die schlüssig sein sollte. Aber beides sind wirksame Motivationen, um sich die Wirklichkeit so zurechtzuerklären, dass einem das Ergebnis in den Kram passt: Man will die Tiere essen oder »nutzen«, oder man will, dass die eigene Theorie oder die eigene Meinung wahr sind – und dann ignoriert man eben das, was einem einen Strich durch die Rechnung machen würde. Man will Hunde lebend aufschneiden und ihrem Herz beim Pumpen zuschauen – also »weiß« man, dass das Jaulen nur das Quietschen einer Maschine ist. Wirklich, es ist genauso wie bei Descartes.

Liebende Tiere

Lämmer rufen nach ihrer Mutter, weil sie sie vermissen. Dabei geht es nicht nur um Nahrung, sondern um Zusammengehörigkeit und Liebe. Sogar erwachsene Schafe – vor allem die weiblichen, aber auch kastrierte männliche – bleiben ein Leben lang bei der Mutter. In meiner Herde gibt es eine Tochter, die mit sieben Jahren schon längst ausgewachsen ist, und dennoch legt sie beim Schlafen gern den Kopf auf den Rücken der Mutter. Nicht auf irgendeinen anderen Schafrücken. Es geht um das Zusammengehörigkeitsgefühl genau dieser beiden Tiere. Auch wenn die Fledermausmutter in die Höhle zurückkehrt und auf diesen einen, speziellen Ruf reagiert, will sie zu ihrem eigenen Kind zurück – und nicht zu irgendeinem Fledermausbaby. Tiere kennen einander individuell, und sie hängen aneinander.

Biologisch gesehen ist das auch keine Überraschung. Gerade die Liebe der Eltern oder der Mutter war für den Verlauf der Evolution unentbehrlich. Schließlich sind bei den meisten Tierarten die Jungtiere zunächst auf die elterliche Fürsorge angewiesen. Wenn diese Tiere ihre Kinder vernachlässigen würden, würde keine zweite Generation heranwachsen und die Tierart aussterben. Wenn die Eltern sich hingegen gut um ihre Kinder kümmern, sie schützen und mit Nahrung versorgen, kann die Art gedeihen. Starke Gefühle zwischen Eltern und Kindern sichern also das Überleben der Tierart.

Bei manchen Arten sind auch noch ältere Geschwister oder Tanten in die Betreuung der Kinder eingebunden, wenn die Mutter für sich selbst etwas zu essen suchen muss; bei Wildschweinen zum Beispiel hat man solche »Kinderbetreuung« beobachtet. Und Schweine schließen auch Freundschaften mit anderen, ihnen nicht verwandten Tieren – so wie alle soziallebenden Tiere. Man hat Freundschaften unter anderem bei Affen, Delphinen, Kühen, Schafen und Eseln erforscht – und oft sind Tiere auch artübergreifend miteinander befreundet, zum Beispiel eine Eule und ein Hund, oder sogar eine Katze und eine (Haus)ratte.

Der Verhaltensbiologe Marc Bekoff ist sich sicher, dass auch viele erwachsene Tiere, die ein Paar bilden, ineinander verliebt sind. Er berichtet von Walen, die einander mit den Flossen streicheln und stundenlang nebeneinanderher schwimmen, oder von Kojoten, die einander auch nach Jahren noch wie verliebt begrüßen. Bei vielen Vogelarten bleiben die Partner jahre- oder gar jahrzehntelang zusammen. Laut Bekoff ist es wahrscheinlich, dass auch diese Vögel Liebe füreinander empfinden.

Ich selber allerdings spreche bei Elterntieren und -kindern nicht so häufig von »Liebe«, sondern ich sage meist: Sie hängen aneinander. Warum? Weil wir Menschen allerlei romantische Dinge mit dem Wort »Liebe« verbinden, zum Beispiel Valentinstage, Geschenke, Versprechen und Hochzeiten. All das macht die Sache schon kompliziert genug – auch wenn Menschen sich ineinander verlieben, wissen sie oft nicht genau, was der andere fühlt und will und erwartet. Das Wort »Liebe« bedeutet für uns so vieles Verschiedenes. Daher verwende ich bei den Tieren lieber eine unkompliziertere Formulierung, bei der nicht so viele Assoziationen von Romantik mitschwingen.

Trauernde Tiere

Wenn man einen anderen liebt oder an ihm hängt, schmerzt es, wenn er weggeht oder stirbt – auch das ist bei Tieren nicht anders als bei Menschen. Von Jane Goodalls Schimpansenmüttern, die ihre verstorbenen Babys mit sich herumtrugen, habe ich schon erzählt; auch Delphine ziehen ihre verstorbenen Kinder im Wasser oft noch tagelang neben sich her. Gorillas trauern und nehmen von Verstorbenen Abschied. In einem amerikanischen Zoo versuchte einmal ein Gorilla, seiner verstorbenen Gefährtin ein Stück Sellerie in die Hand zu legen – ihr Lieblingsgemüse. Esel wurden beobachtet, die offenbar klagend um eine verstorbene Stute herumstanden, und Krähen, die tote Artgenossen umringten.

Hunde und Katzen vermissen verstorbene Freunde mal kaum, mal deutlich. Der schon erwähnte WG-Kater Tiger war ein sehr treues Wesen und miaute noch zwei Jahre lang herzzerreißend vor der Tür einer Wohnung, in der ein befreundeter Kater gelebt hatte, mit dem er oft draußen unterwegs gewesen war. Eine ähnliche Treue beobachtete ich bei meinem Ganter Esmerald. Jahrelang hatte er mit seinem Partner Ferdinand zusammengelebt (auch bei nichtmenschlichen Tieren gibt es homosexuelle Partnerschaften, und viele Tiere verhalten sich bisexuell). Ferdinand wurde eines Nachts vom Fuchs geholt, und Esmerald hörte nicht auf, nach ihm zu rufen.

Gänse hassen es, allein zu sein. Nach ein paar Tagen gelang es mir, für Esmerald eine neue Gefährtin, Gisela, zu finden. Die beiden verstanden sich auf Anhieb und watschelten sofort wie unzertrennlich über meine Wiese. (Sie voneweg, er einen halben Meter hinter ihr. Meine Mutter sagte immer, es sehe aus, als trage er ihr die Handtasche nach.) Aber noch zwei Wochen lang überfiel Esmi mindestens einmal täglich etwas, das ich Melancholie nennen würde, oder Herzschmerz: Er fing an, unruhig auf und ab zu laufen, und stieß dabei spezielle Rufe aus, mit denen Gänse ihre Partner suchen, wenn sie sie aus den Augen verloren haben. Dabei war Gisela doch direkt neben ihm! Aber

Esmerald erinnerte sich nun mal an Ferdinand und vermisste ihn. Er durchbrach sogar zwei Mal den Zaun und suchte an Stellen, wo er früher gelegentlich mit Ferdinand gewesen war.

Wütende Elefanten

Auch Elefanten trauern. Sie sind fasziniert von den Gebeinen und Schädeln verstorbener Artgenossen, wenn sie im Freien zum Beispiel auf das Skelett verstorbener Elefanten treffen, und sie versuchen gelegentlich, verstorbene Freunde oder Leitkühe »wiederzubeleben« oder wieder auf die Beine zu stellen, indem sie deren Gliedmaßen anheben oder den Verstorbenen etwas zu essen anbieten.

In Ostindien stürmten im Oktober 2006 vierzehn Elefanten ein Dorf, weil sie nach einer Elefantenkuh suchten, die zu ihrer Herde gehört hatte. Leider war diese Kuh aber wenige Tage zuvor in eine Grube gefallen und ertrunken, und die Leute aus dem Dorf hatten die Elefantenkuh bereits respektvoll beerdigt – was die anderen Elefanten natürlich nicht wussten und was man ihnen auch nicht verständlich machen konnte. Darum mussten tausende Menschen vorübergehend ihr Dorf verlassen, weil die Elefanten dort tagelang randalierten.

Waren diese Elefanten traurig oder eher wütend? Suchten sie die verstorbene Elefantenkuh, oder wollten sie sich sozusagen an den Dorfbewohnern rächen? Und wenn sie die Vermisste retten oder rächen wollten, taten sie dies aus Freundschaft, aus Zusammengehörigkeits- oder aus Mitgefühl?

Es wird häufiger von Elefanten berichtet, die einander helfen. Im Oktober 2014 purzelte im Zürcher Zoo das dreieinhalb Monate alte Elefantenkind Omysha in einen Graben, und sofort eilten nicht nur die Mutter, sondern auch zwei weitere Verwandte zu ihr, um sie an eine Stelle zu führen, wo man leichter aus dem Graben wieder herausklettern konnte.

Im Juli 2015 kam es in Weißrussland zu einem Unfall in einem Zirkus. Eine Elefantenkuh sollte einen Dressurakt vorführen, für den sie auf eine Pyramide aus drei Podesten steigen musste (bescheuert genug! Warum muss man Tiere dressieren, auf solche Podeste zu steigen?). Die Pyramide geriet ins Wanken, und die Elefantenkuh stürzte. Zwei weitere Elefanten eilten sofort herbei, um ihr zu helfen. (Leider ist nicht bekannt, ob sie wieder gesund wurde.)

Frans de Waal, ein niederländisch-kanadischer Verhaltensforscher, der viele Forschungen zum Thema Mitgefühl bei Tieren zusammengetragen hat, berichtet, dass einmal eine freilebende Elefantenkuh einen Jäger angriff, der ihr gefährlich wurde. Nachdem sie ihm aber ein Bein gebrochen hatte, ließ sie von ihm ab, zog ihn sogar aus der Sonnenhitze in den Schatten eines Baums und bewachte ihn so lange, bis andere Menschen kamen, um ihm zu helfen.

In einem Tierheim fand ein Hund selbst heraus, nachts seinen Zwinger zu öffnen – aber er befreite nicht nur sich, sondern auch die anderen, und dann tollten sie herum. Das Ganze kam heraus, weil die Tierheimmitarbeiterinnen wissen wollten, wer nachts die Tiere freiließ und solch ein Chaos veranstaltete; darum installierten sie eine Kamera.

Vielleicht waren es solche Geschichten, die Wissenschaftlerinnen inspirierten, Mitgefühl und Hilfsbereitschaft auch an den Tieren zu testen, die weltweit millionenfach in Labors gehalten werden: an Ratten und Mäusen. In zwei unterschiedlichen Versuchen haben Forscher beobachten können, dass Ratten – ausgerechnet Ratten, die bei vielen so unbeliebt sind! – einander helfen. Bei einem Versuch in Amerika wurde eine Ratte in eine durchsichtige Kunststoffröhre gesperrt und konnte sich nicht selbst befreien; aber eine zweite Ratte konnte von außen einen Riegel öffnen und sie freilassen, und das tat sie auch.

In einem japanischen Labor steckten die Forscherinnen eine Ratte in einen Käfig, den sie mit Wasser volllaufen ließen, so dass die Ratte ertrinken würde; einer zweiten Ratte ließen sie die Wahl, sich entweder ein Stück Schokolade zu nehmen oder die andere Ratte zu retten. Alle Versuchstiere retteten den bedrohten Artgenossen vor dem Ertrinken!

Auch von Mäusen wollte man wissen, ob sie Mitgefühl empfinden. Man spritzte jeweils einer Maus Essigsäure, bis sie sich vor Schmerzen wand, und ließ ihren Partner zugucken. Auch der Partner reagierte wie unter Schmerzen, also kennen Mäuse anscheinend Mitgefühl.

Allerdings frage ich mich bei solchen Versuchen immer, wie es eigentlich um das Mitgefühl der Forscherinnen bestellt ist. Wer bitte sperrt denn eine Ratte in einen Käfig und beginnt dann, den Käfig unter Wasser zu setzen?! Selbst wenn die Ratte am Ende nicht ertrinkt, hat sie Todesangst. Und wie kommt man auf die Idee, Mäusen Essigsäure zu spritzen, bis sie sich vor Schmerzen winden? Wieso empfindet dann nur die andere Maus, nicht aber der Mensch Mitgefühl? Eigentlich sagen diese Versuche – leider – mindestens genauso viel Negatives über die Wissenschaftlerinnen wie Positives über die Tiere aus, die sie beobachten.

Gemeinsame Spielregeln

Sogar eine Art Gerechtigkeitssinn oder ein Gespür für Fairness hat man bei verschiedenen Tierarten beobachtet, unter anderem bei Hunden und bei Affen. Rhesusaffen zum Beispiel nahmen kein Futter, wenn sie sehen konnten, dass dafür ein anderer Affe einen Stromstoß erhielt. (Wieder: Was für eine tolle Versuchsanordnung! Die muss ja ein sehr feinfühliger Mensch konstruiert haben ...) In anderen Versuchen hat man Affen eine Aufgabe gestellt und sie danach mit süßen Trauben oder mit den weniger beliebten Gurkenstückchen belohnt. Jeder Affe konnte sehen, was der andere bekam. Solange beide dasselbe bekamen, war alles in Ordnung; wenn aber einer nur noch Gurke erhielt, sein Nachbar jedoch Trauben, dann hatte der erste keine Lust mehr mitzumachen. Er fühlte sich ungerecht behandelt und war sauer.

Zum Schluss dieses Kapitels möchte ich aber noch etwas ansprechen, bei dem es nicht um so grausame Dinge wie Ertrinkenlassen oder Stromstöße geht – sondern ums Spielen. Um Spaß. Um Freude. So oft vernachlässigen wir die Tatsache, dass Tiere auch Freude am Leben haben. Vor allem Tierkinder tollen gerne herum – aber nicht nur Tierkinder. Auch meine längst erwachsenen Schafe – eigentlich sind viele schon regelrechte Senioren – lieben es, an warmen Sommerabenden Fangen zu spielen; sie rennen aufeinander zu, laden andere Schafe mit einem angedeuteten Stupser ihres Kopfes ein, rennen weg und hüpfen auf allen Vieren gleichzeitig in die Luft.

Dieses Spielen, also Fangen und Wegrennen, kommt bei fast allen Säugetierarten vor, inklusive einer »Einladung« mit einer bestimmten Körperhaltung. Wenn ihr mal genau hinschaut, fordern die Tiere einander mit bestimmten Körperhaltungen oder auch Rufen zum Mitspielen auf und signalisieren damit gleichzeitig, dass nichts davon aggressiv gemeint ist.

Übrigens haben meine Schafe auch einmal versucht, mich zum Mitspielen zu bewegen. Sie rasten und hüpften über die Weide, sahen mich, kamen mit rasantem Tempo auf mich zu ... dann stoppten sie kurz vor mir. Hüpfer, Einladung. Und ich? Ich versuchte, mit meinen zwei Beinen, ein wenig in die Luft zu springen, aber das Ergebnis war eher enttäuschend. Sie dachten wohl, die will nicht mitspielen, und zogen wieder ab.

Man hat Raben beobachtet, die an Stromleitungen hängend Saltos machten, und andere Raben, die anscheinend aus schierer Freude am Unsinn auf dem Rücken fliegen oder Schneehügel runterrutschen. Es gibt ein wundervolles Video von einer Krähe, die auf einem Joghurtdeckel zigmal hintereinander ein verschneites Dach runtersnowboarded. Schwalben spielen mit Federn, Schweine rutschen Schlamm- oder Wasserrutschen hinunter, und Elefantenkälber erschrecken andere Tiere, zum Beispiel rennen sie mit ausgebreiteten Ohren auf Gnus zu und beobachten, wie diese auseinanderstieben. Gut, Letzteres ist vielleicht nicht sehr nett, aber es ist wohl eine artübergreifende »diebische« Freude oder Schadenfreude, die daran erinnert, wie (Menschen)kinder manchmal Tauben erschrecken.

Anders als man gern annimmt, ist auch das Lachen keine Eigenart des Menschen, sondern vermutlich ein eher altes Merkmal aller Säugetiere. Hunde und Primaten haben ihre eigene Art zu lachen (das Zähneblecken der Schimpansen allerdings ist kein Lachen – da gibt es sozusagen Übersetzungsprobleme zwischen uns und ihnen). Auch Ratten lachen und lieben es übrigens, gekitzelt zu werden, wie viele Forscher berichten. (Sind das dieselben, die Ratten auch an den Rand des Ertrinkens bringen? Ich weiß es nicht.)

Die Evolution der Gefühle

Aber warum spielen Tiere eigentlich so gerne? Die einen Biologinnen denken, dass beim Spielen Rennen und Körperbeherrschung trainiert werden; andere meinen, dass die gemeinsamen freudigen Gefühle die Tiere einer Familie oder Herde aneinander binden; und die Intuition sagt einem, dass Tiere gerne spielen, weil es ihnen einfach Spaß macht.

Diese drei Antworten müssen einander nicht widersprechen. Ich habe weiter oben schon vom biologischen Zweck der Liebe gesprochen: Sie sorgt dafür, dass wir uns mit anderen verbinden und uns um unsere Kinder kümmern. Das mag ein wenig unromantisch klingen – muss denn Liebe einen so praktischen Zweck haben? Darf man nicht auch einfach so lieben? Natürlich! Aber die Biologie untersucht nun mal jedes natürliche Phänomen daraufhin, welchen Zweck es für das Überleben hat. Das gilt auch für die Gefühle oder die Empfindungsfähigkeit. Aus biologischer Sicht sind Gefühle vor allem dazu da, dass sie ein Lebewesen motivieren, Dinge zu tun, die gut für es sind; und dafür zu sorgen, dass es andere Dinge vermeidet, die schlecht sind. Zum Beispiel: Der Hunger treibt uns an, Orte aufzusuchen und gewisse Mühen auf uns zu nehmen, um etwas zu essen zu finden. Das Gefühl »lecker!« und das Sättigungsgefühl belohnen uns.

Der Schmerz hingegen – zum Beispiel, wenn wir in der Sommerhitze barfuß auf heißem Asphalt laufen – sagt uns: Das war jetzt eine blöde Idee. Glühendheißer Asphalt verletzt die Füße, den solltest du meiden!

In diesem Sinne haben alle Gefühle, nicht nur die Liebe, sondern auch der Schmerz, der Appetit, die Lust am Spiel, die Neugier, die Bewegungsfreude eine biologische Funktion. Sie erfüllen in der Natur ihren Zweck. Das ist vermutlich auch der

Grund, warum diese Gefühle erst entstanden sind, als die Evolution begann, mehrzellige Organismen zu entwickeln, die sich selbstständig fortbewegen konnten: nämlich Tiere.

Auch eine Pflanze wie die Mimose zuckt zurück, wenn man sie anfasst – aber sie hat keine Nerven und empfindet keine Schmerzen wie wir. Manche Leute sagen, auch Pflanzen würden Schmerzen empfinden, aber das ist nicht ganz richtig. Empfindungen wie wir Wirbeltiere haben sie sicher nicht, denn dazu braucht man Nerven. Und es hätte nun mal wenig Sinn, wenn Pflanzen, die sich nicht fortbewegen könnten, so viel fühlen würden wie wir. Eine Blüte, die darauf wartet, von Bienen und Schmetterlingen besucht zu werden, muss die Blüte ihrer Nachbarpflanze nicht lieben; das hätte einfach null Konsequenzen. Allerdings ist es ganz gut, wenn Wildschweine immer wieder Lust und Sehnsucht nacheinander verspüren, denn die Männchen und Weibchen leben getrennt voneinander, und für die Fortpflanzung müssen sie zusammenkommen.

Ich hoffe, dass ich auf den letzten Seiten ein wenig erklären konnte, was in der Biologie gemeint ist, wenn wir von einem Zweck oder einer Funktion sprechen. Zu wissen, wozu Gefühle biologisch gesehen »gut« sind, macht sie aber nicht weniger real. Das eine ist sozusagen die Beschreibung von außen, das andere ist das Verstehen von innen. Von außen: Bei Tieren gibt es aufgrund der Evolution bestimmte biologische Funktionen, die für das Überleben der Tiere und das ihrer Nachkommen sinnvoll sind. Und diese Funktionen sind mit Gefühlen verbunden – »von innen«.

Gerade weil sie so real sind, motivieren diese Gefühle das Tier dazu, etwas Bestimmtes zu tun. Ein Amselpaar muss die Kinder füttern, und es *will* seine Kinder auch füttern. Die Eltern empfinden Sorge oder Angst, wenn sich ein Raubvogel dem Nest nähert; und sie empfinden Befriedigung, wenn sie die weit aufgesperrten Schnäbel ihrer Jungen vollstopfen können. Ebenso will eine Kuh ihr Kalb säugen. Eine Giraffe will Blätter von den Bäumen rupfen. Ein Hund will toben. Katze und Schwein wollen weit weg von ihrem Schlafplatz ihr Geschäft machen.

Und so hat jede Tierart bestimmte Verhaltensweisen, die für das jeweilige Tier natürlich sind, und die es tun will, dann ist es zufrieden; und es ist unglücklich oder frustriert, wenn es all das nicht tun kann. So selbstverständlich sich das anhören mag – dass wir dies behalten, ist wichtig für das nächste und überhaupt fast alle kommenden Kapitel.

KAPITEL 6

WAS ETHIK BEDEUTET

Dies also ist in den bisherigen Kapiteln herausgekommen: Tiere sind keine Automaten ohne Geist und Gefühl, sondern sie sind empfindungsfähige Lebewesen. Die Evolution hat sie mit bestimmten Verhaltensweisen und Eigenarten ausgestattet, zum Beispiel wühlt ein Schwein den Erdboden nach Nahrung um, und Affen lausen einander. Das Ausleben dieser Fähigkeiten ist mit Gefühlen verbunden. Der Affe genießt das Lausen und Gelaust-Werden. Das Schwein befriedigt seinen Hunger, aber auch seine Neugier und Bewegungslust, indem es mit dem Rüssel die Erdkrume aufwirft.

Und Ethik, oder Moral, oder anständiges Verhalten, läuft im Wesentlichen darauf hinaus, dass wir andere nicht daran hindern sollten, ihr Leben so zu leben, wie es sich für sie gut anfühlt. Wir dürfen Affen nicht ihren Müttern entreißen, oder in Käfigen halten, oder sie in Labors an einem Untersuchungsgerät fixieren, nur weil wir etwas Eigennütziges mit ihnen vorhaben – denn sie haben mit ihrem Leben selbst auch etwas vor. Und zwar etwas ganz anderes! Schweine auf Betonboden einzusperren und sie nach ein paar Monaten zu schlachten, ist nicht richtig – weil sie nämlich gerne den Erdboden zerpflügen und dies auch noch viele weitere Jahre gerne tun würden, im Verbund mit ihrer Familie, ihren Freunden, ihren Kindern.

Sicher, wir wissen nicht, was ein Schwein in seinem Leben so erwartet; nicht alles davon wird toll sein. Wenn wir zum Beispiel einen Frischling – ein junges Wildschwein, das noch die typischen Streifen auf dem Fell hat – im Wald sehen, können wir nicht wissen, wie sein Leben ohne die Begegnung mit uns weitergehen würde. Wenn es noch klein ist, könnte ihm ein Fuchs gefährlich werden; oder es könnte eine Krankheit bekommen. Das Wetter könnte umschlagen, und es könnte zu nass und zu kalt werden. Wir wissen nicht, ob dieses Wildschwein viele Jahre als glückliches, gesundes Schwein vor sich hat – niemand weiß das. Trotzdem dürfen wir es nicht von einem Hochsitz herunter im Kindesalter erschießen. Es ist sein gutes Recht weiterzuleben und zu versuchen, stark und gesund aufzuwachsen.

Ich sage das deshalb, weil manche Leute gern einwenden: In der Natur ist auch nicht alles so toll. Auch im Wald sterben Wildschweine, auf natürliche Weise, ganz ohne menschliches Zutun. Das ist richtig. Aber dass jemand anderem vielleicht ohnehin früher oder später etwas Schlimmes zustoßen würde, ist ja kein Grund, dass ich ihm etwas Schlimmes antun darf. Jetzt schon. Absichtlich.

Und genau darum geht es in der Ethik: Was darf ich tun? Wie sollte ich mich anderen gegenüber verhalten? Manche Leute sagen auch Moral dazu, oder sie nennen es einfach »anständiges« oder »richtiges« oder »gutes« Verhalten. Ich werde all diese Wörter gleichermaßen benutzen und meine einfach Folgendes: Es ist unser gutes Recht, ein glückliches Leben haben zu wollen, aber dabei müssen wir auch auf die anderen Rücksicht nehmen. Wir sind nicht alleine auf der Welt. Ethik bedeutet, nach einem

guten, fairen Weg zu suchen, wie wir uns alles teilen und friedlich zusammenleben können.

Konflikte mit Füchsen

Nun leben auf dieser Erde unzählige empfindungsfähige Wesen, die alle ihre eigenen Wahrnehmungen, Gefühle und Wünsche haben. Und ständig kommen sie einander ins Gehege.
Ein Kaninchen möchte die Wurzel einer bestimmten Pflanze
ausgraben und aufessen. Ein anderes Kaninchen findet genau
diese Wurzel ebenfalls lecker, es versucht das andere zu vertrei-
ben. Dann kommt ein Fuchs, der möchte nicht nur die Wurzel, sondern gleich das ganze Kaninchen aufessen! Es gibt viel
Liebe und Fürsorge unter den Tieren, aber es gibt auch viele
Konflikte, und das Kaninchen und der Fuchs können es kaum
vermeiden, einander oft als Feinde zu begegnen.

Anders als wir setzt sich der Fuchs nicht hin und überlegt, ob
er dem Kaninchen etwas antun darf, oder ob er vielleicht auch
lieber etwas Wurzeln oder Obst essen sollte. (Was Füchse übrigens ebenfalls tun – sie sind keine reinen Fleischesser – aber
nicht aus moralischen Gründen.) Füchse sind kluge Wesen,
aber sie lesen keine Bücher, wie ihr jetzt gerade, und können
keine Diskussionen darüber führen, ob man Fleisch essen darf.
Darum ist es ziemlich unüberlegt, wenn Leute meinen, dass
Menschen Tiere töten dürfen, weil auch ein Fuchs, oder ein
Löwe, andere Tiere jagt. Der Fuchs kann nicht anders.

Aber wir können!

Moral und Ethik befinden sich einfach außerhalb des Le-
bensspektrums eines Fuchses, genauso wie Smartphones,
frisch gewaschene Unterhosen (oder überhaupt: Unterhosen)

und eine Musik-Flatrate. Aber in unserem Leben, für uns Menschen, gibt es technische Geräte für die Kommunikation, Klamotten, Musik – und Moral. Moral gehört zum Menschen wie Singen, Tanzen, Sich-Anziehen oder Geschichtenerzählen. Wir Menschen denken zigmal am Tag darüber nach, was zu tun richtig wäre, und wir reden auch mit anderen darüber. Fast niemand von uns will einfach nur ein mieser Typ sein. Heilige sind wir auch alle nicht, aber es gibt etwas dazwischen: dass man versucht, selbst glücklich zu werden, und dabei auf die anderen Rücksicht nimmt. Man muss mit anderen verhandeln: Gehört dir die leckere Wurzel oder mir? Man sollte sich überlegen: Darf ich einen anderen töten und essen, wenn er lecker aussieht, oder muss ich ihn nicht sein eigenes Leben weiterleben lassen?

Eins der grundlegendsten Prinzipien der Ethik lautet: Man darf anderen keinen Schaden zufügen, soweit dies geht. Nur wenn für mich wirklich viel auf dem Spiel steht, kann ich vielleicht mal jemandem absichtlich schaden. Also: Wenn mich jemand angreift, darf ich mich wehren und ihn dabei notfalls schlagen; aber nicht einfach so, nur weil ich schlechte Laune habe. Dieser Gedanke lässt sich auch auf das Fleischessen übertragen: Wenn ich in einer Weltgegend oder zu einer Zeit lebe, wo ich Tiere essen *muss*, weil ich sonst nicht über die Runden komme, darf ich das auch. Aber in unserer heutigen Gesellschaft, wo es zig andere Dinge gibt, mit denen ich mich gesund und abwechslungsreich ernähren kann, kann ich nicht einfach sagen: Ich möchte andere empfindungsfähige Lebewesen töten (oder kaufen) und braten. Nur weil ich es mag.

Fleisch ist heutzutage kein (notwendiges) Nahrungsmittel mehr, sondern so etwas wie ein Genussmittel, eine Art Luxus. Wir sind an den Geschmack gewöhnt, und es hat Tradition, aus Tieren gemachte Wurst und Schnitzel zu essen. Aber es gibt unzählige dumme und sogar gefährliche Traditionen; und auch wenn es schön ist, Genussmittel wie Schokolade oder Kaugummi zur Verfügung zu haben – dafür darf ich doch nicht töten! Einem anderen Menschen dürfte ich nicht einmal eine Schokolade aus der Hand reißen, wenn ich sie haben wollte – wieso soll ich dann einem Kaninchen das ganze Leben entreißen dürfen, weil ich es in den Backofen schieben will?

Was »Speziesismus« bedeutet

Aber habe ich da jetzt nicht einen Fehler begangen: Habe ich über die Behandlung von Menschen und Tieren gesprochen, als ob beides dasselbe wäre? Gibt es in der Ethik keinen Unterschied, wie ich Menschen und Tiere behandeln soll? Ist es denn wirklich dasselbe, ob ich einen Menschen oder ein Tier töte? Nun, dass es *genau* dasselbe ist, habe ich nicht gesagt. Ich habe sogar geschrieben, wenn das eigene Leben auf dem Spiel stünde, dürfe man ein Tier essen. Philosophen konstruieren auch gerne Beispiele wie: Wenn du mit einem Menschen und einem Hund in einem Boot säßest, und beide gingen über Bord, und du könntest nur einen wieder ins Boot holen – wen würdest du retten? Die meisten Menschen würden wohl den Menschen retten. Menschen stehen uns näher, wir sehen die Angst in ihren Gesichtern noch direkter, und wir kennen die Familien, die um sie trauern würden. Es ist in Ordnung, dass die meisten von uns ein wenig mehr für andere Menschen tun als für andere Tiere, so wie wir üblicherweise auch für unsere Familienangehörigen mehr tun als für völlig fremde Menschen.

Das heißt allerdings nicht, dass man mit fremden Menschen oder anderen Tieren einfach alles machen darf, wie es einem beliebt! Oder dass man ihre Wünsche und ihren Schmerz einfach ignorieren darf! Klar schenke ich nur meinen näheren Freundinnen etwas zum Geburtstag, aber auch andere Menschen wollen noch viele Geburtstage gesund und glücklich erleben, und ich darf nichts unternehmen, um das zu verhindern.

Auch wenn ich also nicht sagen will, dass andere Tiere *genau* wie Menschen sind, sind sie uns doch verwandt und in wichtigen Punkten ähnlich genug, so dass die grundlegenden ethischen Prinzipien für sie gelten. Darum ging es in den beiden vorigen Kapiteln: Auch Tiere wollen leben – darum dürfen wir sie nicht töten. Auch Tiere können sich körperlich wohl oder unwohl fühlen – wir dürfen ihren Bewegungsdrang nicht einschränken und ihnen keinen Schmerz zufügen. Auch Tiere hängen an ihrer Familie und weiteren Artgenossen – wir dürfen sie nicht auseinanderreißen. Wenn ich ein Mutterschaf verkaufe und ihr Kind weiterschreien lasse, wie der Nachbar, von dem ich im letzten Kapitel erzählte, tue ich beiden ein Unrecht an.

»Nur« weil es Tiere sind, heißt das nicht, dass sie ethisch gesehen egal sind. Wie wir spätestens seit Darwin hoffentlich gelernt haben: Es gibt hier gar kein »nur«! Auch wir Menschen sind Tiere, und gerade *weil* die Biologie uns, die Wirbeltiere, mit all diesen Empfindungen wie Freude, Schmerz, Liebe, Trauer etc. ausgestattet hat, ist Ethik wichtig. Wären wir gefühllose Roboter, wäre alles egal.

Wer also sagt, dass man Tieren Schmerzen zufügen, oder sie gewaltsam töten, oder ihnen die Kinder wegnehmen dürfe, weil es »nur« Tiere sind, begeht gleich zwei Fehler: erstens den biologischen, denn auch wir Menschen sind Tiere. Und zweitens den ethischen: Bloß weil ein Schaf auf vier Beinen geht, oder ein Fisch mit den Kiemen atmet, oder ein Vogelherz viele hundert Mal pro Minute schlagen kann, dürfen wir das Schaf nicht am

Gehen hindern, den Fisch nicht ersticken lassen oder das Vogelherz zum Stillstand bringen.

Im Laufe des 20. Jahrhunderts wurde für diese Art ethischen Fehler ein Begriff gebildet: Speziesismus. »Tierart« heißt ja in der Sprache der Biologie »Spezies«. Speziesismus ist, wie Rassismus, ein negativer Begriff und meint, dass jemand die Spezies (oder die Herkunft oder Hautfarbe) als »Argument« anführt, wo sie doch gar keines ist.

Um mal den Unterschied zu zeigen: Wenn ich sage, dass Schweine die Möglichkeit haben müssen, viel draußen zu sein und die Erde umzuwühlen, hat das tatsächlich etwas mit der Eigenart von Schweinen zu tun. Das ist inhaltlich begründet. Ebenso, wenn ich sage, dass Schweine keinen Führerschein haben sollen, denn sie würden die Verkehrsregeln nicht verstehen und könnten mit ihren Klauen nicht mal das Lenkrad halten.

Wenn jemand dagegen sagt, dass man Schweine töten darf, weil sie Schweine sind (und keine Menschen), dann argumentiert er speziesistisch. Das ist schließlich kein inhaltliches Argument, sondern eine Art Vorurteil. Wir wollen die Bedürfnisse der Schweine einfach nicht ernst genug nehmen! Und genau das bedeutet Speziesismus.

Aber wie sieht denn eine Ethik aus, die keine speziesistischen Unterschiede zwischen Menschen und anderen Tieren macht, und trotzdem darauf eingeht, dass unterschiedliche Tierarten unterschiedlich leben und darum natürlich auch Unterschiedliches brauchen? Damit befasst sich das nächste Kapitel. Auf den kommenden Seiten aber will ich für diejenigen, die es interessiert, etwas genauer erklären, wie verschiedene Philosophen Ethik (meistens nur auf Menschen bezogen) verstanden haben. Es gibt da einige Fragen, die immer wiederkehren und die die Menschen eigentlich schon seit Tausenden von Jahren beschäftigt haben. Wer aber jetzt schon genug Allgemeines zur Ethik gelesen hat, kann den Rest des Kapitels überspringen und direkt zum nächsten übergehen, wo es um eine Tierethik geht – eine Ethik, die sich mit unserem Verhalten gegenüber Tieren befasst.

Die Ethik des Aristoteles

Für alle, die weiterlesen: Es gibt verschiedene philosophische Wege, über Ethik nachzudenken. Was wir vom Leben und voneinander erwarten, hat ganz vielfältige Aspekte. Unterschiedliche Philosophen haben dabei unterschiedliche Dinge betont. Und auch wenn manche Philosophen darüber streiten, welche Form von Ethik »richtig« ist, würde ich eher sagen: Sie alle haben ihre starken Seiten und ihre Schwächen. Die »richtige« Form von Ethik ist vermutlich die, die auf die verschiedenen Stimmen hört und prüft, welche zu der momentanen Situation oder dem Problem, vor dem wir stehen, das Beste und Klügste zu sagen hat.

Übrigens gibt es nicht nur in Europa Traditionen der Ethik, sondern in anderen Teilen der Welt haben sich die Menschen natürlich auch Gedanken darüber gemacht, was sie tun sollen. Was man tun muss, um ein guter Mensch zu sein. Manchmal haben andere Ethiken die Art, wie man in Europa dachte, beeinflusst – gerade auch, was den Vegetarismus angeht! – und manchmal umgekehrt. Ich will jetzt aber nicht versuchen, alle Formen von Ethik und ihre Wechselwirkungen zu beschreiben, das kann ich gar nicht, sondern nur drei Traditionen, die größtenteils in Europa entstanden und bei uns bis heute Gültigkeit haben. Auch wenn ihr ihre Namen und »Erfinder« nicht kennt, werdet ihr ihre Grundgedanken verstehen und sicher selbst schon mehrfach gehabt haben.

Die eine Form von Ethik geht auf den griechischen Philosophen Aristoteles zurück, der von 384 bis 322 vor unserer Zeitrechnung im antiken Griechenland lebte. Er schrieb auch Bücher über Logik, Physik, den Kosmos, die Natur, aber hier interessiert uns nur die Ethik. Seine Überlegungen zur Ethik konzentrierten sich vor allem auf die Fragen: Was ist ein gutes Leben? Und: Was ist ein guter Mensch? Oder, zusammengenommen: Was alles gehört zum Leben dazu und sollte in einem Menschenleben getan werden, damit man es ein gelungenes oder erfülltes Leben nennen kann?

Aristoteles hätte vermutlich unter anderem erwähnt: Freundschaft, Sport, Gesundheit, geistige Beschäftigung. Das sind nicht nur Dinge, die man besitzen kann, sondern man muss auch aktiv sein. Wenn jemand alles hätte, was er wollte – ein ganz reicher, wohlversorgter Mensch –, aber nur den ganzen Tag im Liegestuhl abhängen würde, und zwar *jeden* Tag, würden wir nicht sagen: Der hat aber ein tolles Leben! Wir würden sagen: Muss schön sein, wenn man sich um Geld keine Sorgen machen muss – aber mit so viel Geld und Zeit wüsste ich etwas Besseres anzufangen.

Den idealen, vorbildhaften, erfüllten Menschen beschrieben antike Philosophen wie Aristoteles über Tugenden, also in etwa positive Charaktereigenschaften, zum Beispiel Klugheit, Tapferkeit, Besonnenheit. Heute ist man ein bisschen davon abgekommen, Ethik vor allem über Tugenden zu definieren. Zum Beispiel die erwähnte Tapferkeit: Gemeint ist der Mut beim Kämpfen. Aber was bringt es, wenn einer beim Kämpfen tapfer ist, aber der Krieg, in dem er kämpft, vielleicht total ungerecht ist? In dem Fall wäre es wohl besser, er würde seinem Befehlsgeber mutig sagen, dass er nicht kämpfen will! Dass dieser Krieg nicht geführt werden sollte. Der Mut kann ihm bei so einem Widerstand helfen, aber für sich alleine sagt der Mut nicht, in welche Richtung es gehen soll: in den Krieg oder dagegen?

Eine andere Schwachstelle dieser Ethik ist es, dass die Tugenden, aber auch das gute Leben immer nur für eine bestimmte Gruppe von Leuten gedacht waren. Damals hatten die reichen Menschen Sklaven, für die hat sich diese Ethik nicht interessiert, genauso wenig wie für Frauen. Überhaupt sind Menschen nun mal sehr unterschiedlich, und zu sagen, wie »der« Mensch sein soll, scheint etwas anmaßend. Aristoteles' Ethik war eine Art Charakterschule für eine männliche Elite: Er meinte, dass sich die jungen Männer selbst zu diesen Tugenden hin erziehen sollten – aber man kann nicht von allen Menschen verlangen, dass sie sich zu derselben »Sorte« Mensch erziehen oder dasselbe im Leben wertschätzen.

Die Ethik des Utilitarismus

Ungefähr zweitausend Jahre nach Aristoteles, als das europäische Mittelalter geendet hatte und sich die Philosophie erneuerte, verstand man die Grundlagen der Ethik anders: Es ging nicht mehr darum, welche Eigenschaften ein Mensch haben sollte, sondern wie er sich anderen gegenüber *verhalten* sollte. Mit seinem Verhalten sollte der Mensch das Gute befördern – und zwar natürlich nicht nur das eigene Gute, sondern auch das Wohl der anderen.

Welche Handlungen nutzen dem Guten am meisten? Diese Frage stellten sich die Utilitaristen; *utilitas* ist nämlich das lateinische Wort für »Nutzen«. Die Utilitaristen beobachteten, dass es in der Welt Positives und Negatives zu erleben gibt: Freude und Leid. Und sie fragten sich: Wie kann man (möglichst viel) Leid vermeiden und Freude bewirken? Wie können wir unsere Taten, Kräfte und materiellen Güter am besten aufteilen?

Das hört sich sehr sympathisch an, und tatsächlich gab es unter den Utilitaristen auch etliche, die sich für das Wohl aller, auch der Armen, der lange benachteiligten Frauen, der Menschen in anderen Ländern und sogar für das der Tiere einsetzten. Schon ein ganz früher Utilitarist, Jeremy Bentham (1748–1832), ist dafür bekannt, dass er Tiere als empfindungsfähige Lebewesen ansah und fand, man müsse daher auf sie Rücksicht nehmen. (Ob er das in seinem eigenen Leben so umfassend tat, steht auf einem anderen Blatt. Vegetarier war er meines Wissens nicht.)

Anderthalb Jahrhunderte später, im Jahr 1975, erschien das Werk eines anderen Utilitaristen, das viele Leute heute als den Startschuss für die Tierrechtsbewegung bezeichnen: »Die Befreiung der Tiere« von dem australischen Philosophen Peter Singer. Was bei Bentham nur eine kleine Bemerkung im Gesamtwerk gewesen war, machte Singer zum Gegenstand eines ganzen Buches und weiterer Veröffentlichungen: Tiere können Schmerzen empfinden. Also dürfen wir ihnen keine Schmerzen zufügen, wenn es sich vermeiden lässt. Wenn wir Tiere ausnutzen und leiden lassen, nur weil sie andere Wirbeltiere sind als wir Menschen, ist das ungerecht beziehungsweise eben Speziesismus.

Leider hat auch der Utilitarismus seine negativen Seiten, und diese liegen exakt darin begründet, dass diese Ethik sich so stark um den Nutzen dreht und das Wohl aller im Sinn hat. Darüber vergisst sie oft, dass jeder von uns ein Einzelner ist und das Recht hat, nicht für das große Ganze geopfert zu werden. Bentham hat zum Beispiel die Folter verteidigt, weil er meinte, dass damit zwar einem Einzelnen Qualen zugefügt würden, aber der Gesellschaft angeblich geholfen wäre. Wenn man es ganz simpel ausrechnen würde, könnte man sagen: 100 Portionen Schmerz für einen Einzelnen sind es wert, wenn dabei jeweils eine Portion Freude für 1000 Leute herauskommt. Aber das ist doch nicht richtig! Wir dürfen nicht foltern und jemandem 100 Portionen Schmerz zufügen, egal, wie toll das möglicherweise für andere wäre. Jeder Mensch hat das Recht auf Unversehrtheit und darauf, dass man seinen Körper nicht verstümmelt oder ihm Schmerzen zufügt.

Man kann und darf den Schmerz des einen Menschen nicht rein mathematisch mit dem Nutzen anderer Menschen verrechnen. Heute würden wir sagen: Eine Gesellschaft, die den Einzelnen nicht schützt, sondern zulässt, dass Menschen gefoltert werden, wollen wir gar nicht!

Nehmen wir ein viel banaleres Beispiel: Drei Freunde wollen schwimmen gehen, haben aber kein Auto und gehen darum in der unangenehmen Hitze die Landstraße entlang. Es kommt ihnen ein Auto entgegen, mit einem Mann, der in der umgekehrten Richtung einkaufen fahren will. Dürfen die drei Freunde ihn jetzt anhalten und sagen, er muss sie zum Schwimmbad fahren, weil er damit drei Leuten den Wunsch erfüllt – er hingegen ist schließlich nur einer? Natürlich nicht! Es ist sein Auto, es ist seine Zeit, und es ist sein Vorhaben. Außer in einem Notfall, wenn einer der drei dringend ins Krankenhaus müsste, kann niemand verlangen, dass ein Mensch seine Tagesplanung umschmeißt, weil drei ganz andere Leute schwimmen wollen. So wie der Gefangene ein Recht auf Unversehrtheit hat, hat dieser Mann das Recht darauf, seiner Wege zu gehen und seine eigenen Entscheidungen darüber zu treffen.

Die Ethik von Immanuel Kant

Die Idee, dass jedes einzelne Individuum eigene Rechte besitzt und dass man das Wohl von einem nicht beliebig mit der Allgemeinheit »verrechnen« kann, spielt die zentrale Rolle in einer dritten Ethik, deren berühmtester Vertreter der deutsche Philosoph Immanuel Kant war. Er lebte ungefähr zur selben Zeit wie Bentham, von 1724 bis 1804, im ostpreußischen Königsberg; nach ihm heißt diese Ethik Kantianismus.

Die Ethik Kants wird meistens mit zwei Sätzen wiedergegeben. Der erste wird auch Goldene Regel genannt: »Behandle andere so, wie du von ihnen behandelt werden willst.« Diese Grundidee findet man in vielen Ethiken. Natürlich muss man sich dazu auch in den anderen hineinversetzen, es hilft ja nichts, wenn man zum Beispiel jemandem, der gegen Erdnüsse allergisch ist, Erdnussflips schenkt, nur weil man sie selbst gerne isst. Eigentlich muss man den anderen so fair und respektvoll behandeln, wie man es auch selbst erwartet – es geht also mehr um grundsätzliche Werte. Und darum hat Kant diese uralte Goldene Regel gründlich durchdacht und verfeinert und etwas abgewandelt, ungefähr so: »Handle immer so, dass die Grundsätze, nach denen du handelst, auch als Regeln für alle dienen könnten.« Also eben nicht nur so, dass es den eigenen Vorlieben entspricht, oder was einem gerade einfällt – sondern als ob man ganz allgemeine Regeln davon ableiten könnte; und die müssten dann für alle gerecht sein.

Dabei legte Kant viel Wert auf den Begriff der Person (womit er allerdings nur Menschen meinte), und zwar hat jede Person ihren eigenen Verstand, ihren Willen, ihre Würde und ihre Rechte. Genau das muss respektiert werden, bei jedem Einzelnen, und darum darf auch die Allgemeinheit nicht einfach über den Einzelnen verfügen (wie manchmal bei den Utilitaristen).

Zugegeben, Kants Philosophie klingt manchmal sehr abstrakt, aber gleichzeitig formulierte er zentrale Gedanken, die einem eigentlich sofort einleuchten. Zum Beispiel, wenn er sagt, dass jeder Mensch ein »Zweck an sich« ist. Was ist gemeint? Wiederum, dass man andere nicht beliebig benutzen darf. Also: Auch wenn ich ein Arbeitgeber bin und jemanden für die Arbeit bezahle und ihn somit als Arbeitskraft benutze, darf ich nie vergessen: Er ist ein Mensch und hat seine eigenen Rechte. Zum Beispiel die, die heute im Arbeitsschutzgesetz geregelt sind: Schutz vor Unfällen, Recht auf Pausen, Recht auf anständigen Lohn.

Jedenfalls steht es so auf dem Papier – ob das immer so hinkommt, ist eine andere Frage. Je ärmer die Menschen sind, desto mehr können Arbeitgeber mit ihnen anstellen – die Menschen trauen sich nicht, »nein« zu sagen, denn sie brauchen das Geld. Aber eigentlich gilt: Wenn man jemandem Geld für Arbeit bezahlt, besitzt man ihn nicht. Er hat immer noch Rechte! Er dient nicht nur den Zwecken des Arbeitgebers, sondern hat in seinem Leben eigene Ziele und Zwecke.

Genau das ist auch der entscheidende Unterschied zwischen einer Gesellschaft, die Sklaverei erlaubt, und einer modernen Gesellschaft, wo alle Individuen gleiche Rechte haben: Kein Mensch kann einem anderen »gehören«.

Und vielleicht ahnt ihr schon, dass genau dieser Punkt auch interessant wird, wenn wir im nächsten Kapitel versuchen, die »Menschenethik« auf Tiere zu übertragen: Müssen wir Tiere auch als Individuen respektieren? Dürfen wir sie beliebig nutzen – oder sind sie nicht vielmehr auch »Zweck an sich«?

Ethiken kombinieren

Der Kantianismus ist in den europäischen Gesellschaften heute sicherlich die wichtigste Ethik, und auch unsere Verfassungen sind in dieser Tradition entworfen worden. Aber wie gesagt, alle Ethiken haben ihre Schwächen – und Stärken. Darum kann und sollte man Kants Ethik um die starken Punkte der beiden anderen Ethiken ergänzen.

Denn auch der Utilitarismus hat natürlich insofern recht, als auch der Nutzen jeder Handlung bedacht werden muss. Gutes Handeln soll auch Gutes bewirken; und so gesehen ist es zum Beispiel besser, wenn es Gutes für zehn andere bewirkt, als wenn nur einer etwas davon hat. Ein bisschen »Mathematik« ist beim ethischen Nachdenken also schon angemessen, auch wenn sie nicht das Grundprinzip dabei ist.

Was Kantianismus und Aristotelismus zu einer modernen Tierethik beitragen können, das sehen wir im nächsten Kapitel anhand von zwei heutigen Philosophinnen.

Und hier meine ich mit der weiblichen Endung in »Philosophinnen« wirklich mal Frauen. Denn wie euch vielleicht schon aufgefallen ist, waren die bisher erwähnten Philosophen alles Männer: Aristoteles, Bentham, Singer, Kant ... Es war nun einmal viele hundert Jahre, eigentlich sogar ein paar tausend Jahre lang so, dass vor allem die Männer Zugang zu Bildung hatten. An den Universitäten wurden bis ins 20. Jahrhundert hinein Frauen gar nicht zugelassen; zwar arbeiteten etliche Frauen an den Werken ihrer Ehemänner mit – als Ideengeberinnen, Diskussionspartnerinnen oder Sekretärinnen – aber ihre Namen stehen nicht in den Büchern. Im Ergebnis findet man, wenn man eine philosophische Bibliothek betritt, in den Regalen fast ausschließlich Bücher von männlichen Autoren.

Zumindest, bis man zu den Regalen mit den Werken des 20. Jahrhunderts kommt. Das Lustige ist, dass zwei der berühmtesten heutigen Vertreter zumindest des Aristotelismus und des Kantianismus Frauen sind. (Es würde mich mal interessieren, wie Aristoteles und Kant das gefunden hätten, denn beide haben ziemlich abfällige Dinge über Frauen geschrieben.) Diese beiden weltweit berühmten Philosophinnen vertreten die Auffassung, dass auch Tiere ethisch behandelt werden müssen. Die Kantianerin heißt Christine Korsgaard, und die Aristotelikerin Martha C. Nussbaum. Aber damit genug mit diesen »trockenen« Erklärungen zur Ethik im Allgemeinen. Was Korsgaard und Nussbaum zu Tieren sagen, und überhaupt: Was für eine Tierethik sich aus all dem ergibt, werde ich im nächsten Kapitel erzählen.

KAPITEL 7

WIE WIR TIERE BEHANDELN UND ACHTEN SOLLTEN

Was sollen wir tun? Was dürfen wir tun, wenn wir gute oder anständige Menschen sein wollen? All diese Fragen gehören zur Ethik, und die ist ein Teilgebiet der Philosophie. Wo sich die Ethik mit unserem Verhalten gegenüber Tieren befasst, nennt man sie Tierethik – seit etwa vierzig Jahren, als die Tierethik nämlich entstand.

Auch die Philosophie hatte das Denken und Kommunizieren der Tiere lange Zeit nicht nur theoretisch abgewertet (man erinnere sich an meinen Freund Tobi), sondern man hat auch moralische Regeln nur auf Menschen bezogen. Dass man zum Beispiel nicht töten darf oder dass man andere gerecht behandeln soll, das galt angeblich nur für Menschen. Ab den 1970er Jahren begannen Philosophen und Philosophinnen immer häufiger zu diskutieren, ob solche Regeln nicht auch für unser Verhalten gegenüber Tieren gelten müssten. So gesehen ist die Tierethik eine Art jüngere Schwester der neueren Verhaltensforschung, von der ich schon erzählt habe. So wie die Verhaltensforschung von Jane Goodall und ihren Kollegen die Biologie verändert hat, so brachte die Tierethik eine neue Perspektive in die Philosophie.

Genau genommen, ist der Name allerdings ein wenig irreführend. Denn erstens gibt es nicht nur eine Tierethik, sondern mehrere: Unterschiedliche Tierethikerinnen vertreten auch unterschiedliche Ansichten und Theorien. Es gibt sogar Leute, die lehren an der Universität Tierethik und essen dennoch Tiere. Das ist zwar eher die Ausnahme, aber ich saß sogar einmal bei einer Konferenz neben einem Professor, der sagte, dass Tiere und Menschen moralisch gesehen vollkommen gleichgestellt seien und dass diese Gleichheit in unsere Verfassung aufgenommen werden sollte. Wenige Minuten später befürwortete er es, Tiere zu töten und zu essen. Die Zuhörer fragten natürlich, wie das zusammenpasst! (Und bitte fragt mich jetzt nicht, was er geantwortet hat, es kam mir so hanebüchen vor, dass ich es nicht wiedergeben könnte.)

So viel zur Bandbreite von »Tierethik«. Zweitens aber klingt der Begriff Tierethik so, als ob die für Tiere angemessene Ethik eine ganz andere wäre als die für Menschen, eine Art Spezialethik, die wir zusätzlich zu unserer bisherigen Ethik beherzigen sollten. Dabei kommt es doch in vielen Situationen nur darauf an, Tieren einfach den gleichen Respekt zuteilwerden zu lassen, zum Beispiel: Man darf einen Menschen nicht töten, nur weil einem danach ist.

Und darf man eigentlich Tiere töten?

Über Leben und Tod

Es ist erstaunlich, wie viele Menschen diese Frage zunächst mit einem zögerlichen Nein beantworten – zögerlich, weil sie ahnen, was als Nächstes kommt – und dann, wie jener Professor, doch einige Gründe finden, warum man Tiere ihrer Meinung nach essen darf. Nicht nur dann, wenn man Hunger hat und

58 934 837
SCHWEINE

20 272 398
ENTEN

24 306
ZIEGEN

599 782
GÄNSE

127 270
SCHAFE

914 505
LÄMMER

37 070 345
PUTEN

32 673 153
SUPPENHÜHNER

634 456 016
JUNGMASTHÜHNER

Zahl der 2014 geschlachteten Tiere in Deutschland

8 852
PFERDE

3 606 557
RINDER (GESAMT)

DAVON KÄLBER
(BIS 8 MONATE)
324 399

DAVON JUNGRINDER
(8-12 MONATE)
44 337

sich nicht anders ernähren kann, sondern allein deshalb, weil sie einem gut schmecken. Viele Leute sagen dann, dass es zwar schlimm ist, wenn wir Tiere nicht gut behandeln – aber wenn wir das tun würden und sie einige Zeit lang ein schönes Leben hätten, dürften wir sie töten.

Warum eigentlich? Auch ich finde, dass ich ein sehr schönes Leben habe – darf man mich darum einfach so töten? Immerhin bin ich schon 45, habe also schon viel mehr von meinem Leben gehabt als die Tiere, die normalerweise geschlachtet und im Supermarkt verkauft werden; das sind ja, gemessen an ihrer Lebensspanne und an dem Zeitpunkt, zu dem sie ausgewachsen wären, noch Kinder, manchmal sogar Säuglinge.

Wisst ihr übrigens, wie viele geschlachtete Tiere das jedes Jahr sind? Die Zahlen sind schier unvorstellbar. Man kann praktisch ein Quiz damit machen, indem man Leute fragt, wie viele Hühner ihrer Schätzung nach in Deutschland jedes Jahr getötet werden. Auf die wirkliche Zahl – 600 Millionen – kommt niemand.

Manchmal kommen Menschen, die einen Hund oder eine Katze als Haustier haben, in die schwierige Situation, dass sie überlegen, ob sie das Tier einschläfern lassen sollen. Wenn es so krank ist, dass es nur noch Schmerzen hat, die man auch nicht lindern kann; und wenn es nie wieder gesund würde. Ich meine jetzt nicht diejenigen Leute, die einfach keinen Bock mehr auf ihr Tier haben, oder die finden, dass ihr Hund zu viel bellt, oder die zu geizig sind, um die Operation zu bezahlen, die das Tier brauchen würde – all solche Menschen gibt es. Tierärzte können die schlimmsten Geschichten davon erzählen.

Nein, ich meine Tiere, die nie wieder gesund werden können und deren restliches Leben nur noch in schwerem Leiden bestünde. Ich denke, es gibt etliche solcher Fälle, wo Einschläfern-Lassen richtig ist. Schließlich tut man es, um dem Tier zu helfen, und nicht, weil man selber auf das Tier Appetit hat! Trotzdem fühlt man sich immer irgendwie schlimm dabei. Es ist nicht schön, über den Zeitpunkt des Todes eines Tiers zu bestimmen und festzulegen: Jetzt ist dein Leben zu Ende.

Aber wenn wir bei einem sehr kranken, leidenden Tiere solche Skrupel haben, wieso zucken wir dann nicht mal mit der Wimper, wenn wir Fleisch auf dem Teller liegen haben? Indem wir es kaufen, geben wir mit unserem Geld ja indirekt das Schlachten von anderen Tieren in Auftrag. Von Tieren, die jung und nicht schwer erkrankt sind. Was also soll dieser Spruch, wenn ein Tier ein schönes Leben hätte, dürfe man es töten? Wieso darf man jemanden töten, wenn er oder sie ein schönes Leben hat – dann berauben wir ihn oder sie doch genau dieses schönes Lebens, das er weiterhin hätte! Oder was genau nehmen wir eigentlich empfindungsfähigen Lebewesen, wenn wir sie töten?

Unser Verstand kann mit dem Tod schwer umgehen. Der Tod erinnert uns daran, dass wir biologische Wesen mit einem vergänglichen Körper sind. Und wenn dieser Körper zerstört ist, oder aufgrund eines müden Herzen nicht mehr mit allem Lebensnotwendigen versorgt wird, oder andere zentrale Organe ausfallen – dann hören wir als Menschen auf zu existieren. Vielleicht haben wir eine unsterbliche Seele, die anderswo weiterlebt – aber als Erdenmenschen sind wir tot. Und das ist sehr schwer vorstellbar. Vermutlich deshalb haben Philosophen (und andere) seit Jahrtausenden immer wieder über den Tod nachgedacht und versucht, das Rätsel Tod zu »lösen«; aber ich finde nicht alles überzeugend, was dabei herausgekommen ist.

Der antike Philosoph Epikur zum Beispiel hat gesagt, eigentlich wäre der Tod egal, denn wenn man erst mal tot ist, merkt man es gar nicht. Das ist irgendwie richtig – aber er beschreibt dennoch das Phänomen Tod nicht. Epikurs Gedanke ist ein spitzfindiges Spiel mit Worten, ein Trick – aber die Realität beschreibt er nicht. Wenn der Tod egal wäre, dürfte man auch andere Menschen töten. Man sollte ihnen vorher keine Angst einjagen, sondern sie zum Beispiel im Schlaf ermorden; aber wenn einen danach jemand fragt: »Um Himmels willen, wieso hast du ihn ermordet?«, würde man wohl kaum sagen: »Wieso, er merkt es doch gar nicht – frag ihn doch mal!« Und der andere (Lebende) würde auf den Toten gucken, der in der Tat nichts sagt und sich nicht über sein Tot-Sein beschwert, und sagen: »Hast recht. Es scheint für ihn okay zu sein.«

So einen Dialog kann man sich (zwischen zwei halbwegs vernünftigen Menschen) nicht vorstellen. Selbstverständlich hat man dem Ermordeten etwas angetan, als man ihn ermordete. Man hat ihm das Leben genommen, und das ist eins der schlimmsten Verbrechen, das weiß eigentlich jeder! Trotzdem reden wir bei Tieren meistens so, als wäre das irgendwie egal.

Also noch mal anders gefragt: Was bedeutet es eigentlich, jemandem das Leben zu »nehmen«? Zunächst verhindert man natürlich all die künftigen schönen oder guten Erfahrungen, die dieses Lebewesen ansonsten machen würde; aber das ist noch nicht alles. Schließlich erwarten uns im weiteren Leben auch schwierige Erfahrungen, keiner kann wissen, wie alles weitergeht; und jemand, der bessere Lebensbedingungen hat (weil er reich und gesund ist), hat ja deswegen nicht mehr Recht auf Leben als jemand, der arm und krank ist. Beide wollen leben, und beide haben dasselbe Recht auf Leben.

Darum ist es zwar richtig, dass wir alle gern ein glückliches Leben haben wollen – aber vor allem wollen wir eben … leben! Nicht nur, weil etwas Bestimmtes, Schönes bevorsteht – sondern weil man überhaupt etwas (er)leben wird. Sogar Menschen in schwierigen Situationen wollen weiterleben, auch Kranke, die an Schmerzen leiden. Es gibt einige Situationen im Leben, wo man vor lauter Schmerzen denkt, man würde lieber sterben – aber das ist Gott sei Dank nicht der Normalfall. Meistens gehen diese Situationen vorüber, und man ist froh, doch noch am Leben zu sein! Denn egal, ob man viel Aufregendes erlebt oder eher Langweiligeres, ob man viele tolle Reisen macht oder tagein, tagaus in bescheidenen Verhältnissen arbeitet und lebt: Am Leben zu sein, ist selbst wertvoll. Und genau dieses Wertvolle zerstört man, wenn man jemanden tötet. Irgendwie ist das fast schon trivial: Wenn man jemanden tötet, zerstört man sein Leben. Genau das ist das Schlimme. Es ist (neben der Folter) mit das Schlimmste überhaupt, was man anderen antun kann.

Tierwohl

Dass das Leben selbst wertvoll ist, wird »wie zufällig« von den meisten Expertinnen, Landwirten und Politikern vergessen, die über das »Tierwohl« in der Landwirtschaft diskutieren. Vielleicht habt ihr schon einige dieser Siegel und Label gesehen, die auf den Verpackungen von Fleisch, Milch oder Eiern kleben und signalisieren sollen, dass das »Tierwohl« besonders berücksichtigt worden wäre. Oder Landwirte und Politiker sprechen darüber, wie man das »Tierwohl« verbessern könnte. Ich setze das Wort in Anführungszeichen, weil es ganz lausige Lebensbedingungen sind, die man minimal verbessert, um sich dann so ein Siegel zu verdienen.

Völlig ausgespart wird die Frage, ob man die Tiere überhaupt einsperren und anschließend töten darf! Es gibt sogar ein Siegel vom Deutschen Tierschutzbund, das angeblich dafür bürgt, dass es den Tieren dort etwas besser ergangen sei als in anderen Ställen – bis man sie tötete. Ich finde, keine Sorte Fleisch verdient ein Tierschutzlabel. Denn wenn ein Tier im Alter von wenigen Wochen oder Monaten auf einem Teller landet, wurde es offensichtlich nicht gut genug geschützt, sonst wäre es nicht tot!

Was von den beteiligten Unternehmen über »Tierwohl« gesagt wird, ist also wenig vertrauenswürdig, weil sowieso das wirtschaftliche Interesse dahinter steht, dass mit den Tieren Geld gemacht werden soll. Orientieren wir uns darum am besten an dem, was die Biologie darüber zu sagen hat, wie Tiere leben (wenn man sie lässt). Wir haben in den bisherigen Kapiteln genug über Tiere zusammengetragen, das uns verstehen lässt, worauf es ankommt.

Das Erste war: Tiere können Schmerzen empfinden. Darum müssen wir darauf achten, ihnen keine zuzufügen. Wir dürfen ihnen keine Schmerzen bereiten, indem wir ihnen direkt Gewalt antun, aber auch nicht dadurch, dass wir sie so unnatürlich auf unsere Zwecke hin züchten, dass ihr Körper selbst ihnen ständig Leid bereitet!

Bei Milchkühen ist das beispielsweise der Fall. Weil sie so viel Milch geben (müssen), leiden viele von ihnen unter chronischen Entzündungen des Euters; das ist sehr schmerzhaft. Milch ist ein Körpersekret und wird von Säugetiermüttern eigentlich für ihre Jungen gebildet; heutige Milchkühe geben allerdings ein Vielfaches der Milch, die ein Kalb benötigen würde. Diese Mengen belasten den ganzen Stoffwechsel der Kuh, insbesondere nach der Geburt, wenn die Milch gebildet wird. Dann erkranken viele Kühe am Milchfieber; außerdem zehrt

Anstieg der Kuhmilchleistung pro Kuh

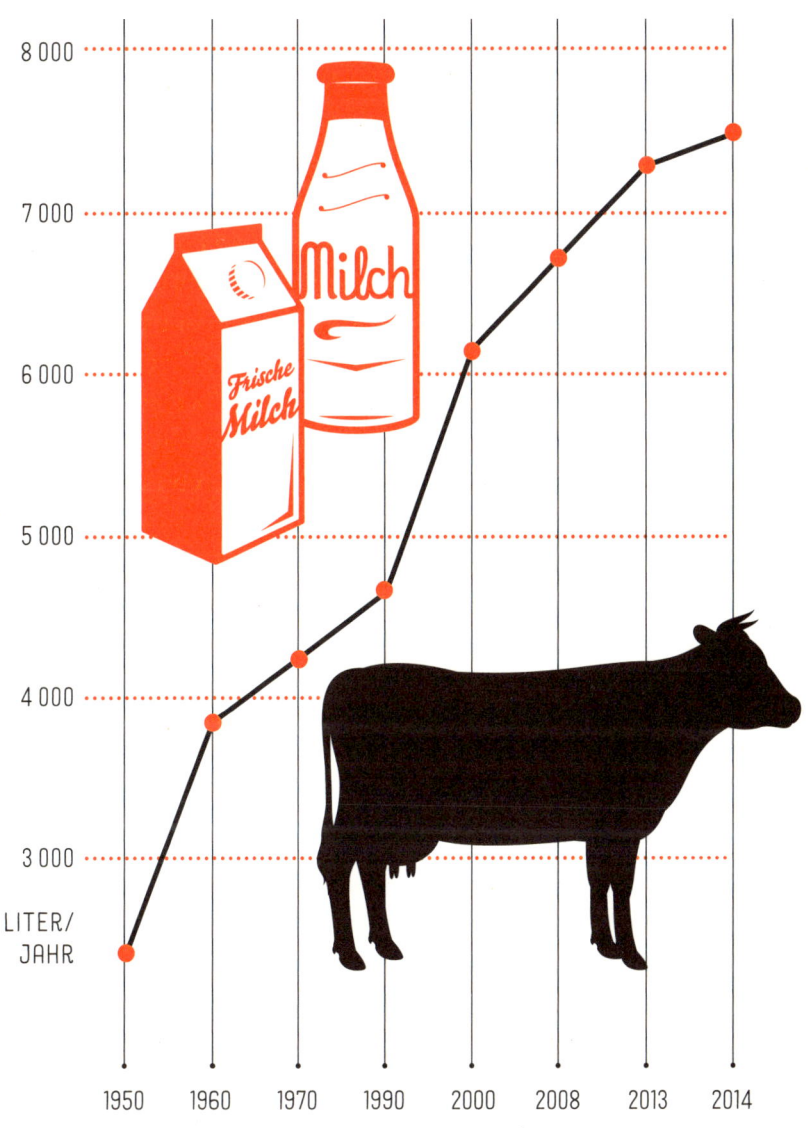

8 000							
7 000							
6 000							
5 000							
4 000							
3 000							

LITER/ JAHR

1950   1960   1970   1990   2000   2008   2013   2014

der hohe Kalziumbedarf am Skelett, weil der Körper Kalzium in den Knochen zwischenlagert und dann wieder herauslöst, um Milch zu bilden. Solche Krankheiten der Kühe liegen nicht in ihrer Natur, sondern Jahrzehnte lang züchtete man die Kühe auf immer größere Milchmengen; mit künstlicher Besamung sorgte man dafür, dass Kühe, die viel Milch gaben, mehr Nachwuchs hatten. Darüber hat man zwischenzeitlich sogar vergessen, dass Kühe auch laufen können sollten. Das ist kein Witz, sondern schreckliche Realität! In den Ställen hatten und haben die Tiere oft so wenig Platz, dass sie kaum gehen können. Viele Kühe werden in Anbindehaltung »gehalten«, was bedeutet, dass ihr Hals immer an derselben Stelle über dem Futterplatz fixiert wird, so dass sie zwar den Kopf hoch- und runterheben und sich hinlegen, aber nirgends anders hingehen können. Da fiel es lange nicht auf, wenn die Kuh zwar toll viel Milch gab, aber zu schwache Beine hatte. Der Züchter einer bestimmten Milchkuhrasse hat mir erzählt, dass sie erst jetzt beim Züchten dieser Rasse auch »wieder darauf achten, dass die Kuh laufen kann«. Eine Kuh legt in Freiheit jeden Tag etliche Kilometer zurück, ist ja auch ein großes Tier, ein Säugetier auf vier Beinen. Ist es nicht pervers, dass man sie so verzüchtet hat, dass sie mit diesen vier Beinen kaum laufen kann?

Das ist auch schon der nächste »Punkt« auf unserer ethischen Liste: Tiere müssen sich bewegen können. Die Evolution hat sie nicht nur mit ihren Beinen ausgestattet, sondern auch mit dem Wunsch, sich zu bewegen; mit Neugier; es bereitet ihnen Befriedigung und Freude, zu gehen/schwimmen/fliegen, sich ihre Nahrung zu suchen, die Umgebung zu erforschen. Es reicht also nicht, ihnen nur keinen direkten Schmerz zuzufügen – man muss ihnen auch ermöglichen, Freude in den Verhaltensweisen zu finden, die für ihre Art üblich sind. Denken wir an rodelnde Krähen, an einander jagende Schafe, an sich suhlende Schweine, an planschende Enten und Gänse: Tiere wollen ihr Leben genießen, indem sie sich bewegen.

Und Tiere brauchen die Möglichkeit, mit ihrer Familie, ihren Artgenossen und anderen zu interagieren. Daher darf man soziallebende Tiere auch nicht beliebig aus ihren vertrauten Gruppen reißen und etwa mit *irgendwelchen* Artgenossen zusammenstecken. Man darf sie auch nicht ihren Müttern wegnehmen.

Genau das tut man mit so gut wie allen »Nutztieren«, zum Beispiel mit Ferkeln, wenn sie drei bis vier Wochen alt sind. Man gewöhnt sie schon vorher an breiiges Futter, obwohl sie noch monatelang bei ihrer Mutter trinken würden. Aber die Mutter soll erneut künstlich besamt und schwanger gemacht werden, damit sie neue Ferkel »produziert« und mehr Geld bringt. Also werden ihr die Ferkel nach wenigen Wochen weggenommen und mit fremden Ferkeln in einen anderen Stall gebracht. Was das für die arme Mutter bedeutet, die die ganze Zeit während der Geburt und des Säugens zwischen Metallgittern so fixiert ist, dass sie sich nicht mal nach ihren Kindern umdrehen kann, hat meines Wissens noch niemand untersucht. Aber dass die Ferkel unter dem sogenannten »Absetzstress« leiden (»absetzen« heißt, das Ferkel vom Euter der Mutter zu entfernen), ist bekannt. Das liegt nicht nur daran, dass Brei etwas anderes ist als Milch, sondern auch daran, dass Schweine sensible soziale Wesen sind, denen die Mutter und der vertraute Kontakt fehlt.

Milchkühen wiederum wird das Kalb direkt nach der Geburt weggenommen. Die Mütter wissen natürlich, dass sie eben geboren haben. Als ich zum ersten Mal auf einem Biohof hörte, wie eine Kuh noch einen Tag nach der Geburt vom Stall aus nach ihrem Kind schrie, war ich entsetzt. Derweilen stand das

Kalb, das sie nie zu sehen bekam, in einer Plastikhütte ganz woanders und musste Ersatzmilch aus einem Eimer trinken. Damals beschloss ich, vegan zu werden.

Komponenten eines guten Tierlebens

Bis jetzt habe ich schon allerlei aufgezählt, was Tiere brauchen und wollen:

- Schmerzfreiheit
- Bewegungsfreiheit
- Erforschung ihrer Umwelt
- weitere artspezifische Verhaltensweisen wie z.B. Wühlen, Baden oder sich Putzen
- Spiel
- Sozialleben
- Zusammensein mit der Familie, und natürlich:
- am Leben bleiben

Das sind ziemlich unterschiedliche Dinge, aber sie alle sind Bestandteile eines guten Lebens für Tiere – und Menschen! Natürlich gibt es auch vieles, das für Menschen zu einem guten Leben gehört, nicht aber für Tiere; das sind inzwischen auch Telefone, Filme, Musik, Schule, Schuhe. Diese Dinge brauchen und wollen Tiere nicht. *Wir* brauchen, um gesund zu bleiben, Schuhe – Tiere nicht. *Wir* brauchen oft ein Smartphone, um mit unseren Angehörigen in Kontakt zu bleiben – Tiere wollen physisch zusammen sein. Allerdings braucht jede Tierart wieder etwas, das andere Tiere und auch wir Menschen nicht brauchen. Die einzelnen Aktivitäten und Hilfsmittel können also unterschiedlich sein. Aber die grundlegenden Bereiche, die ich am Anfang dieses Absatzes aufgezählt habe, sind für uns alle ganz ähnlich.

Wer die zweite Hälfte des vorherigen Kapitels gelesen hat, wird vielleicht erkennen: Das mit dem guten Leben ist im Grunde eine aristotelische Idee, allerdings sehr modern weiterentwickelt und abgewandelt. Und solch eine Idee vertritt die amerikanische Philosophin Martha Nussbaum.

Ursprünglich hatte sie bei dieser Theorie nur Menschen im Sinn. Und zwar hat sie dabei mit dem aus Indien stammenden Wirtschaftswissenschaftler und Nobelpreisträger Amartya Sen zusammengearbeitet. Nussbaum und Sen ging es hauptsächlich darum, ein Modell zu entwickeln, mit dem man über Gerechtigkeit sprechen und diskutieren und sie einfordern kann, und zwar in ganz unterschiedlichen Ländern. Den beiden war aufgefallen, dass man, um Wohlstand und Glück in unterschiedlichen Ländern zu »messen«, meist über das Bruttosozialprodukt und das Einkommen spricht. Aber das Geld an sich ist nicht das Wichtigste, sagen sie, sondern eher, was man damit machen kann. Genauer: Welche Bereiche eines guten menschlichen Lebens man damit verwirklichen kann.

Und hier kommen genau wieder solche Stichworte ins Spiel, die wir oben schon für Tiere aufgelistet haben: Sind die Menschen frei von Leid, sind sie sicher, sind sie gesundheitlich gut versorgt, stehen ihnen viele Möglichkeiten offen, kommen sie mit anderen Menschen, aber auch mit der Natur in Kontakt, haben sie die Möglichkeit zu sinnvoller Beschäftigung und auch zu Spiel, Entspannung oder Freizeit? Dann haben sie die Chance auf ein gutes Leben.

Dieser Ansatz von Nussbaum und Sen hat viele Menschen überzeugt, und seit gut einem Jahrzehnt wendet Nussbaum ihn auch auf Tiere an. Auch sie sagt, dass wir Tieren als empfindungsfähigen Wesen kein Leid und nicht den Tod zufügen dürfen, sondern ihr Recht auf ein gutes Leben achten müssen: Nussbaum fordert Gerechtigkeit für Tiere.

Warum jedes Leben wertvoll ist

In ihrem Buch über die »Grenzen der Gerechtigkeit« schreibt sie allerdings nicht nur über Tierethik, sondern auch über Menschen, die man ebenfalls gerne in der Ethik »vergisst« – zum Beispiel behinderte Menschen.

Es gibt sehr viele verschiedene Behinderungen, deswegen gibt es »die Behinderten« als solche nicht. (Übrigens gibt es auch nicht »die Gesunden«. Denn die meisten Menschen werden im Leben einmal oder mehrmals krank und hilfsbedürftig.) Früher neigte man dazu, Menschen mit Behinderungen als minderwertig anzusehen; man beschrieb sie über ihre »Mängel«: Jemand könne nicht sehen, er könne nicht gehen etc. Doch langsam beginnt man anzuerkennen, dass auch ein Leben mit Behinderungen seine eigenen Herausforderungen und Befriedigungen besitzt und glücklich sein kann.

Das gute menschliche Leben ist eben kein Standard-Leben, das für alle gleich ist; jeder Mensch versucht auf seine oder ihre Weise, die verschiedenen Aspekte eines guten Lebens zu verwirklichen. Ich sagte es oben schon: Jemand, der viel reist, hat darum nicht ein tolleres oder »wertvolleres« Leben als jemand, der zu Hause lebt. Jemand, der andauernd Marathon läuft, ist nicht »wertvoller« als jemand, der sich mit dem Rollstuhl fortbewegt; tatsächlich kann man nicht mal sagen, dass der Marathonläufer glücklicher ist. Zum Beispiel kann es sein, dass der Marathonläufer andauernd Angst hat, nicht gut genug zu sein und mit den Freunden nicht mehr mithalten zu können; während ein anderer Mensch im Rollstuhl wunderbare Freunde hat, derer er sich ganz sicher ist.

Ich habe das Wort »wertvoll« zweimal verwendet, und beide Male in Anführungszeichen. Denn es ist schon völlig falsch, Menschen oder Leben nach »wertvoll« oder »weniger wert« einzuordnen, je nachdem wie »gesund« oder erfüllt sie unserer Meinung nach sind. Mir ist es deswegen so wichtig, das zu betonen, weil ein sehr berühmter Tierethiker der ersten Stunde, der australische Philosoph Peter Singer, leider mehrfach geringschätzige Aussagen über behinderte Menschen und insbesondere behinderte Säuglinge gemacht hat. Er maßt sich an, den »Wert« oder sozusagen die Glücksmöglichkeiten behinderter und nichtbehinderter Menschen vergleichen zu können. Dabei vergisst er, dass Glück nicht objektiv, von außen bemessen werden kann, sondern nur aus der Innensicht. Und dass jeder Mensch (und jedes Tier) dasselbe Recht hat, ein gutes Leben zu leben beziehungsweise sein Glück im Leben zu versuchen.

Dass Singer dies nicht einsehen will, liegt nicht in der Tierethik allgemein, sondern eher in Singers speziellem philosophischen Ansatz begründet (den ich in der zweiten Hälfte des vorigen Kapitels erklärt habe). Singers wichtiges Buch »Die Befreiung der Tiere« erschien 1975, aber für die Entwicklung der Tierethik in den vergangenen zwei Jahrzehnten war Singers Theorie nicht mehr sehr einflussreich.

Stattdessen möchte ich lieber noch den Satz eines anderen Philosophen zitieren, nämlich des Kanadiers Will Kymlicka, der mit seiner Frau Sue Donaldson (beide leben seit über zwei Jahrzehnten vegan) erst vor kurzem ein wichtiges Buch über das Zusammenleben von Menschen und anderen Tieren geschrieben hat. Und zwar sagte er: »Das Recht auf Leben beruht in keiner

Weise auf dem Wert, den dieses Leben für andere hat ... Tiere haben das Recht zu leben, weil ihr Leben wertvoll ist für sie.«

Kymlicka sagte diesen Satz auf einer Konferenz im niederländischen Utrecht in einem großen Hörsaal voll Hunderter Menschen. Kurz vor ihm hatte ein anderer Philosoph (vielleicht war es sogar Singer, ich weiß es nicht mehr) umständlich erklärt, warum das Leben mancher Tiere angeblich »weniger wert« sei als das von Menschen. Die Zuhörer wurden unruhig und verärgert, und Kymlicka – der ein wahnsinnig höflicher und bescheidener Mensch ist und dem man nichts anmerken konnte – möglicherweise auch. Jedenfalls ergriff er das Wort und sagte den obigen Satz, und die Zuhörer fingen an, wie wild zu klatschen.

Die Zwecke der Tiere

Ebenfalls im Publikum saß eine weitere bedeutende amerikanische Philosophin, nämlich Christine Korsgaard. Sie gehört einer etwas anderen philosophischen Richtung an als Nussbaum, aber ich habe den Eindruck, dass die beiden in der Tierethik ganz gut zusammentreffen. Während Nussbaum über das gute Leben nachdenkt, steht für Korsgaard der Wille der Tiere im Mittelpunkt. Tiere wollen Dinge, die gut für sie sind, und meiden solche, die sie schlecht finden.

Korsgaard schreibt: »Mit den anderen Tieren haben wir gemeinsam, dass Dinge *für uns* gut oder schlecht sein können; das ist moralisch ausschlaggebend.« Das »für uns«, das auch Korsgaard kursiv setzt, meint diese Innensicht, von der schon so viel die Rede war. Ich habe das auch Empfindungsfähigkeit genannt. Wenn wir sagen, dass etwas für ein Tier oder einen

Menschen gut ist, handelt es sich also nicht nur um eine technische Feststellung, wie bei einem Auto, wo wir sagen: Es ist gut für den Motor, dass immer genug Öl nachgefüllt wird. Jedem ist klar, dass das Auto nichts fühlt.

Doch Tiere (und Menschen) nehmen eben wahr, sie empfinden. Und daraus folgert Korsgaard, dass Tiere »als Zweck an sich behandelt werden müssen«. Denn das Prinzip der Moral liege darin, »dass alle Lebewesen, für die etwas gut oder schlecht sein kann und die eigene Interessen haben, als Zwecke behandelt werden sollen«. Was soll das mit dem »Zweck an sich« nun heißen? Es heißt, dass wir Tiere nicht einfach benutzen dürfen. Tiere sind keine Autos, keine Ware, kein Material, kein Nahrungsmittel – sondern empfindungsfähige Individuen, die ihre eigenen Ziele (Nussbaum würde sagen: ihr eigenes gutes Leben) verfolgen. Jedes einzelne für sich. Und darum haben Tiere ein Recht darauf, dass wir ihr Leben nicht zerstören oder schädigen, sondern dass wir auf sie Rücksicht nehmen.

Zum Abschluss und zur Wiederholung noch mal ein wenig simpel nachgefragt: Warum müssen wir überhaupt Rücksicht nehmen? Ganz einfach: Wir müssen Rücksicht nehmen, *weil wir es können*. Wenn es sich nicht vermeiden ließe, sähe es anders aus. Aber wo wir mehrere Möglichkeiten zum Handeln haben und andere von unserem Handeln betroffen sind, da meldet sich die Ethik, da entsteht Moral. Wir dürfen empfindungsfähigen Wesen keinen Schaden zufügen, ihnen ihr Leben nicht nehmen oder ihr gutes Leben verhindern, wenn wir auch anders handeln könnten.

KAPITEL 8

WARUM FLEISCH ESSEN NICHT NATÜRLICH IST

Oft halte ich Vorträge über das Thema Veganismus und Tierethik, oder ich lese öffentlich aus meinen Texten und Büchern dazu vor. Danach ist Zeit für Fragen aus dem Publikum, und eine bestimmte Reaktion erlebe ich immer wieder: Die Leute sind entsetzt, wenn sie hören, was den Tieren in Ställen und Schlachthöfen widerfährt; sie nicken, wenn ich sage, dass niemand befürwortet, Tiere so zu behandeln. Dann merken sie, dass es darauf hinausläuft, dass sie eigentlich keine Tiere mehr essen sollten. Und plötzlich platzen sie mit dem Einwand heraus: Ja, aber Fleisch essen ist doch natürlich!

Ich bin immer etwas verblüfft, weil: Ob etwas natürlich ist oder nicht, ist sonst eigentlich kein Kriterium. Das gilt auch für exakt die Situation, in der die Leute das sagen. Wir sitzen dann meistens in einem geheizten oder überdachten Raum – nicht natürlich. Wir kamen mit Auto oder U-Bahn dorthin – nicht natürlich. Das Buch wurde in einer fabrikähnlichen Druckerei hergestellt, beim Vorlesen benutze ich eine Lesebrille, und wir kommunizieren über Mikrophon und Lautsprecher miteinander: Nichts davon ist auch nur annähernd natürlich!

Und dieses »Unnatürliche« ist nicht grundsätzlich schlimm, sondern einfach nur menschlich. Anders als andere Tiere tragen wir Kleidung, um unseren Körper zu schützen und zu verschönern. Man kann im übertragenen Sinne sogar sagen: Wir Menschen machen gar nichts »nackt«. Wenn ein Kind geboren wird, wickeln wir es als Erstes in Tücher und Kleidchen und geben ihm einen Namen. Unsere Nahrung essen wir nicht roh und ungewürzt, sondern kochen sie und fügen Gewürze aus aller Welt hinzu. Weltweit unzählige verschiedene Rituale begleiten menschliche Hochzeiten oder Beerdigungen. Kurzum: Der Mensch ist die Tierart, deren Natur es ist, nie einfach nur natürlich leben zu wollen. Stattdessen erfinden wir ständig Neues, mit dem wir unseren einzelnen Tätigkeiten eine bestimmte Bedeutung verleihen oder das unser Leben sicherer und bequemer macht.

War es immer schon so?

Aber die Behauptung, dass Fleisch essen natürlich ist, taucht immer wieder auf, und darum will ich sie einmal genauer anschauen. Es können im Grunde mehrere Dinge gemeint sein. Oft sagen Leute zum Beispiel, dass Fleisch essen natürlich ist, weil Menschen es »immer schon so« gemacht haben.

Ich weiß nicht, in welchen Zusammenhängen man dieses Argument heute sonst überhaupt noch verwendet. Wenn ein Kind seine Eltern fragt: »Warum muss ich zur Schule gehen?«, und die würden sagen: »Weil das schon immer so gemacht wurde«, wäre das eine armselige Erklärung. Sicher, genervte Eltern sagen so was vielleicht mal. »Warum?« – »Darum!« Aber nur dann, wenn sie am Ende ihrer Geduld sind. Wenn sie wieder etwas durchgeschnauft haben, könnten sie die Vorzüge einer Schule auch begründen: »Weil man fürs Leben bestimmte Dinge wissen sollte und die in der Schule besser erklärt werden, als wir das könnten.« »Weil es wichtig ist, dass du die Welt auch mal von anderen Leuten erklärt kriegst außer von uns.« »Weil du dort andere Kinder triffst.« Und so weiter.

Manche Sachen macht man tatsächlich zunächst so, weil es Tradition ist; aber sobald ein Problem auftaucht, reicht die Tradition als Begründung eben nicht mehr. Zum Beispiel wenn das Kind fragen würde:

»Warum soll ich den Stift in die rechte Hand nehmen?«

»Weil wir das auch so machen.«

»Aber ich habe gemerkt, mit der linken geht es viel besser, und es fühlt sich auch besser an.«

»Ach so«, sagen die Eltern, »dann schreib natürlich mit links.«

Tatsächlich hat man noch vor wenigen Jahrzehnten versucht, linkshändige Kinder in der Grundschule zu Rechtshändern umzuerziehen, mit teils katastrophalen Folgen, weil sich das für viele Kinder immer falsch angefühlt hat und mit viel Zwang verbunden war. Aber es war halt Tradition. Irgendwann hat sich die Vernunft durchgesetzt, und heute lässt man Linkshänderinnen Linkshänderinnen sein!

Und genau das ist der Gang von Traditionen: Viele Dinge wurden »immer schon so« gemacht, aber es gab oder gibt Probleme damit, und man beginnt, neu über die Tradition nachzudenken – dann wird sie geändert. Dass etwas immer schon so gemacht wurde, ist überhaupt kein Grund, es auch immer so weiterzumachen! Zum Beispiel haben Menschen auch immer Kriege geführt, aber trotzdem ist zu hoffen, dass wir es irgendwann schaffen, in Frieden miteinander zu leben. Bis vor etwa hundert Jahren haben Frauen auch ihren Vätern und später ihren Ehemännern gehört, die Männer durften alles für sie entscheiden: Frauen durften kein Haus und kein Land besitzen

und nicht wählen. Ihre Ehemänner durften ihnen die Berufs-
tätigkeit befehlen oder verbieten, durften sie einsperren, weg-
schicken oder zum Sex zwingen.

Es gab großen Widerstand, als Frauenrechtlerinnen diese
Dinge ab etwa Mitte des 19. Jahrhunderts ändern wollten. Dieser Widerstand hat sich erschreckend lange gehalten – wisst
ihr, bis wann? Dass Frauen ohne Erlaubnis ihrer Ehemänner
arbeiten dürfen, wurde in Deutschland erst 1977 Gesetz; und
dass Ehemänner bestraft werden, wenn sie ihre Frauen verge-
waltigen, erst 1997! Eigentlich könnte man erwarten, dass ein
Mann, der einer Frau lebenslange Liebe versprochen hat, dieser
Frau niemals weh tun will. Dennoch taten konservative Gruppen so, als würde die Gesellschaft oder die Ehen zerbrechen,
wenn man die Gesetze änderte – schließlich war es »immer
schon so« gewesen, nicht wahr?

Die Entstehung des Homo sapiens sapiens

Dass irgendetwas schon lange so gemacht wird, ist also kein
Argument – für gar nichts. Manchmal wird das mit dem »natürlichen« Fleischessen auch anders formuliert, dann heißt es:
Ohne Fleisch hätte sich die Menschheit nicht entwickeln können.

Dahinter steht eine bestimmte Theorie, warum wir Menschen im Laufe der langen Zeit, in der wir vom Affen zum Homo
sapiens sapiens wurden, so außergewöhnlich große Gehirne
entwickelt haben. (»Größe« bedeutet hier nicht Umfang oder
Gewicht – so gesehen ist ein Elefantenhirn natürlich größer. Es
geht um die Größe bestimmter Teile des Gehirns im Verhältnis zur Körpergröße und darum, wie die Nerven im Hirn mit-

einander verbunden sind.) Und zwar ernähren sich Gorillas und Orang-Utans pflanzlich, unsere nächsten nichtmenschlichen Verwandten, die Schimpansen, essen aber zumindest gelegentlich auch Fleisch. Sie sind sogar richtig scharf darauf – kein Wunder, denn Fleisch enthält Eiweiß und Fett in konzentrierterer Form als die meiste pflanzliche Nahrung. Dies ist vermutlich einer der Gründe, warum viele Menschen den Fleischgeschmack so mögen, ebenso wie Süßes und Fettes: All das enthält viele Kalorien, und früher, als unsere Vorfahren noch im Dschungel oder in der Savanne lebten, war solche Nahrung eher rar. Fettreiche Nüsse und süße Früchte liegen nicht überall herum, und auch Fleisch war für unsere Vorfahren eine seltene Kost.

Dieser Theorie zufolge standen Gehirnentwicklung und Fleisch essen in einer Wechselwirkung zueinander. Einerseits hätten die früheren Affenmenschen immer mehr Fleisch gegessen, hatten dadurch mehr Kalorien zur Verfügung, als man zur bloßen Fortbewegung braucht, und konnten daher große Gehirne entwickeln. (Nicht nur die Muskeln, sondern auch Gehirne verbrauchen erstaunlich viel Kalorien. Bei uns heutigen Menschen sind es fast 20 Prozent der täglichen Energie.) Andererseits brauchten sie ihre großen Gehirne auch, weil sie gemeinsam auf die Jagd gingen und man die einzelnen Rollen bei der Jagd absprechen muss.

Dagegen spricht die Erfahrung, dass zum Beispiel Wölfe mit wesentlich kleineren Hirnen und ohne Worte auch sehr gut gemeinsam jagen. Außerdem gibt es noch die entgegengesetzte Theorie, die meint, der Mensch habe sich, als sich die Gehirne vergrößerten, vor allem pflanzlich ernährt, und seine zunehmenden geistigen Fähigkeiten zum effektiveren Auffinden von Früchten benötigt. Auch das lässt sich nicht beweisen, man kann nur so viel sagen, dass unsere Kiefer und die einstigen

Reißzähne kleiner wurden und zum Reißen oder Zerreißen von Fleisch ohne Werkzeug immer weniger geeignet waren.

Jagen und Sammeln

Von welcher Zeit ist hier eigentlich die Rede, wenn es um »unsere Vorfahren« geht? Wir sprechen von der riesigen Zeitspanne von vor vier Millionen Jahren bis vor etwa 10 000 Jahren. Vor vier Millionen Jahren entstanden in Afrika die ersten Menschen, die noch viel kleiner und haariger waren und gebückter gingen als wir. Vor etwa 200 000 Jahren entstand der Homo sapiens sapiens, und vor etwa 10 000 Jahren begannen die Menschen mit Ackerbau und Viehzucht.

Bis dahin hatten sie als Jägerinnen und Sammlerinnen gelebt, das heißt, sie suchten sich Pflanzen und Beute in ihrer Umgebung zusammen. Erst vor etwa 10 000 Jahren begannen Menschen, gezielt das anzubauen, was sie essen wollten, und Tiere zu zähmen und zu züchten. Man weiß im Grunde nicht, warum die Menschen begannen, ihr Leben umzustellen und so viele Neuerungen einzuführen, und zwar in verschiedenen Teilen der Welt ungefähr zum gleichen Zeitpunkt. Im Vorderen Orient (ungefähr das Gebiet des heutigen Irak, Israel, Libanon und Syrien) wurde aus Wildgräsern Gerste und Weizen gezüchtet, in China Reis und in Mexiko Mais. Ebenfalls im Vorderen Orient züchtete man Rinder und Schafe – und Lamas in Peru.

Es ist kein Wunder, dass bei einer so weit zurückreichenden Geschichte im Nachhinein schwer rekonstruiert werden kann, wer wann wie lebte. Was die vielen Etappen dieser vier Millionen Jahre Menschheitsgeschichte angeht, ist vieles noch Spekulation. Es sind etliche einzelne Knochen, aber selten komplette Skelette enthalten, und noch weniger Speisen, weil die meist verrotteten. Es gibt natürlich auch keine Tagebücher aus jener Zeit, keine Kochrezepte, keine Bedienungsanleitungen. Wenn man zum Beispiel in einem Grab eine kleine Tonfigur findet, weiß man nicht, wozu sie verwendet wurde: War sie ein Talisman? Ein Spielzeug? Ein Abbild des Verstorbenen?

Weil sich vieles einfach nicht mehr genau nachweisen lässt, ist viel Spielraum für Phantasien und Vorurteile; darum sind Aussagen über das Leben der Urmenschen immer mit Vorsicht zu genießen. Zum Beispiel heißt es oft über die Urmenschen, dass die Männer gejagt und die Frauen »nur« Beeren und Wurzeln gesammelt hätten. Man hat das einfach so angenommen, und lange Zeit hielten daher Archäologen jedes Grab, in dem eine Waffe gefunden wurde, für das Grab eines Mannes. Bei heutigen Jäger-und-Sammler-Gesellschaften (von denen es nur wenige gibt) jagen aber oft auch die Frauen.

Und auch das »Jagen« war in der Steinzeit nicht unbedingt immer so, wie man sich das dem Klischee nach vorstellt: Mutige Kerle werfen Speere auf einen Mammut. Dazu braucht man zunächst mal Speere – und die hatten die ganz frühen Menschen noch nicht. Sie werden oft kleine Tiere gejagt und auch Insekten gegessen haben – und Aas. Tatsächlich gibt es in der Archäologie eine große Diskussion darüber, ob die früheren Menschen wirklich so viel gejagt oder nicht vielmehr oft Aas gegessen haben, also die Reste von dem aßen, was Raubtiere wie zum Beispiel die Löwen in der Savanne übrig ließen.

Es ist nämlich gar nicht so leicht, ohne scharfe Messer, sondern nur mit Steinen und mit dem menschlichen Gebiss ein größeres Tier zu töten und ihm das Fell herunterzuschneiden. Außerdem können Menschen ganz frisches Fleisch nicht so gut verdauen, und das Kochen mit Feuer musste auch erst noch erfunden werden ... Oft haben die frühen Menschen Knochen aufgebrochen, um das Mark zu essen, und die Gehirne von Beutetieren verzehrt, denn das wiederum können Menschen, Löwen aber nicht: Schädel zerschmettern.

Von heute aus gesehen, ist das nicht unbedingt alles so appetitlich. Ich weiß nicht, ob sich die Leute das klarmachen, die behaupten, Fleisch zu essen »wie unsere Vorfahren«. Das waren früher keine panierten Schnitzel mit Ketchup und einer Serviette, sondern oft rohes und angegammeltes Fleisch samt Knochenmark und Darm und Sehnen; und oft waren die Urmenschen nicht die einzigen, die sich an dem jeweiligen Kadaver gütlich taten, sondern sie mussten sich ihre Beute mit anderen Tieren teilen. Wie gesagt: Fleisch enthält Eiweiß und Fett in konzentrierter Form, es war wertvoll, und die Menschen haben es sich vermutlich genommen, wie und wo sie es kriegten.

Archäologen haben sogar immer wieder Menschenknochen gefunden, an denen Spuren von Steinklingen und Schabern zu sehen waren; offensichtlich hatte man das Fleisch daran zum Essen abgekratzt. Manchmal haben steinzeitliche Stämme einen gesamten fremden Stamm überfallen, auch um ihn zu essen. Auf dem Gebiet der heutigen Schweiz fand man die Reste von zwei Menschenleichen, die offenbar von anderen gebraten und teils verspeist worden waren – und zwar vor etwa 2000 Jahren. Sehr lange ist das nicht her ...

Die früheren Menschen waren vielleicht nicht immer, aber doch oft Kannibalen; es gab für sie keinen Grund, alle anderen Menschen zu verschonen. Vielleicht erkannten sie die anderen nicht immer als Menschen wie sich selbst – wahrscheinlicher aber ist, dass es für sie nicht wichtig war. Ungefähr so, wie wir heute denken: »sind ja nur Tiere«, haben sie vermutlich gedacht: »sind bloß fremde Leute«.

Oder sie haben überhaupt nicht groß darüber nachgedacht – ebenfalls so wie wir das heute oft noch tun. Aber die Moral schreitet fort, und dass frühere Menschen andere Menschen aßen, ist für uns heute kein Argument, es ihnen nachzumachen. Wieso sollte es dann eines sein, dass Menschen bisher andere Tiere aßen?

Unnatürliches Fleisch

Nach diesem Abstecher in die Geschichte der Menschheit und ihrer oft nicht so sympathischen Ernährungsgewohnheiten kommen wir zurück in die Gegenwart. Denn die Behauptung, dass Fleisch essen natürlich sei, hat zwei Seiten. Die eine besteht darin, dass es angeblich für Menschen natürlich ist, Fleisch zu essen (das haben wir bereits besprochen).

Auf der anderen Seite steht aber auch noch das Fleisch der Tiere selbst, von dem viele Menschen denken, dass es etwas Natürliches wäre, also eine Form von Nahrung, wie sie in der Natur vorkommt. Mit »natürlich« meinen wir normalerweise etwas, das nicht durch den Menschen gemacht wurde, also nicht künstlich hergestellt ist oder erfunden wurde, sondern das die Natur hervorbringt und das von sich aus existiert, sich fortpflanzt und wächst.

Doch im Leben der Tiere, deren Körper zu Fleisch verarbeitet wird, oder von denen Eier oder Milch stammen, ist heutzutage überhaupt nichts mehr natürlich. Das funktioniert alles ganz anders als in der Natur. Ich habe schon von den Kühen erzählt, die man so sehr aufs Milchgeben hin gezüchtet hat, dass sie kaum mehr gehen konnten – weil man beim Züchten »vergessen« hatte, auf gesunde Beine zu achten. Ein an Land lebendes

Säugetier, das durch Verzüchtung nicht mehr gehen kann, ist nicht natürlich. Hier noch einige weitere Beispiele:

Schweine hat man so gezüchtet, dass sie möglichst viele Ferkel bekommen (die man dann großziehen und schlachten kann, mehr Ferkel = mehr Geld). Manche Säue bekommen sogar mehr Ferkel, als sie Zitzen haben; aber bei Schweinen ist es so, dass sich jedes Ferkel eine bestimmte Zitze »erobert«. Es bleiben also Ferkel übrig, die bei der Mutter keine Milch bekommen können.

Damit sie auch ohne Muttermilch schneller wachsen, ist vielen Ferkelfuttern – Achtung, jetzt wird's eklig! – Eiweiß aus dem Blut toter Schweine oder aus der Darmschleimhaut geschlachteter Schweine beigefügt.

In den Ställen stehen Schweine ständig über ihrem eigenen Kot – und das, obwohl sie so sauber sind wie Katzen oder Hunde und in Freiheit ihr »Geschäft« immer weit weg von ihrem Schlafplatz erledigen. In den Ställen aber sickert der Urin und der Kot durch Spalten in den Betonboden (man nennt ihn deshalb »Spaltenboden«) in eine Grube darunter. Ihr könnt euch vorstellen, wie viele üble Gerüche und Keime von dort andauernd aufsteigen. Unter anderem deswegen haben 10 Prozent der Schweine in ihrem kurzen Leben mindestens einmal eine Lungenentzündung. Die Spaltenböden sind allerdings auch schlecht für die Klauen an den Füßen der Schweine; viele von ihnen bekommen verformte oder entzündete Klauen.

Auch Hühner und Puten stehen praktisch ständig in ihrem Kot. Durch die vielen Tiere auf engem Raum kommt es auch hier zu einer großen Konzentration von Keimen und entsprechend vielen Krankheiten. Durchschnittlich erhalten neun von zehn Puten und Hühnern eine Behandlung mit Antibiotika, um diese Bakterien zu bekämpfen.

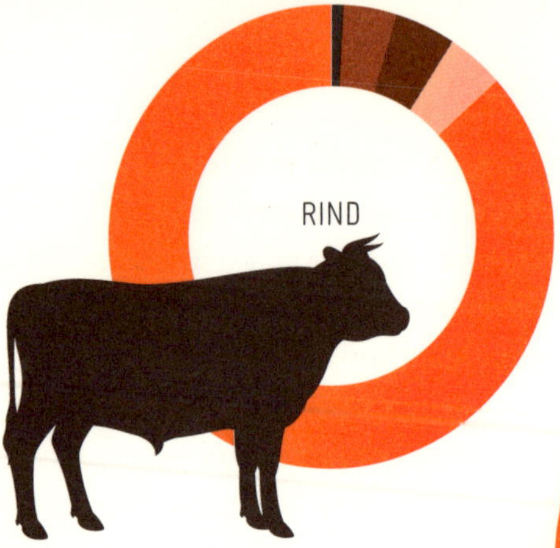

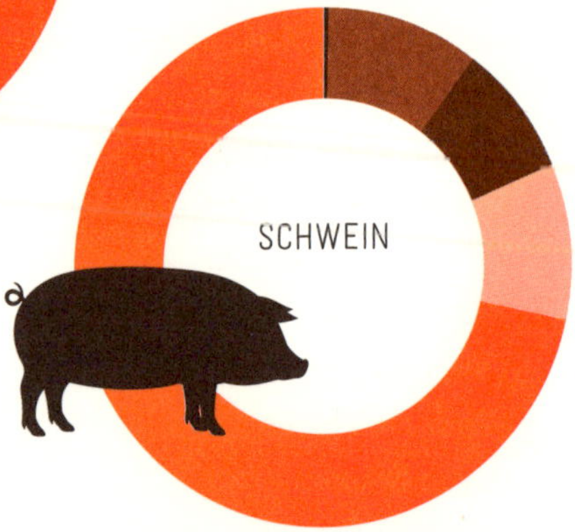

**Krankheiten
bei Ankunft
im Schlachthof**

RIND

SCHWEIN

SCHAF

ALS »UNTAUGLICH«
AUSGESCHIEDENE TIERE
(DIE SO KRANK BEIM
SCHLACHTHOF ANKAMEN,
DASS MAN SIE KOMPLETT
WEGSCHMEISSEN MUSSTE):

RINDER 26 598

SCHWEINE 133 513

SCHAFE 11 789

■ »UNTAUGLICH«
■ ERKRANKUNG DER LUNGE
■ PARASITENBEFALL DER LEBER
■ SONSTIGE GESUNDHEITLICHE
  PROBLEME

Schweine werden im Durchschnitt 3,4 Mal in ihrem Leben mit Antibiotika behandelt. Antibiotika sind Medikamente, mit denen man Bakterien abtöten kann, die Krankheiten verursachen. Bei Menschen versucht man, sehr sparsam mit ihnen umzugehen, weil sich Bakterien an Antibiotika »gewöhnen« können – Antibiotika sind also eine mächtige Waffe, die aber bei häufiger Anwendung bald stumpf wird. Das Problem ist: Für Tiere und Menschen existieren dieselben Antibiotika. Dadurch, dass bei den Tieren im Stall so viele Antibiotika verwendet werden, gibt es immer mehr Bakterien, die man damit nicht mehr besiegen kann. Früher sind viele Menschen zum Beispiel an Mandelentzündungen gestorben, heute lässt sich eine Mandelentzündung dank Antibiotika leicht bekämpfen. Wenn die Antibiotika aber weiterhin so »abstumpfen«, könnte Mandelentzündung wieder eine tödliche Krankheit werden.

Die allermeisten Schweine, Hühner und Puten sehen nie den Himmel, haben nie Erde unter den Füßen. Enten und Gänse, die schließlich Wasservögel sind, können nie an ein Gewässer gehen und baden.

Hühner, die gegessen werden sollen (Masthühner) sind so gezüchtet, dass sie möglichst schnell möglichst viel Fleisch ansetzen. Dadurch sind sie so schwer geworden, dass die Männchen die Weibchen nicht mehr befruchten können, ohne dass man sie permanent hungern lässt, damit sie etwas magerer bleiben. Diese Tiere hungern also ihr Leben lang.

Ihre Nachkommen werden nicht von Hennen ausgebrütet, sondern in großen elektrischen Brutschränken. Nach wenigen Wochen, da sind sie noch längst nicht ausgewachsen, sind sie groß genug zum Schlachten. Tatsächlich sind sie sogar so groß beziehungsweise schwer, dass sie sich oft nicht mehr auf zwei Beinen halten können, sondern vornüberkippen.

Klingt das sonderbar? Nun, denkt an die verzüchteten Kühe ... Im Fall der Hühner und ebenso der Puten ist es so, dass die meisten Menschen gerne Hühner*brust* beziehungsweise Puten*brust* essen wollen, keine anderen Teile. Darum hat man ihr Brustfleisch so stark herangezüchtet. Diese unnatürlich verzüchteten Tiere liegen darum viel auf dem Boden, der von ihren eigenen Exkrementen feucht ist; und sie bilden eine Art Beule auf der Brust aus, die sich entzündet. Man spricht dann von Brustblasenentzündung.

Bei den Puten gibt es gar keine natürliche Fortpflanzung mehr, also keinen Sexualakt zwischen Männchen und Weibchen. Stattdessen werden jeweils über tausend weibliche und männliche Tiere in zwei nebeneinanderliegenden großen Ställen gehalten. Die Männchen werden dann einzeln eingefangen und von einem Trupp Arbeiter »entsamt« (nein, ihr wollt nicht wissen, wie das genau gemacht wird! Man braucht dazu zwei bis drei Arbeiter pro Tier, weil sich die armen Tiere so sehr wehren), der Samen wird in den anderen Stall rübergetragen, und die Weibchen werden einzeln eingefangen und besamt. Auch dazu braucht man einen, der das Weibchen festhält und so hindreht, dass ein zweiter den Samen reintun kann. Es gibt Filmaufnahmen, auf denen man sehen kann, wie diese zutraulichen, arglosen Tiere dabei gescheucht, herumgeschubst und teilweise sogar durch die Gegend geschleudert werden.

Auch Rinder und Schweine werden fast immer künstlich befruchtet. Um Säue zu befruchten, also schwanger zu machen, werden sie mit Duftstoffen stimuliert und sozusagen in Sex-Stimmung gebracht, oder man treibt einen Eber vor ihnen hin und her. Den können sie (und viele andere Säue gleichzeitig) zwar sehen, aber sexuellen Kontakt haben sie keinen. Stattdessen klemmt sie der Landwirt in einem Stall eng ein und führt ihnen einen Plastikschlauch in die Vagina ein; der Samen kommt dann aus einem Plastikbeutel, der ganz woanders bestellt und in einem Kühlschrank zwischengelagert wurde.

Dieser Samen aus dem Kühlschrank ist die preiswerte, sozusagen die Standardmethode. Wenn jemand besonders »wertvolle« Rinder züchten will, kann er bei verschiedenen Firmen auch Embryonen bestellen. Die stammen von »wertvollen« Muttertieren, die hormonell behandelt wurden, und werden in die Gebärmutter von »weniger wertvollen« Kühen implantiert, damit sie sie austragen und gebären.

Ich gebe zu, diese letzten Beispiele waren noch mal besonders eklig – für mich zumindest. Ich habe sie trotzdem angeführt, damit man mal sieht: Sogar das vermeintlich Natürlichste im Leben von Säugetieren, nämlich der Sex, die Schwangerschaft und die Geburt, laufen bei den heutigen »Nutztieren« nicht mehr natürlich ab. Am Fleischessen ist nichts natürlich, nicht mal die Tiere selbst kommen ohne menschliche Technik »zustande«.

Aber warum macht man das überhaupt so? Oben habe ich geschrieben, dass die Hühner beim Schlachten noch nicht mal ausgewachsen sind, aber trotzdem schon so schwer, dass sie nicht mehr stehen können – warum lässt man sie nicht länger leben und natürlich wachsen? Wieso hat man die Säue erst so gezüchtet, dass sie mehr Ferkel bekommen, als sie Zitzen haben, und füttert Ferkel dann mit Proteinen aus Darmschleimhaut? Die kurze, nicht ganz vollständige Antwort ist: weil es billiger so ist. Die ausführliche Antwort bekommt ihr im nächsten Kapitel.

KAPITEL 9

WAS MASSENTIERHALTUNG BEDEUTET

Kennt ihr diese Filmaufnahmen aus dem Inneren von Schweine-, Puten- und Hühnerställen, die manchmal im Fernsehen gezeigt werden? Meistens wurden sie von Tierrechtlern gemacht, die sich darauf spezialisiert haben, nachzuschauen, wie es den Tieren in diesen Ställen ergeht. Oft bekommen sie dort schreckliche Zustände zu sehen, und dann filmen sie sie und geben die Aufnahmen an Journalisten weiter. Die Journalisten prüfen das Filmmaterial und befragen die Besitzer der jeweiligen Ställe, ob sie etwas zu den Aufnahmen sagen wollen. (Meistens wollen sie das nicht, sondern knallen den Journalisten die Tür vor der Nase zu.) Und so kommen die Aufnahmen von verletzten Puten, leidenden Schweinen und humpelnden, federlosen Hühnern ins Fernsehen. (Von Fischen gibt es meines Wissens nur eine einzige solche Doku, und das liegt daran, dass es viel schwerer ist, unter Wasser zu filmen. Man sieht auch wenig mehr als Gewusel. Dabei stammt etwa die Hälfte der gegessenen Fische aus künstlichen Teichen oder Becken, und darin werden sie ganz erbärmlich gehalten. Menschen, die sich damit auskennen, berichten immer wieder, dass viele Fische verletzt sind und sich und einander Wunden zufügen, weil in den Becken so viele Tiere extrem dicht nebeneinander leben müssen.

Zum Schutz der Fische gibt es leider kaum gesetzliche Regulierungen.)

Die Menschen, die sich diese Aufnahmen im Fernsehen anschauen, sind geschockt – aber leider oft ohne wirkliche Konsequenzen. Wenn zum Beispiel ein Schweinestall der Firma X gezeigt wurde, trösten sich die Menschen mit dem Gedanken, dass die Schweine in anderen Betrieben vermutlich besser leben. Dann kaufen sie am nächsten Tag vielleicht die Wurst von Firma Y. Oder sie nehmen sich vor, mehr Pute oder Fisch zu kaufen – als ob Puten und Fische nicht genauso leiden würden!

Und darum hat die Aufgabe der Aktivistinnen, die solche Dinge filmen, auch kein Ende. Immer wieder wollen sie die anderen Menschen daran erinnern, wie schlecht es den Tieren geht, bevor deren Körper nachher tot, aber hübsch säuberlich abgepackt im Supermarkt landen. Sie verstecken sich in der Nähe eines Stalls und filmen, wie zum Beispiel Puten zum Schlachten abtransportiert und dabei brutal behandelt werden. Sie gehen nachts in Ställe und filmen, was kein Landwirt freiwillig einem Journalisten zeigen würde.

Natürlich gibt es auf manchen Höfen einen Tag der offenen Tür, oder eine Besichtigung, zu der die Presse eingeladen wird. Und sonderbarerweise ist dann in dem Stall immer schön aufgeräumt, die Schweine liegen nicht in ihrem eigenen Kot, sondern auf gereinigten Böden, und erst recht liegen keine toten oder kranken Tiere herum. Oft tätscheln Landwirte oder Politiker vor laufender Kamera den Schweinen den Rücken, was sie sonst eher nicht tun, und für das Foto fangen sie ein Huhn und nehmen es auf den Arm – das heißt, sie pressen es sich geradezu an die Brust, denn die meisten Hühner mögen es gar nicht, auf den Arm genommen zu werden. Aber die Journalisten wissen das nicht, und auf dem Foto wirkt dann alles sehr freundlich.

Die heimlich und unangekündigt gemachten Aufnahmen zeigen allerdings eine viel schlimmere Realität. Solche Aktivisten habe ich vor ein paar Jahren kennengelernt, und sie fragten mich, ob ich einmal zu solch einer Tour mitkommen will. Und obwohl ich ziemlich Angst hatte vor dem, was ich wohl zu sehen bekommen würde, habe ich zugesagt. Immerhin bin ich Journalistin, und es ist blöd, wenn man über Dinge immer nur schreibt, ohne sie sich selbst einmal anzusehen. Sie erklärten mir, wie das Ganze ablaufen würde. Und zwar wollten sie etwas Bestimmtes herausfinden, was nämlich mit sehr kleinen Ferkeln passiert; jemand hatte ihnen heimlich berichtet, ganz kleine Ferkel würden von Stallarbeitern einfach erschlagen. Zuerst mussten die Aktivisten rausfinden, wie man in die entsprechenden Ställe hineingehen kann, ohne etwas kaputtzumachen, darum erforschten vorab einige von ihnen das Gelände. Als alles vorbereitet war, riefen sie mich an und wir fuhren los. Nachts natürlich, denn wenn der Besitzer uns sehen würde, wäre er sicher nicht so entzückt – schließlich hatten wir ihn im Verdacht, seine Tiere zu misshandeln.

Unangenehmerweise war es Winter und klirrend kalt: minus acht Grad, und überall lag dicker Schnee. Der eine der Aktivisten – ich nenne ihn mal P. – parkte das Auto an einem Waldrand. Wir waren dick eingemummelt und flüsterten nur, um uns nicht zu verraten. Wir stapften am Rande eines Felds im Schatten der Bäume entlang. Der Vollmond beschien das schneebedeckte Feld, und am Ende des Feldes lag eine sonderbare Anlage mit etlichen langen, niedrigen Gebäuden. Sie sahen aus wie Baracken aus einem Militärlager, wie ich es eigentlich nur aus Filmen kenne. Drumherum war ein sehr hoher Zaun, aber wir wussten ja zum Glück, wo eine Tür offen war.

Wir gingen in einen Vorraum und zogen uns um. In diesen

Tierställen muss man sich immer Plastiküberzieher über die Schuhe ziehen und einen Schutzanzug über die übrigen Klamotten, außerdem Handschuhe und manchmal auch eine Haube für die Haare. Es geht darum, dass man keine ansteckenden Keime in die Ställe reinträgt. Diese Maßnahmen dienen weniger dem Schutz der Tiere, die sollen ja eh geschlachtet werden, sondern sollen einem »wirtschaftlichen Verlust« vorbeugen. Wenn sich eine gefährliche Krankheit im Stall verbreiten würde, könnten viele Tiere sterben, *bevor* sie geschlachtet werden – und die kann der Landwirt dann natürlich nicht verkaufen.

Mit Schutzanzügen und Überziehern sahen wir aus, als würden wir in einem Labor arbeiten, und betraten den ersten Stall. Jetzt, wo ich es aufschreibe, merke ich: Ich erinnere mich nicht gern daran. Ich weiß ehrlich gesagt nicht mal, ob ich alles erzählen soll. Die nächsten fünf Stunden in dem Stall waren ziemlich schrecklich. Es roch überall so schlimm nach Kot, dass man Schwierigkeiten beim Atmen hatte. Immer wieder hörte man ein dumpfes Rumpeln – das waren die Schweine, die gegen ihre Gitterstäbe stießen!

Durch das erste Gebäude führte ein Gang, von dem viele Türen abgingen, und als Erstes sah ich dort eine Schubkarre voll toter Ferkel. Es ist leider so, dass etwa zehn Prozent der Ferkel die ersten drei Lebenswochen gar nicht überleben. Diese Toten waren klein und dünn und sahen teilweise aus, als ob sie bloß schliefen. Manche waren auch verletzt, und manche waren bläulich angelaufen. (Das kam wohl von einer Art Blutvergiftung, sagte mir später ein Tierarzt.)

Dieser traurige Anblick wiederholte sich später, denn auch in der Halle, wo lebende Ferkel mit ihren Müttern waren, lag im Mittelgang immer wieder mal ein totes Ferkel. Ich verstehe nicht, warum die Arbeiter diese toten Ferkel nicht auch gleich in die Schubkarre getan, sondern nur rausgelegt haben, damit sie nachher einer abholt. Es ist wohl zeitsparender so, dann muss man nicht jedes Mal neu mit der Schubkarre kommen. P. sagte, das sei in vielen Ställen so.

Ich persönlich würde nicht gern irgendwo arbeiten, wo tote Ferkel auf dem Boden liegen, aber vermutlich gewöhnt man sich daran und stumpft ab. Muss man vielleicht sogar, sonst könnte man diesen Job wohl nicht machen. Es ist ja nicht so, dass diejenigen, die diese Ställe betreiben, allesamt grausame Menschen wären. Aber sie sehen tagein, tagaus tote Ferkel, und lebende Ferkel, die für einen recht frühen Tod vorgesehen sind, und sie erblicken in den Tieren einfach nur noch die künftige Wurst und das künftige Geld, und das Mitgefühl kommt ihnen abhanden.

Dabei sind Ferkel doch unglaublich niedliche Tiere. (Wie, zugegeben, fast alle jungen Tiere.) Sie sind hellrosa wie im Bilderbuch, sie wuseln um ihre Mutter herum und versuchen, sich eine Zitze zu erobern, und dann nuckeln sie daran mit einigem Geschmatze und einiger Kraft.

Ihre Mütter liegen derweil auf einem von Metallgittern eingeengten Fleckchen Betonboden, das gerade so groß ist wie sie selbst. Die Mütter können sich nur hinlegen, nicht umdrehen. Nie woanders hingehen. Vorne ist ihr Futtertrog, und hinten machen sie ihr Geschäft. Wenn man sie lässt, schnuppern Säue an ihren Ferkeln, und sie stupsen sie mit dem Rüssel an, dann trifft eine große »Steckdose« auf eine kleine. Biologen sagen dazu »naso-nasaler Kontakt« (von Nase zu Nase). Aber das geht in diesen Ställen nicht, die Säue liegen einfach nur da, eingeengt, und stehen manchmal auf. Und als wir in diesem Stall waren, sahen P. und ich, wie eine Mutter versuchte, sich zu ihrem offenbar kürzlich erst geborenen Kind umzudrehen, aber es ging nicht. Das Gitter engte sie ein. Sie drehte den Kopf halb zur Seite, wums, es rumpelte, da war eine dicke Stange aus Metall. In jener Nacht haben wir uns zusammengerissen und versucht, uns nichts anmerken zu lassen; aber am nächsten Morgen sprachen wir noch mal drüber: »Hast du gesehen, wie die Mutter versuchte, sich umzudrehen?« P. nickte, und dann weinten wir einige Momente lang.

An der Wand hing neben jeder Sau ein Zettel, auf dem stand, wann die Geburt gewesen war, wie viele Ferkel sie geboren hatte und wie viele bereits gestorben waren. Das war so makaber, denn man wusste ja: Nach drei Wochen wurden die Ferkel ihren Müttern eh weggenommen, weitergemästet und geschlachtet.

Die Mütter wurden dann wieder in einen anderen Stallteil gebracht, um erneut künstlich besamt zu werden. Fünf Tage, nachdem man ihr die Kinder weggenommen hatte! Wieder schwanger werden. Noch mehr Ferkel gebären, die sie wieder nicht richtig kennenlernen durfte – immer weiter und weiter. Hier ging es zu wie in einer Fabrik.

Die männlichen Ferkel werden übrigens, wenn sie die ersten ein, zwei Tage überlebt haben, kurz aus ihrem Abteil genommen und kastriert. Auch das funktioniert wie in einer Fabrik, und weil es in einer Fabrik schnell gehen muss, werden sie nicht betäubt. Sie bekommen einfach die Hoden auf- oder abgeschnitten. Natürlich blutet das, es schmerzt, und die Ferkel quieken und winden sich. Ich glaube, jeder Junge muss nur mal kurz daran denken, wie weh es tut, wenn man aus Versehen einen Fußball zwischen die Beine geschossen bekommt ... Das mit dem Aufschneiden will man sich erst gar nicht vorstellen.

Außerdem wird bei allen Ferkeln das letzte Drittel des Schwanzes abgeschnitten, wieder ohne Betäubung. Ich habe ja schon erzählt: Schweine sind sehr intelligente und neugierige

Tiere, in Freiheit würden sie den halben Tag herumlaufen, ihre Umgebung erforschen und mit dem Rüssel die Erde aufwühlen. Darum leiden sie in den Ställen unter starker Langeweile und Bewegungsmangel und beginnen einander die Schwänze anzuknabbern.

Dadurch kann es zu Entzündungen kommen, das Tier wird krank ... Und um dem vorzubeugen, »kupiert« (kürzt) man den Ferkeln halt vorher schon die Schwänze. Ist das nicht eine phantastische Logik? In den Ställen haben die Tiere so ein Drecksleben, dass sie einander verstümmeln; und statt etwas an diesem Drecksleben zu ändern, verstümmelt man sie einfach schon vorher! Auch das geht ruckzuck, wie am Fließband. Dabei kupiert man die Schwänze entweder mit Zangen oder mit Heißschneidegeräten, mit denen man zum Beispiel Seile kürzt. Die arbeiten mit Hitze, damit ein abgeschnittenes Seil nicht ausfasert. Und dasselbe Gerät nimmt man auch zum Kupieren von Ferkeln, man »schmilzt« ihnen das Ende vom Schwänzchen einfach weg.

Die Realität sichtbar machen

Bevor wir zu den Ställen gingen, hatten mir die anderen einige Funkgeräte gezeigt und erklärt, wie sie benutzt werden. Sie nannten mir auch bestimmte Codewörter, mit denen man die anderen informieren oder warnen konnte. Draußen hatten wir das geübt.

Und drinnen, während P. gerade einige Schweine filmte und ich in dem dunklen Verbindungsgang stand, um auf ihn zu warten, war es einmal fast so weit: Ich bekam einen ziemlichen Schreck, weil plötzlich eine Seitentür aufging und von draußen zwei Leute hereinkamen. Es war dunkel, ich konnte nur die Silhouetten sehen. Na toll, dachte ich, die Landwirte haben uns erwischt.

Jetzt war also vermutlich so ein Fall eingetreten, wo ich die Codewörter brauchte, und ich hob schon mein Funkgerät an den Mund … da riefen mir die beiden Figuren etwas zu: Es waren Leute von unserem Team, nur hatten sie den Stall anderswo verlassen und waren durch diese Tür wieder zurückgekehrt!

War das eigentlich legal, was wir da machten? Jein. Natürlich verstößt es erst mal gegen das Gesetz, das Grundstück von anderen zu betreten, wenn sie dies offensichtlich nicht wünschten. (Und genau darum waren wir nachts gekommen.) Wir zerstörten nichts und stahlen nichts, es war kein Einbruch, aber der Landwirt hätte uns theoretisch wegen Hausfriedensbruch anzeigen können.

Andererseits war es nicht sein Wohnzimmer, das wir betraten, und wir taten es nicht ohne Grund: Es ging um den Verstoß gegen das Tierschutzgesetz, und es ging darum, etwas zu enthüllen, was für die Öffentlichkeit wichtig ist. Darum haben in den wenigen Fällen, in denen eine Landwirtin nachher Anzeige erstattete, die Gerichte jedes Mal die Tierrechtlerinnen freigesprochen: Weil sie nicht aus Eigennutz irgendwo hineingingen, sondern um eine wichtige Rolle zu erfüllen. Wer gegen den Tierschutz verstößt, kann sich nicht so einfach beschweren, dass ihn ein anderer dabei ertappt! Diese Aktivisten machen eine Form von investigativem Journalismus – das ist der Journalismus, der sozusagen detektivisch arbeitet und versucht, Dinge rauszufinden, die Politiker oder Unternehmen lieber verbergen würden.

Auch diese Filmaufnahmen hatten ein juristisches Nachspiel – aber die Vorwürfe trafen nicht die Tierrechtler, im Gegenteil! Im Jahr darauf wurde eine Doku gezeigt, die ihre Aufnahmen verwendete. Sie hieß »Gequält, totgeschlagen und weggeworfen – das Leid in Deutschlands Ferkelfabriken« und erhielt im September 2014 sogar den Preis der Deutschen Akademie für Fernsehen. Schon vorher allerdings hatten sich die Politik, allen voran das niedersächsische Landwirtschaftsministerium, und die Staatsanwaltschaft der Sache angenommen, um die gefilmten Vorfälle zu überprüfen. Man ließ sogar einige Ferkel obduzieren, also nach dem Tod untersuchen (wie im Krimi!), um herauszufinden, ob sie tatsächlich so misshandelt worden waren, wie es die Filmaufnahmen meiner Freunde zeigten. Und es stimmte!

Das Entstehen der (Tier)fabriken

Ich habe nachher versucht auszurechnen, wie viele Tiere wohl in diesen Ställen »lebten«. Insgesamt waren es 25 Gebäude; in einigen davon standen etwa 300 Säue, die gerade erst schwanger gemacht worden waren. In anderen standen etwa 60 Säue zwischen ihren Gittern und säugten jeweils etwa 14 Ferkel. Vielleicht waren es so um die 8000 oder 10 000 Tiere, schätzten wir.

Die genaue Zahl ist auch nicht so wichtig, aber man muss das Prinzip verstehen, nach dem die heutige Tierhaltung abläuft. Ihr habt sicher schon mehrfach das Wort »Massentierhaltung« gehört; und das Wort »Masse« meint nicht nur die Menge der Tiere, sondern die Methode, wie mit ihnen umgegangen wird. Ich habe oben gesagt, dass es in diesem Stall zuging wie in einer Fabrik, und genau das tut es auch: Diese Form von Landwirtschaft mit Tieren hat nicht wirklich etwas mit dem »Land« zu tun (wie wenn man Weizen, Salat oder Gemüse anbaut), sondern findet in geschlossenen Hallen statt, in der Tiere behandelt und »produziert« werden wie in einer Fabrik.

Um dieses Prinzip Fabrik zu erklären, mache ich einen kleinen Abstecher ins 18. und 19. Jahrhundert, als man die Fabriken erfand. Damals setzte in Europa ein Wandel ein, den man Industrialisierung nennt. Das heißt: Die Menschen haben immer weniger Dinge zu Hause und in Handarbeit hergestellt, sondern immer mehr Waren wurden in Fabriken produziert. Mit Hilfe von Maschinen und Fließbändern konnte man die Arbeit schneller erledigen als vorher, dafür brauchte man weniger Arbeiter, und es musste weniger Lohn gezahlt werden. Die Produkte wurden billiger, und es gab mehr davon.

Der Nachteil ist natürlich, dass dadurch Menschen arbeitslos werden, weil Maschinen ihnen die Arbeit »abnehmen«; und dass die Arbeit am Fließband oft ziemlich eintönig ist. Früher zum Beispiel hat ein Uhrmacher einen Plan für eine Taschenuhr gemacht, das Ziffernblatt für die Uhr ausgewählt, die Rädchen und Zeiger ausgesucht und alles unter höchster Konzentration zusammengesetzt.

Heute hingegen werden viel mehr Uhren auf einmal hergestellt, aber von mehreren Leuten gemeinsam, die immer nur einen kleinen Handgriff erledigen. Der Bauplan kommt von der einen Stelle, woanders werden die Chips hergestellt, dann werden noch Schräubchen von wieder woanders dazugekauft, und irgendwo ist eine Fabrik, in der Menschen das Ganze zusammensetzen: Der eine diesen Chip, der andere jenes Schräubchen, ein dritter klebt ein Schildchen drauf. Oft wird dieses Zusammensetzen auch in außereuropäischen Ländern gemacht, wo man den Leuten geringere Löhne zahlt. Manche Geräte besitzen Teile aus Amerika, werden in China zusammengebaut und nachher in Europa verkauft: Das Prinzip ist, dass man die Arbeit in viele kleine Schritte zerlegt und jeden Schritt da abarbeiten und jedes Einzelteil dort kaufen lässt, wo es am billigsten ist.

Und genau dasselbe macht man mit den Tieren. Die Industrialisierung der Tierhaltung hat sich später durchgesetzt als bei der Produktion von Gegenständen, nämlich erst vor 30 bis 50 Jahren; aber das Prinzip ist dasselbe. Nehmen wir zum Beispiel diese Ferkel. Ihre Mütter hat der Ferkelzüchter woanders gekauft, wo man auf Muttersäue spezialisiert ist. Der Samen kommt von speziellen Ebern, die noch mal woanders untergebracht sind. Wenn die Ferkel ungefähr drei Monate alt sind, werden sie weiterverkauft und dort noch einige Monate gemästet. Dann werden sie zu Schlachthöfen gefahren, die meist wieder anderen Leuten gehören.

Jede dieser Stationen ist nur auf ein einziges Detail spezialisiert (so wie bei der Uhr der Chip, das Schräubchen), und bei jedem dieser Schritte wird auf den Preis geachtet – zum Beispiel ist es manchmal so, dass die Ferkel in Dänemark günstiger »angeboten« werden, dann kaufen deutsche Bauern dänische Ferkel und mästen sie hier weiter. Manchmal sind die Preise bei einem bestimmten Schlachthof besonders gut, dann fährt man die zum Tode bestimmten Tiere ein paar hundert oder auch tausend Kilometer weiter.

Neulich bin ich auf einer Tankstelle bei Hamburg einem Ententransport begegnet, der war mit 3000 noch nicht ausgewachsenen, gelben, flauschigen »Pekingenten« aus Dänemark beladen. Sie wurden nach Holland zum Schlachten gefahren, und später fuhr ein anderer Transporter das Fleisch wieder zurück nach Dänemark.

Auch die Firmen, die Eier verkaufen, kaufen die Legehennen

Ein Legehuhn in Daten*

EIERPRODUKTION:
ALTER BEI 50% PRODUKTION:
150-160 TAGE
PRODUKTIONSSPITZE: 93-95%

**EIER
JE ANFANGSHENNE:**
IN 12 LEGEMONATEN:
307-312
IN 14 LEGEMONATEN:
347-352
IN 16 LEGEMONATEN:
370-375

EIMERKMALE:
SCHALENFARBE: ATTRAKTIV BRAUN
SCHALENBRUCHFESTIGKEIT:
> 40 NEWTON

**EIMASSE
JE ANFANGSHENNE:**
IN 12 LEGEMONATEN:
19,5-20,5 KG
IN 14 LEGEMONATEN:
22,0-23,0 KG
IN 16 LEGEMONATEN:
23,5-24,5 KG

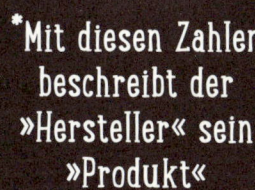

*Mit diesen Zahlen
beschreibt der
»Hersteller« sein
»Produkt«

**DURCHSCHNITTLICHES
EIGEWICHT:**
IN 12 LEGEMONATEN:
63,0-64,0 G
IN 14 LEGEMONATEN:
63,5-64,5 G
IN 16 LEGEMONATEN:
64,0-65,0 G

KÖRPERGEWICHT:
BEI 20 WOCHEN:
1,6-1,7 KG
BEI PRODUKTIONSENDE:
1,9-2,1 KG

LEBENSFÄHIGKEIT:
AUFZUCHT: 97-98%
LEGEPERIODE: 90-92%

FUTTERVERBRAUCH:
1.-20. WOCHE: 7,4-7,8 KG
PRODUKTION:
115-125 G/TAG
FUTTERVERWERTUNG:
2,1-2,2 KG/KG EIMASSE

von anderen Firmen; und diese züchten sie meist nicht selber, sondern holen ihre »Elterntiere« (also die Mütter und Väter der späteren Legehennen) von nochmals anderen Betrieben, die die »Großelterntiere« züchten.

Für die Tiere bedeutet das, dass sie im Laufe ihres kurzen Lebens zigmal verkauft, transportiert, weiterverkauft und wieder transportiert werden. Jeder Transport ist für die Tiere Stress. Und jedes Mal finden sie sich in einer fremden, neuen Fabrikhalle wieder, mit ihnen unbekannten Tieren – noch mehr Stress. Übrigens wird Rindern und Schweinen beim Transport auch oft schlecht, ganz wie es einigen Menschen geht, wenn sich das Gefährt unruhig bewegt, man nicht raussehen kann oder ein bisschen empfindlich ist. Die vielen Hundert oder auch Tausende Kilometer Transport sind für die Tiere jedes Mal eine Tortur, aber darauf nimmt niemand Rücksicht: Das System funktioniert nun mal so, und die Tiere werden durch die Gegend verschickt wie Chips, Schräubchen und Uhren.

Drei Merkmale der Massentierhaltung

Man darf übrigens nicht glauben, dass es den Tieren vor der Massentierhaltung gutging. Auch früher haben die Menschen ihre Tiere oft schrecklich gehalten und sie brutal getötet. Anscheinend hat der Mensch immer, wo er Macht über die »schwächeren« Tiere hatte und diese für sich nutzen wollte, an Grausamkeiten nicht gespart. Allerdings war das Leben auch für die Menschen früher sehr viel härter, und vieles wusste man wohl einfach nicht besser.

Heute wissen wir viel mehr über Tiere. Nur setzen wir dieses Wissen leider nicht ein, um sie zu schonen und sie zu verstehen, sondern um sie immer mehr auszubeuten. Und darum führt unsere Massentierhaltung eben zu etlichen drastischen Problemen, und das eben »massenhaft«. Inzwischen wissen viele Leute, dass Massentierhaltung etwas Negatives für die Tiere bedeutet, darum sprechen manche Landwirte statt von »Massentierhaltung« von »Intensivtierhaltung«. Sie hoffen, dass dieses Wort irgendwie freundlicher klingt. Aber egal wie man es nennt, gemeint ist dasselbe.

Diese Massentierhaltung hat vor allem drei Merkmale, und unter allen haben die Tiere zu leiden. Ich fasse das jetzt noch mal zusammen:

Die Tiere sind zusammengedrängt auf geringem Platz. Das wird dadurch ermöglicht, dass die meisten Bauern das Futter für ihre Tiere nicht mehr komplett selbst anbauen, sondern es woanders einkaufen (so wie die heutige Uhrenfabrik die Schräubchen). Dadurch brauchen sie wenig Land. Man kann irgendwo in der Pampa ein nicht allzu großes Grundstück kaufen, eine Tierfabrik oder »Mastanlage« bauen lassen und soundso viele Tiere hineinstopfen. In Ostdeutschland gibt es sogar ein sogenanntes »Schweinehochhaus«, auf dem Schweine auf mehrere Ebenen gehalten werden; und Hühnerhochhäuser – also mehrstöckige Eierfabriken – gibt es in Russland häufiger. Warum auch nicht? Die Tiere kommen eh nie raus. In den heutigen Ställen fahren Fließbänder das Futter in die Hallen, und die Eier rollen wiederum auf einem Fließband hinaus.

Die Tiere leiden unter den Folgen der Zucht, die ich im letzten Kapitel schon erklärt habe. Die Kühe geben viel Milch, die Puten wachsen zu schnell, die Schweine müssen schnell Fleisch ansetzen, und die Legehennen sind nach einem guten Jahr »kaputt«. Deswegen stimmt es auch nicht, wenn Landwirte manchmal behaupten, dass die Tiere wohl »gesund und zufrieden« sein müssten, sonst würden sie keine Milch geben, Eier legen oder wären zu krank zum Schlachten. Tatsächlich *sind* viele Tiere beim Schlachten krank, aber es sind Krankheiten, die für den Menschen nicht gefährlich sind. Beschädigte Organe werden dann eben weggeschmissen. Aber auch Kühe, die kaum laufen können, geben noch Milch, und Puten, die kaum stehen können, kann man essen. Selbst Hühner, die Schmerzen haben oder kaum Gefieder, legen Eier. Die Tiere müssen nur lange genug durchhalten, bis sie geschlachtet werden. Genauer: *genügend* Tiere müssen durchhalten, dann lohnt es sich. Deswegen ist es für den Landwirt nicht schlimm, wenn 10 Prozent aller Ferkel schon in den ersten Wochen sterben – Hauptsache, es bleiben genügend Ferkel übrig, die er verkaufen kann.

Die Tiere werden wie in einer Fabrik behandelt, weil man ganz wenige menschliche Arbeiter braucht, die aber ganz viele Tiere »produzieren« sollen. Das führt eben dazu, dass Ferkel früh ihren Müttern weggenommen werden, dass die Mütter wie am Fließband wieder besamt werden, dass die Ferkel schnell kastriert und ihnen die Schwänze gekürzt werden, dass die Tiere zum Verkauf, zum Mästen und zum Schlachten kreuz und quer herumgefahren werden, je nachdem, wo es am billigsten ist. Dazu möchte ich ein letztes Beispiel erzählen: Könnt ihr euch vorstellen, dass Hühner im Schlachthof oft noch viele Stunden warten müssen, bis sie »dran« sind? Sie sitzen dann in engen Transportkisten. Vielen wurde beim Einpacken schon ein Flügel gebrochen. Sie haben Angst und Stress. Sie haben weder Futter noch Wasser. Das muss ein Horror sein, aber niemand stört sich daran. Die Hauptsache ist, dass das Schlachten nahtlos weiterläuft, und es ist gut, wenn immer einige tausend Hühner »auf Vorrat« zum Schlachten vorhanden sind, damit die

Transport

11 Enten à 3 kg

95 cm

57 cm

In einer Kiste mit einer Grundfläche von 95 x 57 cm (0,54 m^2) dürfen laut Geflügeltransportverordnung 11 Enten mit einem Gewicht von bis zu 3 kg transportiert werden. Wenn man die orangefarbene Fläche auf dieser Seite verdoppelt, erhält man die Grundfläche, die jeder Ente zur Verfügung steht.
Der Transport darf 12 Stunden dauern, ohne Einstreu, Futter und Wasser. Die Transportkisten sind 23 cm hoch und stapelbar.

Maschinen in jeder Minute ausgelastet sind. Nur so kann am meisten Geld gemacht werden, und in einer Fabrik hat das Geld immer Vorrang vor den Lebewesen.

Schlachtung und »Betäubung«

Liebe Leserinnen und Leser, es kommt jetzt ein Abschnitt mit einigen Beschreibungen der Vorgänge im Schlachthof, vielleicht möchten manche von euch das lieber überspringen und erst beim nächsten Abschnitt »Kann man es besser machen?« wieder weiterlesen. Das ist völlig in Ordnung, zumal man sich ja denken kann, dass Schlachtungen nichts Schönes sind.

Auch sie geschehen in einer Art Schlachtfabrik mit Maschinen und Fließbändern. Bei der Erfindung der modernen Schlachthöfe hat man sich teilweise von bestehenden Fabriken (wo Gegenstände produziert wurden) »inspirieren« lassen und umgekehrt. Gesetzlich ist heute vorgeschrieben, dass die Tiere vor der eigentlichen Schlachtung betäubt werden sollen. Aber »Betäubung« hört sich viel sanfter an, als es ist! Hühner und Puten werden dazu an den Füßen in einer Art Fließband eingehängt und durch ein Elektrobad gefahren; Schweine bekommen eine Elektrozange an den Kopf gesetzt oder werden in tiefe Schächte gefahren, die voller Kohlendioxid sind und ohne Sauerstoff. Die Schweine schreien und springen mehrmals auf und ab, bevor sie ohnmächtig werden. Kühe werden mit schweren Metallketten oder -gittern fixiert und bekommen mit einem sogenannten »Bolzenschussgerät« den Schädel zerschmettert.

Je mehr ich mit Tierärzten gesprochen habe, die im Schlachthof arbeiten und gelegentlich Schlachtungen kontrollieren, desto weniger verstehe ich, warum solche Praktiken als »Betäubung« gelten. Denn bei Betäubung denkt man doch an eine Spritze vor einer Operation, bei der man fast nichts spürt, sondern sanft wegdämmert. Die Betäubung der Tiere vor dem Schlachten aber ist brutal, schmerzhaft, und sie funktioniert auch nicht immer beim ersten Mal, so dass zum Beispiel das Bolzenschussgerät mehrfach am Schädel der armen Kuh angesetzt wird.

Für einen Zeitungsartikel hatte ich mal eine Interviewserie mit Tierärztinnen geplant, die im Schlachthof arbeiten. Nach vier Interviews gab ich auf, ich konnte mir nicht noch mehr von diesen furchtbaren Geschichten anhören. Nachher entschuldigte ich mich bei einer Tierärztin, mit der ich bereits gesprochen hatte, für die Mühe, die ich ihr bereitet hatte. Und sie sagte: »Sie brauchen sich nicht zu entschuldigen! Ich habe mich schon gewundert, wie Sie das machen wollen. Wir halten es ja selbst kaum aus.«

Diese und andere Tierärzte und Tierärztinnen machen aber trotzdem mit ihrem Job weiter, weil sie finden: Es ist besser, wenn überhaupt jemand auf dem Schlachthof dabei ist, der sich für Tiere interessiert. Sie wollen die Tiere nicht ganz allein lassen. (Und ich kenne eine Tierärztin, die regelmäßig Kühe aufkauft, die beim Schlachter landen und die besonders mitleiderregend aussehen. Auf einer Art Gnadenhof ermöglicht sie ihnen ein besseres Leben. All die anderen allerdings muss sie weiterschicken – zum Bolzenschussgerät, in den Tod. Da weiß auch ich nicht, wie man das aushält.)

Kann man es besser machen?

Ich habe in diesem Kapitel ein paarmal von Landwirten gesprochen, und immer im Zusammenhang mit höchst unangenehmen Vorfällen. Doch natürlich sind Landwirtinnen und Landwirte nicht automatisch schlechte Menschen! Sie haben die Massentierhaltung auch nicht eingeführt, weil sie Tiere quälen wollen, sondern nur, weil es sich anders nicht mehr lohnt. Viele Landwirte haben den Hof ihrer Eltern geerbt, aber damit er genug Geld einbringt, muss man ihn vergrößern, industrialisieren. Und am Ende stand dann halt eine Ferkelfabrik. Erinnert ihr euch an das Beispiel des Uhrmachers? Es kann sich heute keiner mehr hinsetzen und eine Uhr von Anfang bis Ende mit den eigenen Händen bauen und dann zum üblichen Preis verkaufen; er hätte so viel Zeit hineingesteckt, die Uhr wäre für den normalen Markt viel zu teuer.

Die Uhren müssen billig sein, und so denken die Menschen auch bei Tieren.

Aber könnte man es nicht anders machen, besser? Was zum Beispiel ist mit der Biohaltung, deren Siegel auf etlichen Produkten klebt, oder vergleichbaren Siegeln, die sogar diverse Tierschutzverbände abgesegnet haben? Nun, diese Tierschutzverbände denken wohl, dass jede minimale Verbesserung schon eine Verbesserung ist. Manchmal muss man die Unterschiede zwischen den Produkten mit Siegel und denen ohne Siegel allerdings mit der Lupe suchen, so gering sind sie. Es gibt ein Siegel, bei dem kriegt ein Landwirt schon Pluspunkte, wenn er einem Schwein nur 10 Prozent mehr Platz einräumt – zehn Prozent! Ich glaube nicht, dass Schweine so gut rechnen und mit dem Zollstock umgehen können, dass sie da überhaupt einen Unterschied merken.

Auch die Bestimmungen für die Biohaltung sind nicht wesentlich besser als die sonstigen. Bei Bio sind manche Praktiken verboten, zum Beispiel das betäubungslose Kupieren des Schwanzes – aber nur wenn an einem Schwein noch der Schwanz dran ist, ist es ja noch lange nicht mit seinem Leben zufrieden! Es hat halt bloß keinen kaputten Schwanz.

Auch Biohühner, die im »Freiland« leben, haben kein gutes Leben, auch sie sind dazu gezüchtet, Eier zu legen wie am Fließband. Die allermeisten Hühner in Biohaltung stammen von derselben Firma wie alle anderen Legehennen; sie sind total verzüchtet und halten nur ein Jahr Eierlegen durch. Und auch Bio-Freilandhaltung ist fast immer Massentierhaltung: Erlaubt sind bis zu 3000 Hennen in einem Stall. Hühner können sich aber nur in einer Hühnergruppe orientieren, die 50, höchstens 100 Hühner umfasst. Alles andere ist für sie reiner Stress, sie können keine Rangordnung aufbauen, wissen nicht, wer von ihnen der Stärkere ist, hacken oft auf den anderen herum und reißen ihnen die Federn aus (der Fachbegriff ist »Federpicken«).

Und anders als mit Massentierhaltung ist es heute auch nicht möglich, tierische Nahrungsmittel für eine ganze Gesellschaft zu produzieren, nicht mal Milch und Eier, für die theoretisch die Kühe und Hühner am Leben bleiben könnten, wenn man sie in Ruhe alt werden ließe. Und warum geht es nicht? Weil wir heute nicht mehr leben wie vor ein paar hundert Jahren, als die meisten Menschen Bauern waren. Damals hatten über 90 Prozent der Menschen einen Hof mit Tieren. An dieser Zeit orientiert sich die Idee, man könnte »ein paar Hühner halten«, und man würde ihnen ein paar Körner hinstreuen, dann würden sie entweder ein Ei legen oder nicht. Und ab und zu würde man der Kuh etwas Milch abmelken, das Kalb dürfte trotzdem bei ihr bleiben.

Das geht aber nicht. Heute sind in Deutschland 97 Prozent der Menschen eben *keine* Bauern, sondern Friseurinnen, Lehrer, Steuerbeamtinnen, Ärzte oder was auch immer. Das heißt, ganz wenige Menschen müssen die Nahrung für alle produzieren. Da kann man nicht warten, ob ein Huhn mal ein Ei legt, da müssen Tausende von Hühnern fast jeden Tag ein Ei legen. Da reicht es nicht, der Kuh ein Glas Milch abzumelken, sondern man muss ihr per Melkmaschine viele tausend Liter Milch pro Jahr abzapfen.

Genauso wie sich der Rest der Gesellschaft industrialisiert (unsere Gegenstände werden in Fabriken hergestellt) und spezialisiert hat (jeder hat einen ganz bestimmten Beruf und kauft alles Übrige bei den anderen), genauso hat sich die Landwirtschaft entwickelt. Nur, dass es hier auf Kosten der Tiere geht, die wir sozusagen in Fleisch-, Milch- und Eier-Maschinen umgezüchtet haben – und sie auch so behandeln. Doch wie meine Freundin Karin immer sagt, die neben viele alternden Kühen auch das Schwein Prinz Lui beherbergt: Tiere sind nun mal keine Maschinen.

KAPITEL 10

WARUM TIERE VOM TIERSCHUTZGESETZ NICHT GESCHÜTZT WERDEN

Vielleicht haben einige beim Lesen des letzten Kapitels bemerkt, dass sich da ein kleiner Widerspruch eingeschlichen hat (obwohl ich mir redlich Mühe gegeben habe, ihn zu verbergen): Mal habe ich davon gesprochen, dass in der geschilderten Ferkelfabrik gegen das Tierschutzgesetz verstoßen wurde und dass später die Staatsanwaltschaft ermittelt hat. Und dann habe ich doch alles so erzählt, als wären diese schrecklichen Verhältnisse in der Massentierhaltung normal. Also was jetzt: Verstößt es gegen das Tierschutzgesetz, Säue fast bewegungslos einzuengen, Ferkel ohne Betäubung zu kastrieren und ihnen die Schwänze abzuknipsen – oder nicht?

Tatsächlich sind all diese Grausamkeiten, von denen ich im letzten Kapitel erzählt habe, völlig üblich und legal. Nur wurden manche Dinge in dieser einen Ferkelfabrik noch ein wenig schlimmer gehandhabt als erlaubt, und *das* war dann der Verstoß gegen das Tierschutzgesetz. Aber es ist oft nicht leicht zu verstehen, warum etwas verboten ist – beziehungsweise warum der Rest überhaupt erlaubt ist! Diese Widersprüchlichkeit liegt allerdings nicht speziell an mir oder weil ich es nur widersprüchlich erzähle, sondern gehört zu unserem Tierschutzgesetz.

Eigentlich hört sich das ja gut an: Tierschutzgesetz. Die

Tiere werden also geschützt. Seit dem 1. August 2002 ist im deutschen Grundgesetz der Tierschutz sogar als Staatsziel festgeschrieben. Das heißt, der Staat hat sich vorgenommen, Tierschutz künftig wichtiger zu nehmen.

Aber Tierschutz ist nicht das Einzige, was dem Staat (und unserer Gesellschaft) wichtig ist – vor allem wird die menschliche Lebensweise geschützt, die wir bisher gewohnt sind. Also auch das Fleischessen und das Milchtrinken. Wichtig ist unserer Gesetzgebung außerdem auch die Wirtschaft. Und bei allen Gesetzen wird abgewogen: Welchem Ziel nützen sie, und welches erschweren sie?

Das Traurige ist, dass der Tierschutz zwar im Grundgesetz drinsteht, aber tatsächlich nur wenig wiegt im Verhältnis zu diesen anderen Zielen. Man kann das an vielen Stellen des Tierschutzgesetzes sehen. Zum Beispiel heißt es im Paragraph 2:

»Wer ein Tier hält, betreut oder zu betreuen hat,

1. muss das Tier seiner Art und seinen Bedürfnissen entsprechend **angemessen** ernähren, pflegen und **verhaltensgerecht** unterbringen,

2. darf die Möglichkeit des Tieres zu artgemäßer Bewegung nicht so einschränken, dass ihm Schmerzen oder **vermeidbare** Leiden oder Schäden zugefügt werden.«

Klingt das gut? Ja!

Und passt das zu dem, was ich bisher berichtet habe? Nein! Einige Wörter habe ich fettgedruckt geschrieben: Das sind sozusagen die Hintertürchen. Diese Wörter sorgen dafür, dass die Praktiken der Massentierhaltung und die damit verbundenen Leiden und Schäden nicht wirklich verboten sind. Sie müssen nur »angemessen«, »verhaltensgerecht« und »unvermeidbar« sein – und das sind völlig schwammige Begriffe.

Ist es für Schweine etwa »verhaltensgerecht«, dass sich die

Sau nicht um die eigene Achse drehen kann? Ist es für die Ferkel angemessen, mit drei Wochen von der Mutter getrennt zu werden und von da an Breifutter zu erhalten, bei dem einige Inhaltsstoffe aus Schweineblut und Schweine-Darmschleimhaut stammen? Ist all das, was Tiere auf dem Transport zum Schlachthof und im Schlachthof durchleiden müssen, etwa kein Leiden, und ist ihr Tod für sie etwa kein Schaden? All das ist mit dem Tierschutzgesetz vereinbar. Obwohl es natürlich vermeidbar wäre, die Kälber von ihren Müttern zu trennen, man müsste es bloß sein lassen!

Aber dann würden die Kälber die Milch trinken, das wäre unpraktisch für den Milchbauern, der die Milch verkaufen will. Auch das Leid der Legehühner wäre vermeidbar – wir bräuchten keine Eier mehr zu essen. Aber die Menschen sind Eier gewöhnt, darum sind Eierfabriken erlaubt.

Verrückterweise ist sogar das Leben der Tiere durch das Tierschutzgesetz geschützt, und »mit Freiheitsstrafe bis zu drei Jahren oder mit Geldstrafe wird bestraft, wer ein Wirbeltier **ohne vernünftigen Grund** tötet ...« (Paragraph 17) Wieder sind die Wörter, die ich gefettet habe, das Hintertürchen. Wenn sie nicht wären, wäre für die Tiere viel gewonnen. So aber ... Leider findet das Gesetz vieles »vernünftig«, was Menschen gewohnheitsmäßig tun, ohne ihre Traditionen zu überdenken. Hier schützt das Gesetz nicht die Tiere, sondern unsere Trägheit. Zum Beispiel unsere Angewohnheit, Tiere auf den Grill zu legen.

Schmerzen zufügen verboten – nee, doch nicht

Oder erinnern wir uns an das Kürzen der Ferkelschwänze und an das Kastrieren. In Paragraph 5 zum Beispiel wird für schmerzhafte Behandlungen eine Betäubung vorgeschrieben: »An einem Wirbeltier darf ohne Betäubung ein mit Schmerzen verbundener Eingriff nicht vorgenommen werden.« Verboten ist laut Paragraph 6 auch »… das vollständige oder teilweise Amputieren von Körperteilen oder das vollständige oder teilweise Entnehmen oder Zerstören von Organen oder Geweben eines Wirbeltieres«.

Man darf also keine Operation und keinen Schnitt durchführen, ohne das Tier vorher zu betäuben. Klingt sinnvoll! Außerdem darf man Tiere nicht verstümmeln oder ihnen etwas amputieren.

Aber jetzt kommen die Ausnahmen, die direkt unter diesen Sätzen aufgelistet werden. Weil es so viele sind, führe ich nur ein paar davon auf.

Eine Betäubung ist nicht vorgeschrieben

- beim Kastrieren von unter vier Wochen alten männlichen Rindern, Schafen und Ziegen
- beim Kürzen des Schwanzes von unter vier Tage alten Ferkeln
- beim Kürzen des Schwanzes von unter acht Tage alten Lämmern
- für das Kürzen der Schnabelspitzen von Legehennen bei unter zehn Tage alten Küken
- für den Einsatz von Schlagstempeln bei Schweinen (Schlagstempel besitzen etwa ein dutzend Metallspitzen. Wenn man die mit Farbe auf ein Schwein draufhaut, hat es lauter kleine gefärbte Wunden und ist sozusagen »tätowiert«)

- für das Enthornen bei unter sechs Wochen alten Kälbern (das Horn wird direkt am Schädel weggebrannt, was sehr schmerzhaft und blutig ist)
- für den Schenkelbrand von Pferden (damit man dem Pferd ansehen kann, wer sein Besitzer ist, wird ein Zeichen mit glühendem Eisen in die Haut gebrannt)

Bei allem, was in der Liste steht, haben die Tiere Schmerzen, manchmal sogar sehr starke, länger andauernde Schmerzen. Es handelt sich auch nicht um medizinische Behandlungen, die den Tieren helfen würden; sondern all das wird nur gemacht, damit die Besitzerin ihre Tiere wiederfindet oder damit die Tiere besser in den Ablauf der Tierfabriken passen.

Im Grunde laufen diese Paragraphen 5 und 6 darauf hinaus: Man darf Tiere nicht verletzen oder verstümmeln – außer so, wie sie jeden Tag in der Landwirtschaft verletzt und verstümmelt werden.

Die meisten Menschen, die keine Landwirte sind, wissen das natürlich nicht. Sie lesen höchstens den ersten Satz von jedem Paragraphen und denken: Das hört sich gut an. Dass dieser Satz gleich wieder durch eine lange Reihe von Ausnahmen zunichtegemacht wird, ist den wenigsten klar. Wenn ich einen Vortrag halte und eine Kopie von solchen Stellen aus dem Tierschutzgesetz an die Wand projiziere, reißen alle geschockt die Augen auf.

Sind das nicht Dinge, die von einem Tierschutzgesetz *verboten* werden sollten, statt erlaubt? Eigentlich ist unser Tierschutzgesetz daher nicht nur eine Frechheit gegenüber den Tieren, sondern auch gegenüber den Menschen. Wir verlassen uns darauf, dass die Gesetze etwas taugen und ungefähr halten, was sie dem Namen nach versprechen. Beim Tierschutzgesetz ist das nun nicht gerade der Fall.

Die Sache mit dem Lobbyismus

Aber *warum* ist das denn alles nicht verboten? Wieso gibt es denn so viele Ausnahmen? Stellt Euch bloß mal vor, man würde ein Gesetz machen, das den Diebstahl von Handtaschen verbietet. Und dann dazu schreiben: Das Verbot gilt nicht
- wenn die Handtasche einer alten Dame gehört
- oder auch einem alten Herrn
- oder wenn die Handtasche einen Moment lang aus den Augen gelassen wird
- oder wenn sie so teuer aussieht, dass man meinen könnte, dass etwas Wertvolles drin ist.

Kein Parlament der Welt würde solch ein Gesetz verabschieden – nehme ich an. Also warum gibt es all diese absurden Ausnahmen im Tierschutzgesetz?

Nun, Gesetze werden nicht irgendwo fernab von der Gesellschaft beraten und entschieden, sondern haben viel mit denen zu tun, die über sie entscheiden. Das sind die gewählten Abgeordneten im Landtag, im Bundestag, im Europaparlament, und die Ministerinnen und die Staatssekretäre. Außerdem gibt es eine Menge Menschen drum herum, die sich privat mit diesen Politikerinnen treffen, mit ihnen Geschäfte machen oder sie unterstützen. Viele haben etwas zu gewinnen oder zu verlieren. Und Menschen gehen nun mal viele Kompromisse ein, wenn sie dafür etwas Bestimmtes bekommen, was sie ansonsten nicht kriegen.

Das ist sehr abstrakt, darum erzähle ich mal ein Beispiel. Nehmen wir an, der Bürgermeister Schmitt will durchsetzen, dass nur noch neongelbe Straßenschilder aufgestellt werden, weil man die besser sieht (das ist von mir jetzt natürlich erfunden). Sein alter Freund und Parteikumpel Pumpernickel besitzt eine Farbfabrik. Sagt Pumpernickel zu Schmitt: »Das mit dem Neongelb finde ich keine so gute Idee, du weißt doch, ich produziere nur orangene Farbe.«

Schmitt: »Das war nicht gegen dich gerichtet!«

Pumpernickel: »Klar. Aber als dein Freund sage ich dir: Die Schilder könnten doch genauso gut orange sein.«

Schmitt: »Also ich weiß nicht ...«

Pumpernickel: »Neongelb wird eh eine Lachnummer. Haha, wenn ich das beim nächsten Stammtisch den anderen erzähle!«

S.: »Hmmm ...« (Pumpernickel ist dafür bekannt, dass er ziemlich gut Witze auf Kosten anderer Leute reißen kann.)

P.: »Ist Neongelb nicht sowieso ziemlich teuer?«

S.: »Das ist leider wirklich ein Problem.«

P.: »Guck mal, für die orangene Farbe könnte ich dir nen richtig guten Preis machen. So haben wir alle was davon.«

In diesem Beispiel übt Pumpernickel auf Schmitt persönlichen und sozialen Druck aus (er ist doch Schmitts Freund! Aber lächerlich machen könnte er ihn auch ...). Dann bietet er ihm ein unsauberes Geschäft an, von dem beide profitieren. Das hört sich jetzt am Beispiel von Straßenschildern vielleicht etwas naiv an. Aber das beschriebene Prinzip ist real und in der Politik sehr mächtig. Es heißt: Lobbyismus.

Lobbyismus bedeutet, dass Menschen, die selbst keine Politiker sind, auf Politiker Einfluss nehmen, um etwas durchzusetzen, was sie wollen. Das machen sie meistens nicht öffentlich, sondern im Verborgenen. Es ist meistens nicht direkt illegal, aber es widerspricht eigentlich der Grundidee von Demokratie. Schließlich sollen Politikerinnen so entscheiden, wie es die Bevölkerung will. Nicht danach, was ihre Freunde sagen oder wer damit ein Geschäft macht. Aber wie gesagt, Politikerinnen sind halt Menschen, außerdem wollen sie wiedergewählt werden.

Nehmen wir noch ein anderes Beispiel, in dem andere Druckmittel vorkommen. Dieses Mal sitzt unser erfundener Politiker Schmitt im Europaparlament in Brüssel. Gerade hat er erfahren, wie Hühnerküken »produziert« werden. Das Folgende ist real:

Und zwar werden all diese 700 Millionen Hühner, die in Deutschland pro Jahr entweder gegessen oder zum Eierlegen eingesetzt werden, von Brutmaschinen ausgebrütet. Das heißt, die Tiere sehen niemals ihre Mutter. In jedem Brutschrank sind mehrere Schubladen voller Eier übereinandergestapelt und werden gewärmt, und wenn die Küken ausschlüpfen, werden sie sortiert, auf Fließbändern transportiert und in Kisten gepackt. Ihr erinnert euch aus dem letzten Kapitel: In der industrialisierten Landwirtschaft werden die Küken nicht dort aufgezogen, wo sie ausgebrütet werden. Einer kauft sie dem anderen ab, daher die langen Transportwege.

Der Transport von Tieren ist europaweit per Gesetz geregelt, und man hat für Eintagsküken (also die frisch Geschlüpften) einen extra Paragraphen ins Gesetz eingebaut: Diese Küken dürfen bis zu 60 Stunden in den Transportkisten verschickt werden, ohne Futter und Wasser.

Die meisten (nicht alle) überleben das, weil sie im Ei genug Nährstoffe hatten. Aber schön ist das natürlich nicht. Stellt euch vor: Sie schlüpfen frisch auf die Welt, piepsen ziemlich energisch herum, weil sie darauf warten, dass ihre Mutter zur Unterstützung herbeieilt und ihnen zeigt, wo etwas zu essen ist. Und stattdessen kommen sie übers Fließband in die Transportkiste!

Ab jetzt erfinde ich wieder: Diese Hühnerküken also tun

unserem Schmitt leid, und er will etwas unternehmen, um ihr Schicksal wenigstens ein bisschen zu verbessern. Er verkündet seiner Partei, er wird im Europaparlament ein Gesetz vorschlagen: Alle Küken müssen spätestens 12 Stunden nach dem Schlüpfen in einem Stall untergebracht und mit Wasser und Futter versorgt werden.

Davon hört Pumpernickel, der auch in diesem Beispiel derselben Partei wie Schmitt angehört. Pumpernickel fährt mit 180 Sachen zu Schmitt nach Brüssel und kommt wutschnaubend in dessen Büro: »Hab ich das richtig gehört, das mit deinem Gesetzesvorschlag zum 12-Stunden-Transport für Küken?«

Schmitt: »Ja. Was bitte ist falsch daran?«

Pumpernickel: »Ist dir klar, dass *alle* ihre Küken durch ganz Deutschland und sogar um die halbe Welt verschicken? Zum Beispiel nach Japan – und das dauert viel länger als 12 Stunden!«

S.: »Genau deswegen will ich das ändern, ich find das brutal.«

P.: »Brutal hin, brutal her, die Wirtschaft ist hart. Hast du mal überlegt, welches die größte Firma in unserem Landkreis ist?«

S.: »Ich glaube … eine Kükenfabrik?«

P.: »Genau! Die könnten ihre Küken nicht mehr nach Japan verkaufen, wenn du das durchkriegst. Die werden viel Geld verlieren, und dann werden uns die Bauern im gesamten Landkreis nie wieder wählen!«

S.: »Ach so, das habe ich nicht bedacht. Dann lass ich das mal lieber. So schlimm ist es auch wieder nicht, sind ja nur Küken.«

P.: »Genau.«

Hier kommen die Interessen der Wirtschaft ins Spiel – und der Wunsch von fast jedem Politiker, wiedergewählt zu werden.

Ich habe natürlich keine Ahnung, wie die (reale) Regelung zum Transport der kleinen Küken zustande kam und welcher Pumpernickel da welchen Schmitt »beraten« haben mag. Lobbyismus gibt es in allen Bereichen, nicht nur, wo es Tiere betrifft. Und es ist leider immer sehr schwierig, ihn nachzuweisen. Aber egal, wer die Gesetze zu Tiertransporten nun tatsächlich beeinflusst hat, eins ist sicher: An erster Stelle stand der Tierschutz dabei nicht.

Es scheint auch niemanden groß zu irritieren, dass die hungrig und durstig verschickten Küken immerhin noch Tierkinder sind. Das Folgende ist ein Ausschnitt aus einem echten Interview mit einem Vertreter der größten deutschen Firma für Legehennenküken.

»Und wie erfolgt die Lieferung?« (fragt der Journalist)

»Die frisch geschlüpften Küken werden verschickt. In den ersten 24 Stunden brauchen sie von Natur aus keine Nahrung, bis zu 60 Stunden nach dem Schlüpfen darf man sie verschicken.«

»Und wie werden sie verschickt?«

»Wenn ein Kunde aus Japan anruft und sagt, er braucht am 21. Mai 20 000 Küken, buchen wir in einem Flugzeug, das am 21. Mai in Japan landet, Plätze für 20 000 Küken und sorgen dafür, dass sie am Abflugtag in der Früh schlüpfen. Das heißt, 21 Tage vor Abflug kommen die Eier in die Brutstation.«

Da wird knallhart mit den kleinen Tieren gerechnet. Der Vertreter der Kükenfabrikanten hat anscheinend nicht mal ein ungutes Gefühl dabei, für ihn ist das einfach die Art und Weise, wie so was gemacht wird. Und auch der Journalist fragt nicht etwa schockiert nach: »Wie, Sie verschicken diese kleinen Küken ohne Nahrung?« Er hat die wirtschaftliche Perspektive, in der Hühnerküken nichts weiter sind als Schrauben in einer Fabrik, völlig verinnerlicht. Es gelingt ihm nicht zu sehen, dass Hühner empfindungsfähige Lebewesen sind, die man eigentlich weder »produzieren« noch verschicken sollte, schon gar nicht unversorgt.

So stark sind viele Menschen – auch viele Journalisten – in ihrer speziesistischen Sichtweise verwurzelt, dass sie nicht mal bemerken, wie ungeheuerlich unser Umgang mit Tieren eigentlich ist.

Das Tun und Treiben der Jäger

Dem Lobbyismus zu »verdanken« haben wir auch eine ganz andere Form von Ausnahme, die unser Tierschutzgesetz manchen Leuten eingeräumt hat: nämlich den Jägerinnen und Jägern. Etwa 400 000 Menschen in Deutschland sind (meist, aber nicht ausschließlich männliche) Jäger. Sie sind in Jagdvereinen organisiert, die unter anderem versuchen, auf die Politik Einfluss zu nehmen; und das gelingt ihnen immer wieder. Im Tierschutzgesetz, aber auch in anderen Gesetzen gibt es wichtige Ausnahmen, die den Jägern das Ausüben des »Weidwerks« (so nennen sie selbst die Jagd) erlaubt.

Jäger behaupten von sich selbst gerne, dass sie »wichtige ökologische Aufgaben« erfüllen, indem sie Rehe und Hirsche schießen, die ansonsten die jungen Laubbäume anknabbern würden. Außerdem behaupten sie, dass sie Wildschweine schießen müssen, damit diese nicht Äcker und Felder verwüsten. Nun, allein ein Blick auf die jedes Jahr erschossenen Tiere zeigt, dass Jäger sich nicht nur für Rehe, Wildschweine und Hirsche interessieren.

1 152 565 **6→** REHE

474 363 **5↓** WILDSCHWEINE

10 954 **4→** WALD-SCHNEPFEN

75 773 **6→** ROTHIRSCHE

4 803 GÄMSEN

81 754 WILDGÄNSE

64 113 **6→** DAMHIRSCHE

7 228 MUFFLONS

363 959 WILDENTEN

1 360 SIKAHIRSCHE **↑6**

243 902 **1→** FELDHASEN

578 735 WILDTAUBEN

213 726 WILDKANINCHEN

380 691 **6→** FÜCHSE

95 098 **2→** FASANE

62 287 DACHSE

2 540 REBHÜHNER **←3**

Jagd in Deutschland 2013/14

5 323
BAUMMARDER

41 804
STEINMARDER

9 635
ILTISSE

6 039
WIESEL

96 165
 → WASCHBÄREN

20 194
MARDERHUNDE
↑
6

1 DER FELDHASE WIRD IN DEUTSCHLAND IN DER ROTEN LISTE ALS »GEFÄHRDET« GEFÜHRT, IN EINIGEN BUNDESLÄNDERN WIE BRANDENBURG UND SACHSEN-ANHALT SOGAR ALS »STARK GEFÄHRDET«.

2 DIE FASANENPOPULATION IST IN DEUTSCHLAND VIEL GERINGER ALS DER BEDARF DER JÄGER, DARUM WERDEN DIE MEISTEN FASANE – GANZ LEGAL – GEZÜCHTET, ALS JUNGTIERE ODER BIS ZWEI WOCHEN VOR DER JAGD AUSGESETZT.

3 DAS REBHUHN WIRD IN DEUTSCHLAND IN DER ROTEN LISTE ALS STARK »GEFÄHRDET« EINGESTUFT.

4 DIE WALDSCHNEPFE GILT IN DEUTSCH-LAND ALS GESCHÜTZTE ART UND STEHT IN DER ROTEN LISTE AUF DER VORWARNLISTE.

5 BEI WILDSCHWEINEN WERDEN BEVORZUGT JUNGTIERE ERSCHOSSEN.

6 BEI REHEN, HIRSCHEN, KANINCHEN, MAR-DERHUNDEN, WASCHBÄREN UND FÜCHSEN SIND ES EBENFALLS OFT JUNGTIERE.

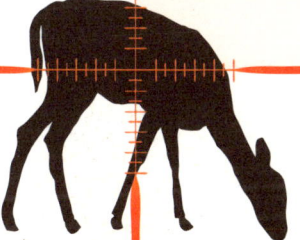

Tatsächlich ist es umgekehrt: Die Art und Weise, wie Jäger ihre Beute aussuchen (alte oder junge Tiere, Männchen oder Weibchen) und auch, wie sie die Tiere zwischendurch immer wieder füttern (Jäger nennen das »Hege«) hat dazu geführt, und soll weiterhin garantieren, dass *viele* Rehe, Hirsche und Wildschweine in unseren Wäldern existieren. Schließlich wollen die Jäger nicht endlos lange herumsitzen, bis irgendwann mal ein einzelnes Tier vorbeikommt, sondern es soll schon häufiger was »dabei sein«. Auch Trophäen sind natürlich erwünscht, denn bei Rehen und Hirschen sammeln Jäger nach wie vor gern die Geweihe, um sie sich an die Wand zu hängen.

Deswegen schreibt der Förster Peter Wohlleben, der sich für Naturschutz einsetzt (aber kein Tierrechtler ist): »Die verbrämt ›Hege‹ genannte Bewirtschaftung der Wildbestände wird mit massiven Fütterungen unterstützt. So gibt es Schätzungen, die für jedes geschossene Wildschwein 130 Kilogramm Futtermais bilanzieren, ausgebracht von den Jagdaufsehern.«

Auch der bekannte Münchener Zoologe und Ökologe Josef H. Reichholf – ebenfalls kein Veganer oder Tierrechtler – schreibt: »Die Wildfütterung bringt ... höchst anschaulich zum Ausdruck, worum es im deutschen Revierjagdsystem in erster Linie geht: Es ist auf einen hohen ... und produktiven Wildbestand ausgerichtet.«

Insbesondere Wildschweine können die Zahl ihrer Jungen stark dem Futterangebot anpassen. In schlechten Zeiten bringen sie einmal im Jahr Frischlinge zur Welt, in guten zweimal. Auch die Anzahl der Frischlinge variiert von einem bis neun Frischlingen – je nach Menge der vorhandenen Nahrung. Man müsste sie also nur weniger füttern, und es gäbe weniger Wildschweine, die die Äcker zerwühlen.

Links zu einem Interview und einem Vortrag von Reichholf

findet ihr im Anhang des Buches. In diesem Kapitel zähle ich jetzt noch einige der wichtigsten Formen und Folgen der Jagd auf, die vollkommen im Widerspruch stehen zu dem Anliegen des Tierschutzes, dass Tiere vor vermeidbaren Schmerzen und Schäden bewahrt werden müssen. Viele davon sind regelrecht sadistisch, und es gibt keinerlei ökologische oder sonstige nachvollziehbare Gründe dafür.

Der Tod aus dem Gewehr ist kein »sanfter« oder sofortiger Tod. Man darf sich nicht vorstellen, dass die Tiere kurz den Schuss spüren, dann umfallen und nichts mehr merken. Außerdem sitzt nicht jeder Schuss, und viele Tiere schleppen sich stunden- oder tagelang angeschossen herum, bis sie sterben.

Bei der Treibjagd werden Rehe, Hirsche und/oder Wildschweine stundenlang durch den Wald gehetzt. Mehrere Menschen arbeiten als Treiber, einige weitere sitzen auf der anderen Seite des Geländes und versuchen, die fliehenden Tiere zu erschießen. Bewegte Ziele zu treffen, ist besonders schwierig, daher werden noch mehr Tiere verletzt als bei der Jagd vom Hochsitz.

Sehr viel Wild für den menschlichen Verzehr stammt in Deutschland aus der Gatterjagd. Das sind also Tiere auf eingezäunten Weiden, die regelmäßig gefüttert werden und fast zahm sind. Auf der Wiese steht ein Hochsitz, von da aus werden ab und zu welche erschossen.

In Deutschland ebenfalls erlaubt ist die besonders grausame Jagd mit Tierfallen, davon gibt es zwei Sorten: Lebendfalle oder Totschlagfalle. Lebendfallen müssen vom Jäger offiziell zwei Mal am Tag kontrolliert werden, ob ein Tier drin sitzt; aber auch 12 Stunden Todesangst, Hunger, Durst sind eine Qual. Viele Tiere sterben an Herzversagen. Wenn sie lebend vom Jäger in der Falle gefunden werden, werden sie erschossen. Auch in der Totschlagfalle sind die Tiere nicht sofort tot, viele quälen sich stunden- und tagelang, oder die Falle reißt ihnen »nur« ein Bein ab oder zerquetscht ihnen Schnauze oder Pfote.

Viele Jäger schwärmen auch von der »Fuchsjagd am Bau«, die besonders sadistisch anmutet. Dabei werden Fuchsbauten gesucht und die Bewohner (oft sind auch Dachse dabei) mit Hilfe von Hunden herausgetrieben. Während die Füchse aus ihren Bauten flüchten oder springen, werden sie erschossen.

Lange Zeit haben Jäger übrigens behauptet, dass sie Füchse jagen, weil diese Tollwut verbreiten konnten. Inzwischen ist Deutschland längst offiziell ein tollwutfreies Gebiet, und die Tollwut wurde nicht durch die Jagd ausgerottet, sondern durch Impfungen.

Für diese »Fuchsjagd am Bau« müssen die Jagdhunde speziell abgerichtet werden, das geschieht in sogenannten Schliefenanlagen. Es handelt sich um künstliche Tunnel, die wie Fuchsbauten angelegt sind. Zum Trainieren der Hunde wird ein Fuchs in den Tunnel gesetzt, der vor dem Hund davonläuft. Meistens ist ein Gitter zwischen Hund und Fuchs, aber die Todesangst hat der Fuchs trotzdem. (Stellt euch mal vor, zu einem Leben verdammt zu sein, in dem man immer und immer wieder als Köder für einen Jagdhund dienen muss.)

Um Hunde für die Entenjagd zu trainieren, ist es in etlichen Bundesländern erlaubt, bei Enten einen Flügel mit Klebeband zu fixieren, dann können sie nicht wegfliegen. Sie werden ins Wasser gesetzt und der Hund auf sie gehetzt. Schätzungsweise 20 Enten werden »verbraucht«, um einen einzigen Jagdhund zu trainieren.

Fasane gibt es in Deutschland so wenige, dass sie extra nach den Methoden der industriellen Tierhaltung aufgezogen und später zur Jagd ausgesetzt werden.

Weitere Jagd-Beispiele für funktionierenden Lobbyismus sind auch:

- dass es erlaubt ist, eigentlich geschützte Arten wie Feldhasen, Waldschnepfen und Rebhühner zu bejagen.
- dass in etlichen Bundesländern »wichtige« Personen zur Jagd in Landesforsten eingeladen werden, das sind dann besondere gesellschaftliche Ereignisse wie ein Sektempfang oder ein Opernball.
- dass jemand, der keine Jagd auf seinem eigenen (!) Grundstück dulden will, das beantragen muss – und nicht umgekehrt.

Es klingt völlig verrückt, aber jeder Wald und jede Wiese, die einer Privatperson gehört und die außerhalb einer Ortschaft liegt, ist automatisch einem Jagdbezirk zugeteilt. Und darum muss der Besitzer des Grundstücks erlauben, dass bewaffnete Jäger auf seinem Grundstück herumlaufen, schießen, Hochsitze bauen und Fallen aufstellen.

Erst seit Mitte 2012 gibt es die Möglichkeit, dagegen vorzugehen, und zwar seit der Europäische Gerichtshof für Menschenrechte entschieden hat, dass diese Zwangsmitgliedschaft in einer sogenannten Jagdgenossenschaft gegen die Menschenrechte verstößt, wenn jemand die Jagd aus ethischen Gründen ablehnt.

Es brauchte ein Urteil des Europäischen Gerichtshofs für Menschenrechte, um das durchzusetzen! Seitdem können Grundstücksbesitzerinnen einen Antrag stellen, dass auf ihrem Grundstück nicht mehr gejagt wird; die Kosten für den Antrag zahlen sie selber.

Hoffnung für das Tierschutzgesetz?

Wenn man all diese Beispiele aus der Jagd und die aus der Massentierhaltung zusammennimmt: Heißt das, dass es völlig unsinnig ist, ein Tierschutzgesetz zu haben? Hier gehen die Meinungen verschiedener Tierrechtler auseinander. Einige denken, dass solche Gesetze – wie man sieht – gar nichts nützen, solange es nicht ein grundsätzliches Umdenken der Menschen in Bezug auf Tiere gegeben hat.

Andere dagegen, und dazu gehöre auch ich, hoffen, dass man aus diesen Gesetzen vielleicht doch mehr »rauskitzeln« kann als bisher. Ich denke, es hat schließlich seine Gründe, dass das Töten von Tieren »ohne vernünftigen Grund« im Tierschutzgesetz zumindest der Formulierung nach verboten wird: Denn eigentlich denkt niemand, dass das Töten von Tieren einfach ganz egal ist. Wir müssen also darüber diskutieren, was in diesem Zusammenhang als »vernünftig« gelten kann – darf man das Leben eines Tiers einfach vernichten, bloß weil man den Geschmack mag und gewohnt ist?

Ebenso lehnen es die meisten Menschen ab, dass man Tieren Schmerzen zufügt – und dabei ist es doch so offensichtlich, dass die Ausnahmen im Tierschutzgesetz einfach nur da sind, um die Interessen der Tierfabrikanten und der Jäger zu schützen! Die allermeisten Leute, denke ich, würden diese »Ausnahmen« nicht befürworten. Und wenn wir die Bevölkerung informieren und öffentlich und in den Medien darüber diskutieren, und wenn wir den Gesetzgeber dadurch veranlassen können, neu darüber nachzudenken, können wir den Schutz der Tiere vor menschlicher Grausamkeit verbessern. Hoffe ich. Allerdings ist »die andere Seite«, also diejenigen, die weiterhin Tiere ausbeuten und industriell nutzen wollen, auch aufmerksam geworden.

Die Agrarindustrie (so kann man diese industrielle Landwirtschaft auch nennen) hat bemerkt, dass immer mehr Menschen skeptisch werden oder sogar ablehnen, wie mit Tieren umgegangen wird. Wie die Agrarindustrie versucht, die Zustimmung der Bevölkerung zu behalten oder wiederzugewinnen, sehen wir im nächsten Kapitel.

KAPITEL 11

WIE ES HINTER DEN KULISSEN AUSSIEHT

In den letzten Kapiteln habe ich Wörter wie Tierfabrik, Ferkelfabrik und Agrarindustrie verwendet. Ich weiß nicht, wie diese Wörter auf euch wirken, aber für die meisten Menschen klingen sie eher negativ. Wir bringen nämlich Fabriken und Industrien mit etwas Un-Lebendigem in Verbindung; ein Lebewesen in einer Fabrik »herzustellen«, wirkt kalt und unangebracht. Lebewesen sollten ... leben! Darf man sie am Fließband produzieren und transportieren und mit ihnen handeln und sie verkaufen wie irgendein unbelebtes Gerät?

Ich denke, nein; aber es wird nun mal gemacht. Genau das (und noch einiges mehr) kritisieren wir Veganerinnen und Tierrechtlerinnen ja daran, wie Tiere gezüchtet, gemästet und geschlachtet werden. Dass ich zu den Kritikerinnen der Massentierhaltung zähle, hat auch Folgen für meinen Wortschatz: Ich bin dagegen, verniedlichende oder harmlos klingende Wörter für Dinge zu benutzen, die eigentlich schrecklich sind. Und wenn Tiere wie Maschinen behandelt werden, *ist* das schrecklich, darum spreche ich von Tierfabriken, der Agrarindustrie oder der Tierindustrie.

Dass ich allerdings eine Kritikerin der Nutzung von Tieren bin, weiß jeder, sobald er dieses Buch in die Hand genommen hat; es handelt schließlich vom Veganismus, und es steht auch einiges zu meiner Person und meinen Ansichten hinten drauf. Außerdem argumentiere ich, *warum* ich solche Wörter verwende, und habe dazu ausführlich das Prinzip Massentierhaltung erklärt. Ich versuche, euch das Wort Tierfabrik nicht einfach nur »anzudrehen«.

Anders sieht es bei einigen Broschüren aus, die auf meinem Schreibtisch liegen und die für Kinder oder Jugendliche gemacht wurden. Geschichten rund um die Milch, Bilder zum Ausmalen, Aufkleber und Kuh-Mobiles zum Selberbasteln. Das ist Werbematerial, das sich aber nicht als Werbematerial zu erkennen gibt, sondern als normales Spielmaterial daherkommt. Es gibt sogar eine Art Jugendkrimi, in dem Jugendliche einige Packungen Milch suchen, die geklaut wurden.

Okay, das hört sich jetzt noch doofer an, als es ist, aber die Bilder sind ganz hübsch gemacht, und vor allem merkt man gar nicht, dass es sich um Werbung handelt. Nur wenn man es weiß, fällt einem auf, dass zigmal darin steht, wie toll und gesund Milch ist und wie gern die Helden und Heldinnen sie am Ende wieder trinken. Und wenn man dann ganz genau hinschaut, kann man sehen, dass dieses Buch von einer Organisation herausgegeben wurde, die Lobbyarbeit für Kuhmilch macht.

Kennt ihr solche Einrichtungen wie den Milchtag oder Schulmilchprogramme, bei denen gefördert werden soll, dass Kinder und Jugendliche viel Milch trinken? In Deutschland begann man damit nach dem Zweiten Weltkrieg, Milch galt als eine Nahrung, die die teils schlechternährten Kinder aufpäppeln sollte (und so war es damals wohl auch oft). Auch in anderen Ländern wurden solche Förderprogramme in den letzten Jahrzehnten eingeführt, etwa in Indien und in China. Stolz verkündete eine Website von Rinderzüchtern vor wenigen Jahren:

»Die chinesische Regierung hilft, eine gesamte neue Generation von Milchtrinkern zu schaffen, indem sie ein Schulmilchprogramm unterstützt.«

Wie immer beim Lobbyismus, ist schwer zu sagen, welche Absichten genau hinter solchen Programmen stecken. Teilweise denken die Regierungen wohl, dass es wirklich gesund ist, wenn die Kinder mehr Milch trinken; und teilweise geht die Initiative von der Milchindustrie aus. Wenn in China zum Beispiel die Nachfrage nach Milch steigt, profitieren davon nicht nur die (noch gar nicht so zahlreichen) chinesischen Milchbauern, sondern auch die europäischen. Denn viel Milch in Europa wird für den Export hergestellt, unter anderem wird Trocken- oder Babymilch nach China verkauft. Die deutsche Agrarindustrie freut sich auch über den chinesischen Appetit auf Milch, denn dann können sie den Chinesen und Chinesinnen europäische Milchkühe verkaufen (beziehungsweise die Embryonen, siehe Kapitel »Warum es nicht natürlich ist ...«). Auch Melkmaschinen und all diese fließbandähnlichen Einrichtungen, die in den modernen Ställen existieren, werden bisher vor allem in Europa hergestellt und dann nach Asien verkauft.

Daher profitiert auch die deutsche Wirtschaft davon, wenn in China mehr Milch gekauft wird. Es ist ein völlig verwirrendes Geflecht, wer da wen animiert, mehr Milch zu kaufen, zu trinken und Werbung dafür zu machen. Es ist ein wenig wie bei Pumpernickel und Schmitt in dem ersten Beispiel: Irgendwie überredet der eine den anderen, dann glaubt der andere selbst, dass es eine tolle Idee ist, und letzten Endes haben beide etwas davon.

Funktionierender Lobbyismus ist, wenn eine Regierung beschließt, die Milchproduktion zu fördern, und öffentlich auch gut erklären kann, warum, und es am Ende sogar selbst glaubt – und insgeheim reiben sich Industrielle die Hände, weil es genau das war, was sie wollten. Funktionierender Lobbyismus ist auch, wenn Lehrerinnen an den Schulen kostenloses »Infomaterial« über Kuhmilch ausgeben und dabei ebenfalls glauben, dass sie ihren Schülerinnen damit etwas Gutes tun, obwohl in diesem Material nur die Vorzüge der Milch gepriesen und die Leserinnen nicht über die möglichen gesundheitlichen Nachteile informiert werden. Und wieder lachen sich welche ins Fäustchen, weil sie diese Broschüren gedruckt haben, um dadurch später viel mehr Geld zu verdienen, als die Broschüren gekostet haben.

Das Image aufpolieren

Doch wie gesagt: Dass hinter der vermeintlichen »Information« tatsächlich die Absicht der Werbung steckt, wird meist verborgen. Man versucht also, bestimmte Meinungen zu verbreiten, ohne dass die Menschen *merken*, dass ihnen Meinungen nahegelegt werden. So etwas zu erreichen, ist Aufgabe von »PR«, das ist die Kurzform für den englischen Ausdruck »Public Relations«. Das bedeutet etwa: die Vermittlung eines Produktes an die Allgemeinheit, also zu verbessern, wie ein Produkt (oder eine Partei) öffentlich dasteht. Es geht darum, wie man bewirken kann, dass ein bestimmtes Produkt beliebt ist und ein bestimmtes positives »Image« hat. Dass man zum Beispiel Milch mit Gesundheit verbindet (obwohl sie auch Krankheiten verursachen kann) oder dass man Zigaretten mit Coolness und Abenteuern assoziiert (gut, Rauchen verursacht tatsächlich oft tödliche Krankheiten, aber etwas Ungesundes zu tun, ist ja darum noch lange kein »Abenteuer«).

Noch mal zu der Abkürzung PR: Die drei Tätigkeiten Public Relations, Werbung und Marketing liegen nahe beieinander,

ich mache da jetzt keinen Unterschied. Wenn man sich ein bisschen mit der Geschichte der drei beschäftigt, ist es geradezu
verrückt zu sehen, wie PR-Beraterinnen bestimmte Ideen entwickelten und dafür sorgten, dass niemand mehr merkte, dass
es einfach nur neue Ideen waren, um etwas zu verkaufen. Mar-
keting-Maßnahmen segeln sozusagen unter unserem Radar
hindurch, wir bemerken sie nicht, sondern verinnerlichen ihre
Botschaften einfach, und kaufen, und handeln. Das ist auch be-
absichtigt, denn nur dann ist PR richtig effektiv.

Solche PR-Anstrengungen laufen derzeit auch in der Agrarindustrie auf Hochtouren. In den letzten zwei, drei Jahren
gab es so viele Informationen über Massentierhaltung, dazu
mehrere Skandale um Pferdefleisch, Hundefleisch und Gam-
melfleisch, das anderem Fleisch beigemengt war; Skandale um
falsch deklarierte Eier, um Reste giftiger Stoffe in der Milch und
um gefährliche Bakterien im Käse: Die Verbraucher verbinden
Fleisch, Milch und Eier nicht mehr nur mit Sauberem und Ge-
sundem. Also muss das Image »aufpoliert werden«, wie man
dann sagt.

Man müsse »gemeinsam das Image aufpolieren«, schrieb vor
einigen Monaten eine große landwirtschaftliche Zeitung. »Die
moderne Schweinehaltung steht am Pranger. Höchste Zeit, in
die Offensive zu gehen und die Imagewerbung zu verstärken.«
Das ist eine typische PR-Reaktion: Man will nichts dafür tun,
dass es den Schweinen bessergeht, sondern nur dafür, dass die
Verbraucher einfach wieder ein besseres Gefühl beim Fleischessen bekommen. Obwohl sich an der Misere der Schweine dadurch nichts ändert.

Eine andere Zeitung schrieb: »Nicht immer verfügt die Landwirtschaft über cleveres Vokabular. Dabei lässt sich das Image
der Tierhalter mit gutgewählten Begriffen positiv verändern.«

Dazu machten sie auch gleich zahlreiche Vorschläge, zum Beispiel: »Mäster. Der Weg vom Mäster zum Tierquäler ist in der Assoziation nicht weit. Auch dieser Begriff sollte sofort aus dem Vokabular gestrichen werden. Als Tierhalter wirkt man deutlich sympathischer, denn bei diesem Begriff schwingt die Sorge um das Wohlergehen der Tiere mit.«

Ein weiteres »Imageproblem« sieht die Zeitung hier: »Antibiotika. Bitte diesen Begriff unbedingt vermeiden. Auch wenn er in einer Frage verwendet wird, diesen nicht in der Antwort wiederholen.« Damit ist gemeint: Wenn einen ein Verbraucher oder Journalist besorgt darauf anspricht, wie viel Antibiotika man im Stall einsetzt, soll man drumrumreden. Man soll nicht etwa etwas *ändern!*

Ihr erinnert euch an das Kürzen der Schwänze? Etwas Vergleichbares wird mit den Schnäbeln der Puten und Legehennen gemacht, deswegen wird es vom Tierschutzgesetz erlaubt: Schon den Küken wird ohne Betäubung die Schnabelspitze abgeknipst, damit sie einander später aus Frust nicht verletzen. In der Schnabelspitze sind viele Nerven, sie ist bei Vögeln so etwas wie das Tastorgan des Menschen, wie unsere Fingerkuppen. Natürlich ist das Abknipsen schmerzhaft! Dazu schreibt diese Zeitung: »Schnabelkürzen. Nach dem Tierschutzgesetz ist das Kürzen des Schnabels eine Amputation, somit ein Eingriff am Tier. Wissenschaftlich korrekt müsste es daher Schnabelkürzen heißen. Hier sollte es aber das gute Recht der Landwirte sein, den negativ besetzten Begriff zu vermeiden und auf die Bezeichnung Schnabelbehandlung zurückzugreifen. Denn eine Behandlung wird von der Bevölkerung in einem deutlich positiveren Zusammenhang gesehen.« Sie geben also zu, dass es eigentlich Amputationen sind, schlagen aber vor, etwas anderes dazu zu sagen, weil das besser klingt.

Und so gibt es auch immer mehr Schulungen und Tagungen für landwirtschaftliche Öffentlichkeitsarbeit, wo die Landwirte und Landwirtinnen solche Ratschläge bekommen: Also welche Begriffe man am besten verwendet, wie man antworten soll, wenn jemand von der Presse einen befragt, und wie man seinen Stall zeigen soll, wenn ein Fernsehteam einen besuchen will. Es gibt sogar Unternehmensberater, die auf das Management von Lebensmittelkrisen spezialisiert sind! Also: Wenn wieder mal Pferdefleisch in der Lasagne gefunden wurde, helfen sie, dass der Lasagne-Hersteller in der Öffentlichkeit nicht allzu schlecht dasteht. Sie werden versuchen, das Image dieser Lasagne wieder zu verbessern. Die Priorität des Geschäftemachens liegt nicht auf der Ethik, sondern eben darauf, was man verkauft und wie man dasteht.

Die Bauernhofidylle

Neben diesem Werbematerial gibt es natürlich auch Bücher über Landwirtschaft, die nicht diesem Lobbyismus entstammen (oder wenn, dann so, dass man es nie rauskriegt); trotzdem folgen sie insgeheim derselben Logik. Ich gebe mal ein paar Beispiele. Vor ein paar Wochen, als ich gerade mit dem Schreiben dieses Buches begonnen hatte, musste ich zum Hausarzt. Das Wartezimmer war voll, und man musste ewig warten. Eine Mutter vertrieb ihrer vielleicht fünfjährigen Tochter die Zeit, indem sie ihr aus einem Bilderbuch vorlas. Dummerweise handelte das Bilderbuch von einem Bauernhof – das war für mich insofern dumm, als dass ich mich gerade sowieso mit nichts anderem als der Agrarindustrie beschäftigte und jetzt mitanhören musste, was für ein freundlicher, idyllischer Schwachsinn in dem Bilderbuch verzapft wurde. Da ging es um Kälbchen, die sich wohlfühlen, und Ferkel, die es mit ihrer Mama im Stroh gemütlich haben.

Ich versuchte, mir nichts anmerken zu lassen. Aber kaum waren Mutter und Tochter im Sprechzimmer, lief ich zu dem Haufen Bilderbücher rüber, schaute mir das zum »Bauernhof« an und machte mit dem Smartphone ein paar Fotos. Das Thema »Bilderbuchidylle« muss mit in das Buch!, dachte ich mir ... Und hier ist es nun.

Allein dieses Wort: »Bauernhof« ... Bauernhöfe in der Form, wie es sich die meisten wohl vorstellen, gibt es in Deutschland fast nicht mehr. Ich habe im letzten Kapitel ja schon erklärt, wie sich die Industrialisierung der Landwirtschaft vollzogen hat und dass sich das Wirtschaften mit kleinen Höfen im alten Stil nicht mehr lohnt. Schon aus dem Grund stimmt dieses freundliche Gewusel der »Bauernhof«-Bücher nicht im Entferntesten mit der Realität überein.

Um mir mal genauer anzuschauen, wie Kindern im Kindergarten und Schulkindern erklärt wird, wo unsere Nahrung herkommt, habe ich mir ein paar Bücher zu dem Thema besorgt. Einige sind extra als Arbeitsmaterialien für den Schulunterricht gedacht, und trotzdem zeigen sie Bilder und Graphiken, die der Realität überhaupt nicht entsprechen. Sehr beliebt sind Bilder, auf denen ein Ferkel fröhlich die Vorderklauen auf den Zaun legt (dabei kommen die wenigsten Ferkel je ins Freie). Die Säue strecken sich im Stroh aus, um die Ferkel zu säugen (weder haben sie in den heutigen Ferkelzuchten Platz dafür, noch Stroh). Im Hintergrund pickt eine Hühnerschar mit Hahn (auch die Hühner bleiben meistens im Stall, und Hähne sind schon gar nicht dabei).

Es ist, als ob die Zeichner die Leser ihrer Bücher oder vielleicht auch sich selbst davon überzeugen wollen, dass ihr Essen – auch das, was aus Tieren gewonnen wird – aus einer heilen Welt stammt.

An der Realität vorbeisehen

Und dann habe ich hier noch ein anderes Buch vorliegen, das extra dafür gelobt wird, dass es nicht diese Bauernhofidylle zeigt, sondern der Realität näher kommt. Auf diesen Bildern liegen die Säue nicht auf Stroh, sondern auf Kunststoffmatten. Sie sind rundherum von den Metallgittern eingeengt, die ich im vorigen Kapitel beschrieben habe. Hier soll die moderne Tierhaltung gezeigt werden.

Damit trotzdem ein guter Eindruck entsteht, muss man die Wahrheit halt ein bisschen verbiegen. Zum Beispiel wird in diesem Buch fröhlich behauptet, dass der Käfig der Sau etwas Gutes sei: »Damit die schwere Sau ihre Jungen nicht erdrückt, werden die Kleinen durch ein Gitter von ihr getrennt.« Manche Tierfabrikanten nennen diese käfigähnlichen Dinger auch »Ferkelschutzkorb«.

Tatsächlich aber haben schon viele Untersuchungen bewiesen, dass nicht weniger Ferkel sterben, wenn man Säue so eng einsperrt, und im Grunde wissen die Landwirtinnen das auch. Schweinemütter sind ja nun auch nicht total blöd, im Gegenteil, sie könnten sich sehr gut um ihre Kinder kümmern – wenn man sie nur ließe. Es ist aber für die Landwirte praktischer so, und man braucht weniger Platz, was mehr Säue und Ferkel und mehr Geld bedeutet.

In demselben, angeblich so realistischen Buch steht auch, dass die Schweine in geschlossenen Ställen gehalten werden,

»weil sie empfindlich sind«. Das stimmt genauso wenig! Wenn Schweine raus dürfen, wächst ihnen ein dichteres Fell, und sie können auch kälteres Wetter gut ab. Man will nur wieder Platz sparen.

In diesem Buch wird also einfach nachgeplappert, was für die Agrarindustrie bequem ist. Übrigens sind auch alle Schweine und Ferkel mit einem breiten Lächeln gezeichnet, die Sau schaut glücklich auf ihre Kinder. Ich würde gern wissen, ob die Autorin und die Illustratorin das extra gemacht haben – also ob auch sie damit das »Image« der Schweinemäster »aufpolieren« wollten. Oder wissen sie es einfach nicht besser? Irgendwann nehme ich mal meinen Mut zusammen und schreibe den Verlag an, wie es zu diesen (und noch mehr) Fehlern in dem Buch gekommen ist. Aber es ist nicht so leicht, andere Autorinnen direkt zu fragen: »Haben Sie absichtlich gelogen, oder haben Sie einfach wenig Ahnung?« Denn auf die beiden Alternativen läuft es ja irgendwie hinaus.

Oder sehen die Autorinnen solcher Bücher einfach an der Realität vorbei? Wollen sie selbst nicht wahrhaben, was wir den Tieren antun, und zeigen darum solche halbrichtigen Bilder von den Ställen und behaupten einfach, dass alles toll sei, obwohl es in Wirklichkeit schrecklich ist?

Bezeichnenderweise wird das Schlachten der Tiere in keinem Kinderbuch, das ich kenne, gezeigt; vermutlich ist das etwas, wo selbst die beste Illustratorin keine Idee hat, wie man es »angenehm« darstellen könnte. Kleineren Kindern will man vermutlich auch nicht extra unter die Nase reiben, dass Tiere fürs Schnitzel getötet werden.

Die Wahrheit?

Ist es nicht verständlich, dass man Grausames und Blutiges verschweigt?

Andererseits: Wenn die Vorgeschichte des Schnitzels so grausam und blutig ist, dass man sie während einer gemeinsamen Mahlzeit nicht mal erzählen mag – sollte man dann nicht etwas anderes essen?

Dazu fällt mir etwas halb Rührendes, halb Trauriges ein, das mir eine Bekannte kürzlich erzählt hat. Sie hat Zwillingstöchter im Alter von fünf Jahren; das ist ein Alter, in dem viele Kinder erstmals fragen, was das Fleisch, das sie essen, mit den Tieren zu tun hat. Ich weiß nicht, ob ihr euch daran erinnert, was ihr damals gedacht habt. Nicht alle Kinder finden es schlimm, dass Tiere für das Fleisch sterben müssen, aber für ziemlich viele ist es doch erst mal keine schöne Vorstellung. Auch die Zwillinge dieser Bekannten haben schon mehrmals gefragt, was das für Fleisch ist, das sie essen. Meine Bekannte sagte mir also, dass sie ihren Töchtern erzählt, dass das Fleisch im Supermarkt getrennt von wirklichen Tieren hergestellt wird, also ohne dass welche sterben, dass es praktisch Kunstfleisch ist. Und wenn die Töchter bei Hühnchen ins Zweifeln kommen, weil es doch sehr wie ein Huhn aussieht, wird ihnen gesagt, dass das nur so gemacht wird, dass es aussieht wie Hühnchen!

Beide Töchter lieben Tiere. Auch die Mutter liebt Tiere, und sie bringt es einfach nicht übers Herz, ihnen zu sagen, dass es wirklich Tiere sind, die sie essen. (Auf die Idee, keine mehr zu essen, kommt sie bisher leider nicht, oder konnte sich nicht dazu entschließen.)

Das ist wieder die Frage nach der Wahrheit, die ich im allerersten Kapitel schon mal angesprochen hatte. Es ging um den neunjährigen Arved, der Veganer ist, und der sagte, dass er die Wahrheit wissen will. Aber man verschweigt Jugendlichen und Kindern oft die Wahrheit, und die Erwachsenen drücken sich gerne davor, mit ihr genauer Bekanntschaft zu machen, solange es sich vermeiden lässt.

KAPITEL 12

WO SONST NOCH ÜBERALL TIERE DRINSTECKEN

Die letzten drei Kapitel haben sich mit dem Thema Tiere essen und Massentierhaltung beschäftigt, denn der Veganismus beginnt bei den meisten Menschen beim Essen: wenn sie zu viel Achtung vor den Tieren (entwickelt oder wiedererlangt) haben, um deren totes Fleisch, aber auch deren körperlichen Produkte wie Milch und Eier zu verzehren. Wir Veganerinnen wollen unser Geld nicht mehr dafür ausgeben, dass andere Menschen diese Tiere für uns einsperren, ihnen die Kinder wegnehmen und sie töten. Wir wollen diese Tierindustrie nicht mehr mit unserem Geld unterstützen.

Veganismus ist so gesehen also ein Konsumboykott: Wir boykottieren den Kauf dieser Produkte, damit die Wirtschaft weniger davon produziert; denn nur das, was die Leute kaufen, wird wieder und wieder hergestellt.

Wenn ein Mensch alleine aufhören würde, Fleisch zu kaufen und zu essen, würde das natürlich wenig bewirken. In Deutschland leben 80 Millionen Menschen, und ob ein Einzelner eine Wurst weniger kauft, merken die Supermärkte nicht. Wenn es aber mehrere machen, merken sie es schon eher. Die Effekte summieren sich.

Es ist, wie wenn bei einem Fluss Hochwassergefahr besteht,

nachdem der Schnee geschmolzen ist. Dann bauen die Feuerwehr und viele weitere Freiwillige gemeinsam einen höheren Damm, schleppen Sandsäcke herbei und türmen sie aufeinander. Jeder einzelne Sandsack allein bewirkt überhaupt nichts, das Wasser kann ihn einfach umspülen. Aber zusammen bilden sie eine wirksame Mauer. So ähnlich addieren sich einzelne Handlungen bei einem Konsumboykott.

Allerdings gibt es auch Menschen, die ekelt Fleisch so sehr, dass sie keines essen mögen, egal ob andere bei dem Boykott mitmachen oder nicht. (Mich hingegen hat Fleisch viele Jahre nicht geekelt, auch als ich schon lange Vegetarierin war. Dafür ekelt mich Milch heute umso stärker. Das ist bei jedem ganz unterschiedlich.) Darum hat es auch in der Geschichte der letzten paar tausend Jahre (und vielleicht davor auch, man weiß es nur nicht) Vegetarier gegeben, auch wenn sie manchmal die einzigen weit und breit waren.

Im alten Griechenland gab es mehrere Philosophen, die das Fleischessen abgelehnt haben. Zu etwa derselben Zeit, als Descartes seinen Hund an die Tür nagelte und sezierte, schwappte eine Art Vegetarierwelle durch Europa, die vor allem von den vielen Vegetariern in Indien inspiriert war. (In Indien gehören die meisten Menschen der Religion des Hinduismus an und glauben daran, dass unsere Seelen nach dem Tod wiedergeboren werden, auch in Tieren. Darum lehnen viele, wenn auch nicht alle Hindus das Töten von Tieren ab.)

In Arabien, genauer: im heute von einem fürchterlichen Bürgerkrieg erschütterten Nordsyrien, lebte vor über 1000 Jahren ein Mann namens Abul Ala Al-Ma'arri. Als Kind schon erblindete er infolge einer Krankheit und wurde dennoch ein sehr gebildeter und produktiver Dichter. Al-Ma'arri hörte im Alter von ungefähr Mitte dreißig auf, Fleisch, Milch und Eier zu essen.

Möglicherweise kannte er keinen einzigen anderen Menschen, der damals so dachte wie er. Aber er schrieb ein Gedicht, in dem er seinen Veganismus (wie wir heute sagen würden, aber das Wort gab es damals noch nicht) genauso begründete, wie wir heutigen Veganer es tun. Es heißt »Ich stehle nicht mehr von der Natur« und enthält unter anderem die Zeilen:

> Begehre nicht das Fleisch geschlachteter Tiere zu essen
> Oder die weiße Milch der Mütter, die doch vorgesehen ist
> für ihre eigenen Jungen, nicht für wohlhabende Damen.
> Und betrübe den arglosen Vogel nicht,
> indem du ihm die Eier nimmst;
> Denn Ungerechtigkeit ist das schlimmste Verbrechen.

Noch mehr Konsumboykott

Ich habe diesen kleinen Ausflug in die Geschichte gemacht, um euch zu zeigen: Vegetarisch und vegan werden wird zwar zurzeit besonders viel diskutiert, sind aber in der Geschichte der Menschheit öfter vorgekommen. Schon viele Menschen vor uns haben Zweifel am Fleischessen bekommen und gefunden, dass man Tiere nicht als Lebensmittel behandeln soll, sondern eben als Lebewesen. Damals waren es noch wenige, und oft wurden sie von der Geschichte vergessen. Sogar wenn es berühmte Leute waren, hat man ihren Vegetarismus in der Geschichtsschreibung oft nicht erwähnt; vielleicht auch, weil man gern vergessen machen *wollte*, dass Alternativen zum fleischessenden Lebensstil existieren. Aber es gab diese Vegetarier und Veganer, sie waren nur noch zu wenige, zu leise, um gehört zu werden.

Wir heute sind schon etliche mehr, und wir müssen dafür sorgen, dass wir gehört werden. Überall!

Und darum ist es auch nicht sinnlos, selbst wenn nur ein Einzelner aufhört Fleisch zu essen; denn seine Familie und seine Umgebung sehen es und fragen: Warum? Er erklärt, wie er zu der Ausbeutung der Tiere und zum Speziesismus steht, und vielleicht bringt er die anderen dadurch zum Nachdenken.

Umgekehrt ist der praktische Verzicht aufs Fleisch nicht das Einzige, was zählt. Wenn einer kein Fleisch isst und niemand kriegt es mit, dann hat das wenig Effekt auf seine Umwelt. Wenn einer vielleicht noch Fleisch isst – zum Beispiel weil es sich mit seiner Familie gerade nicht anders machen lässt – aber eigentlich will, dass wir Tiere mehr respektieren, und mit anderen Menschen darüber redet, kann er die anderen mit seinem Respekt vielleicht »anstecken«.

Auf die vielen unterschiedlichen Weisen, wie man Menschen auf die Ungerechtigkeit gegenüber den Tieren aufmerksam machen kann, komme ich im allerletzten Kapitel noch zu sprechen. Jetzt will ich vor allem darauf hinaus: Beim Veganismus geht es nicht nur ums Essen, sondern um eine andere Einstellung gegenüber Tieren. Und auch der vegane Konsumboykott erstreckt sich nicht nur auf die Nahrung, sondern genauso auf andere Produkte, die von Tieren stammen:

Leder. Schließlich ist Leder die Haut von getöteten Tieren. Und es stimmt nicht, dass Leder nur ein »Abfallprodukt« ist, das nach der Schlachtung ansonsten weggeschmissen würde. Sondern die Fleischhersteller verdienen auch an den Häuten, und viele Tiere werden sogar extra wegen des Leders getötet. Für die Menschen, die dort arbeiten, ist die Lederindustrie übrigens auch ziemlich übel, denn es wird beim Gerben der Häute mit aggressiven Chemikalien gearbeitet. Man kann daher nicht mal sagen, dass Lederschuhe immerhin »natürlicher« oder umweltverträglicher seien als solche aus anderen Materialien.

Fell und Pelz. Beide enthalten die Haut des Tieres mitsamt den Haaren; wenn man die flauschige Seite umdreht, sieht man das meist. Man legt Felle gern vor den Kamin oder polstert Kinderwagen mit Lammfell. Angeblich ist das romantisch oder gemütlich – mir ganz unbegreiflich, wenn man sich nur mal klarmacht, dass das die Haut eines Tierbabys ist.

Von »Pelz« spricht man meist, wenn die Tiere ausschließlich dazu gezüchtet wurden (und man ihre Körper anschließend weggeworfen hat). Inzwischen lehnen viele Menschen Pelz ab, trotzdem kommt Pelz alle paar Jahre wieder in Mode. Zum Beispiel werden Kapuzen damit gesäumt und Mützen mit einer Pelzbommel geschmückt. Viele Menschen denken dann automatisch (oder reden sich ein), dass es sich um Kunstpelz handelt, aber das stimmt leider nicht: Textilpelz, der gut aussieht, ist immer noch teurer als echter. Die Streifen an den Kapuzen sind auch nicht nur Abfälle, sondern in etlichen Ländern gibt es große Pelzfarmen, auf denen Tiere extra dafür gezüchtet werden. Oft werden sie misshandelt, und bisweilen wird ihnen lebendig die Haut abgezogen. Nicht mal auf die Angaben auf den Etiketten kann man sich verlassen, denn es wurden in den letzten Jahren zahlreiche Fälschungen entdeckt: Immer wieder werden sonderbare Bezeichnungen erfunden, damit die Käuferinnen nicht merken, dass es sich um Kaninchen, Katzen oder Hunde handelte. Auch wurde echter Pelz als Kunstpelz deklariert, damit die Leute keine Skrupel haben, ihn zu kaufen. Man sollte einfach nichts kaufen, was wie Pelz aussieht, nur dann kann man sicher sein.

Seide. Seide wird aus den Kokons von Seidenraupen gewonnen. Der Seidenspinner ist ein Schmetterling, der zunächst als Raupe ins Leben startet und sich dann verpuppt, indem er sich mit einem feinen, selbst produzierten Faden einwickelt. Irgendwann schlüpft er und verlässt den Kokon – aber dazu beißt er ein Loch hinein und unterbricht den Lauf des Fadens (der fast einen Kilometer lang sein kann!). Darum wird er in Massen gezüchtet und vor dem Schlüpfen mit heißem Wasser, Dampf oder Luft getötet; der Faden des Kokons wird dann abgerollt.

Honig. Weil wir jetzt gerade bei den Insekten sind, auch etwas zum Honig, obwohl der eigentlich noch unter die Kategorie »Essen« fällt. Honig wird von den Bienen unter vielen Mühen gesammelt – es heißt, für ein Kilo Honig müssen die Bienen zwei Millionen Blüten anfliegen! Er enthält außer Zucker wertvolle Inhaltsstoffe, aber wenn die Imkerin den Bienen den Honig wegnimmt, gibt sie ihnen als Ersatz fürs Winterfutter nur Zuckersirup. Heute haben es Bienen ohnehin schwer, geeignete Blüten zu finden, weil unsere Landwirtschaft so viele Flächen belegt und die dabei eingesetzten Insektengifte oft auch Bienen schaden. Man sollte ihnen nicht die Früchte ihrer Arbeit rauben, auch wenn man den Eindruck hat, dass Insekten etwas weniger komplexe Wesen sind als Wirbeltiere.

Auch vom Honig schrieb übrigens schon der blinde syrische Dichter Al-Ma'arri vor tausend Jahren:

Und lass ab von dem Honig, den die Bienen so fleißig
Von den Blüten duftender Pflanzen sammelten
Denn sie haben ihn nicht gesammelt, damit ihn andere erhalten

Wolle. Viele Menschen denken, die Wolle an den Schafen »muss eh ab«, darum sei es nicht schlimm, sie zu nutzen. Das ist nur halbrichtig. Wilde Schafe haben ihr dichteres Winterfell im Frühling selber abgestreift wie viele andere Tiere; dass die Wolle heute »dran bleibt«, verdankt sich der Züchtung. Die muss dann in der Tat im Sommer »ab«, weil sie nicht von allein aufhört zu wachsen. Aber es ist schon falsch, die Tiere extra so zu züchten! Scheren ist nämlich nicht so unproblematisch wie Nägel- oder Haareschneiden.

Ich lebe selber mit einer Herde von 40 Schafen, und viele davon müssen einmal im Jahr geschoren werden, weil es ihnen sonst zu heiß wird. Aber die Schafe haben so etwas wie Todesangst und strampeln, was sie können, und die Scherer fluchen, weil es ein wirklich harter Job ist, die Schafe zu bezwingen. Genau das ist es: Zwang.

Die Wolle meiner und anderer deutscher Schafe wird aber selten versponnen, weil man sie erst aufwendig reinigen müsste. Die Wolle für unsere Pullis kommt von den 74 Millionen Schafen Australiens. Dort sind die Schafe zwar nicht in einen Stall eingesperrt – aber sie haben keinerlei Schutz vor der extremen Hitze Australiens oder vor Kälte. Beim Scheren werden sie oft misshandelt, das haben verdeckte Aufnahmen gezeigt. Und bevor man sie auf die Weiden lässt, wird ihnen oft die Haut rund um den After weggeschnitten – ohne Betäubung! – damit sich keine Fliegenmaden dort einnisten. (Es ist so schrecklich, dass ich es kaum aufschreiben kann. Ich liebe nun einmal Schafe besonders. Links zu weiteren Infos, wie immer, im Anhang.)

Angora. Das ist die ganz feine Wolle vor allem der Angorakaninchen, die bei der Schur entsetzlich be- oder vielmehr misshandelt werden. Die Kaninchen müssen nämlich irgendwie – mit einem Gerät oder auch mit dem Fuß – festgehalten werden, während man ihnen die Haare buchstäblich ausrupft.

Daunen. Die Daunen, mit denen viele Jacken, Kissen und Bettdecken gefüttert werden, sind die feinen wärmenden Federn der Enten und vor allem der Gänse. Daunen ausgerissen zu bekommen, ist sehr schmerzhaft (stellt euch vor, euch risse jemand alle Haare aus, das ist wohl ungefähr vergleichbar). Offiziell darf man diese Daunen in Deutschland nur vom toten Tier »gewinnen«, wenn es also schon geschlachtet wurde. Allerdings kann man die Daunen natürlich häufiger »ernten«, wenn man ein und demselben Tier lebend die Daunen ausreißt und sie wieder nachwachsen lässt, statt auf die Schlachtung zu warten. Daher importieren wir solche »Lebendrupf«-Daunen aus anderen Ländern nach Deutschland, weil Lebendrupf bei uns wie gesagt verboten ist. Eine »praktische« Lösung, oder? (Es wurde allerdings auch schon ein deutscher Gänsehalter dabei erwischt, wie er die Gänse lebend rupfte.)

Zum Füttern von Jacken, aber auch Bettzeug gibt es längst sehr gute pflanzliche oder synthetische Materialien. Oft wärmen sie sogar effektiver, und weil sie einfacher gewaschen werden können, sind sie auch hygienischer. Man braucht bloß darauf zu achten, wenn man das nächste Mal eine Jacke oder ein Kissen kauft.

Verstecktes vom Tier

Außer diesen Materialien, die meistens (außer im Fall der gefälschten Pelzzertifikate) irgendwo auf dem Produkt angegeben sind, gibt es auch noch viele »versteckte« tierische Inhaltsstoffe in Gebrauchsgegenständen und Nahrungsmitteln. Zum Beispiel erhalten viele farbige Getränke und Süßigkeiten ihre rote Farbe durch den Lebensmittelfarbstoff Karmin. Er hat die EU-Kennzeichnung E 120, heißt auch Cochenille – und wird aus getrockneten Läusen hergestellt.

Vor ein paar Jahren kam heraus, dass in mehreren Sorten Kartoffelchips Aromen aus Geflügel oder Wild verwendet wurden. Wenn auf einer Packung »Aroma« steht, kann das nämlich alles Mögliche sein. Und ein Inhaltsstoff darf sogar als »natürliches Aroma« bezeichnet werden, wenn er zwar in der Natur, aber ganz woanders vorkommt! Also wenn es bei Paprikachips weder aus Paprika noch aus Kartoffeln, sondern eben aus Tieren stammt.

Ganz ohne dass irgendetwas draufstehen muss, sind vielen Broten Aminosäuren zugesetzt, die aus Schweineborsten gewonnen wurden. Kosmetika und Waschmittel enthalten oft Inhaltsstoffe aus Schlachttieren, z. B. Fettsäuren aus Talg in Seifen oder in Weichspülern. Es gibt sogar besonders edles Porzellan, dem Knochenasche beigemischt wird, im Englischen heißt es bone china (»china« heißt Porzellan, und »bone« steht für Knochen. Und das ist ganz wörtlich gemeint.)

Das sind nur ein paar Beispiele – und schon jetzt könnte mancher denken: O je, aber wenn fast überall etwas vom Tier drin ist, dann kann ich ja nie vegan werden! Keine Panik: Niemand verlangt, dass du dein ganzes Leben von heute auf morgen ändern sollst. 100 Prozent vegan zu leben, ist nicht nur für Kinder und Jugendliche, sondern auch für Erwachsene nicht möglich, nicht einmal für den größten Tierfreund. Die Gesellschaft, in der wir leben, verwendet für alles Mögliche Tiere; Gelatine zum Beispiel, die aus den Knochen toter Tiere gewonnen wird, steckt nicht nur in vielen Gummibärchen, sondern wird von vielen, aber nicht allen Firmen zum Klären von Fruchtsäften verwendet. Außerdem kommt Gelatine bei der Herstellung von Kupferdraht für Stromleitungen zum Einsatz oder bei der Herstellung von Elektronikgeräten wie Smartphones und Computern.

Zunächst einmal geht es darum, sich bewusst zu machen, wo überall Tier »drinsteckt«. Und dann können wir nach Alternativen ohne Tiere suchen und uns dafür einsetzen, dass immer mehr Firmen diese Alternativen verwenden. Manches lässt sich einfach ändern, und anderes erreicht man nur auf lange Zeit. Es erfordert ein langfristiges politisches Engagement für Tiere.

Denn auch das ist Politik: nicht nur das Wählengehen und das, was in den Parlamenten geschieht, sondern auch all unsere Diskussionen und der Versuch, andere Menschen für die Tierrechte zu gewinnen. Darum war es mir im allerersten Kapitel so wichtig zu betonen, dass es beim Veganismus nicht nur ums Essen oder Nicht-Essen von etwas geht, sondern um die Vision, die dahinter steht: Wir wollen Gerechtigkeit auch gegenüber Tieren. Und Gerechtigkeit lässt sich nicht ruckzuck herstellen. Es braucht viele Schritte, die uns von der heutigen, durch und durch speziesistischen Gesellschaft hoffentlich zu einer führen wird, in der wir Menschen mit Tieren in Frieden leben.

KAPITEL 13

WIE AN TIEREN EXPERIMENTIERT WIRD

Erinnert ihr euch noch an das zweite Kapitel, in dem ich von dem Philosophen und Mathematiker René Descartes erzählt habe? Er sezierte Hunde und nagelte angeblich sogar den Familienhund an eine Wand, um ihn aufzuschneiden und seinen Blutkreislauf zu erforschen. Das ist jetzt vierhundert Jahre her, und man möchte meinen, dass so etwas heute nicht mehr gemacht wird. Wir wissen zwar alle, dass es noch Tierversuche gibt; aber wir denken natürlich, dass solche Quälereien dabei nicht erlaubt sind. Niemals, oder? Schließlich haben wir doch ein Tierschutzgesetz!

Aber nachdem wir uns genauer angeschaut haben, wie das Tierschutzgesetz funktioniert ... Da gibt es Ausnahmen über Ausnahmen! Alles, was in der Wirtschaft üblich ist, ist erlaubt. Und bei den Tierversuchen ist das nicht anders. Nicht nur der Wirtschaft, sondern auch der Wissenschaft sind unglaubliche Grausamkeiten an Tieren erlaubt.

Anders gesagt: Wenn eine Privatperson auf die Idee käme, seinem Hund die Augen zuzunähen oder ihm Gift ins Maul zu träufeln, um zu sehen, was dann passiert, wäre das verboten. Wenn er aber René Descartes hieße und Wissenschaftler wäre, oder wenn er im Auftrag eines Chemiekonzerns stünde, der dieses Gift als, sagen wir, Zusatz zu einem Spülmittel auf den Markt bringen möchte, dann wäre es okay.

Glaubt ihr vielleicht, ich übertreibe? Leider nicht. Genau so etwas wird ständig gemacht: Tiere bekommen Gift in die Augen geträufelt oder werden zum Einatmen von giftigen Dämpfen gezwungen. Eine schreckliche Vorstellung. Und ich fürchte, in diesem Kapitel werden noch viel mehr Grausamkeiten angesprochen. Wird euch das zu viel? Möchtet ihr das nicht lesen, weil ihr ohnehin schon zu viele Bilder von gequälten Tieren vor Augen habt? Dann könnt ihr die Abschnitte »Hunde bei Hamburg« und »Affen in der Hirnforschung« überspringen. Die wesentlichen Argumente gegen Tierversuche kommen auch in den anderen Abschnitten vor.

Hunde bei Hamburg

Beginnen möchte ich mit dieser wahren, zunächst harmlos klingenden Geschichte: In der Nähe von Hamburg, am Rand eines kleinen Ortes, stehen einige niedrige Gebäude mit einem Gelände voller Hunde. Es sind Beagles, also die braunschwarz-weißen mit den Schlappohren; sie sind, soweit man das von außen sehen kann, noch jung. Jeweils zu mehreren haben sie anscheinend einen gemeinsamen Raum und draußen einen Zwinger. Andauernd hört man sie bellen, und als ich zum ersten Mal dort war, konnte man sie auch noch sehen: Wenn sie einen Menschen sahen, flippten sie völlig aus und sprangen an den Gittern ihres Zwingers hoch. Beagles sind sehr zutrauliche, menschenbezogene, liebe Hunde.

Hoffentlich geht bald mal jemand mit ihnen spazieren, konnte man da denken. Was war das: ein Tierheim?

Die Menschen, die in diesem Ort leben, dachten jahrelang, es wäre eine Hundezucht. Sie hörten Tag für Tag die Hunde bellen und nahmen an, dass sie irgendwann ein Zuhause bei freundlichen Menschen fänden und endlich ihre Spaziergänge bekämen.

Doch in Wirklichkeit ist das keine gewöhnliche Hundezucht, sondern ein Labor. Das Gelände gehört zu einer Firma, die Tierversuche anstellt. Für Wissenschaft und Industrie. Sie züchten die Beagles extra für ihre Experimente. In anderen Filialen in der Nähe züchten sie außerdem Mäuse, Ratten, Hamster, Meerschweinchen, Kaninchen, Hunde, Affen, Katzen, Schweine, Fische und Vögel. Und dann testen sie einzelne chemische Stoffe an ihnen, um zu sehen, wie verträglich oder wie giftig sie sind.

Und wie bekommt man die Stoffe in die Tiere hinein? Auf ihrer Website präsentierte die Firma ganz ungeniert die Verfahren, die sie »anbot«, und zwar oral (den Tieren wird ein Rohr durch den Rachen in den Magen gesteckt, durch das die Substanzen eingegeben werden), intraperitoneal (sie bekommen eine Injektion in die Bauchhöhle), intravenös oder per Infusion (in den Blutkreislauf), dermal (auf die Haut gesprüht oder gestrichen), per Inhalation (die Tiere werden gezwungen, es einzuatmen), intravaginal (in die Scheide), intrathekal (ins Rückenmark gespritzt), rektal (in den After) oder per Eingabe in den Augenlidsack.

Diese Aufzählung hört sich fürchterlich an. Ich habe mich entschieden, sie trotzdem mit meinen Erklärungen in Klammern wiederzugeben, weil diejenigen, die Tierversuche machen, das von ihnen verursachte Leid gerne herunterspielen. Auch die obige Aufzählung wurde, als es immer stärkere Proteste gegen die Firma gab, von der Firmenwebsite genommen. Hecken wurden um das Gelände gepflanzt, so dass man die Zwinger von der

Straße aus nicht mehr einsehen kann. Und die armen Hunde können nicht mal mehr nach draußen sehen!

Die Öffentlichkeit soll das Ausmaß des Horrors nicht mitbekommen. Tierversuche sollen »klinisch« klingen, sauber, und bei den Menschen möglichst wenig Emotionen auslösen. Aber tatsächlich geht es in solchen Labors darum, den Tieren auf verschiedenen Wegen potentielle Gifte zu verabreichen und zu schauen, was dann passiert. Welche Symptome sie entwickeln und wann sie krepieren.

Als die Menschen in dem Ort erfuhren, was den Beagles wirklich bevorsteht, begannen sie, Mitleid zu empfinden. Nicht alle natürlich, aber doch etliche. Sie versuchten herauszufinden, was genau dort geschah (aber das Unternehmen gab es nicht preis). Der Bürgermeister wollte das Labor besuchen (sie ließen ihn nicht hinein). Viele Leute machen immer wieder Demos vor dem Gelände, und viele Anwohner bringen ihre eigenen Hunde mit, weil es ihnen schier das Herz bricht sich vorzustellen, dass die Hunde in dem Labor genauso lieb, verwundbar, verletzlich und anhänglich sind wie die Hunde draußen. Diese Laborhunde werden nie einen Spaziergang machen. Niemand streichelt sie. Stattdessen leiden sie Höllenqualen.

Zwar sind viele Menschen, die in dem Labor arbeiten, Tierpflegerinnen und Tierpfleger geworden, weil sie Tiere lieben. Aber dann haben sie keine Jobs gefunden, wo Tierliebe gebraucht wird. Sie fanden nur Arbeit im Labor. Ein Tierarzt hat mir mal gesagt, man teilt jeder Tierpflegerin ein Tier zu, um das sie sich richtig gut kümmern darf. Die anderen muss sie für die Versuche vorbereiten. Aber ohne dieses eine Tier zum Sich-drum-Kümmern hielten die wenigsten Menschen das aus.

Warum die meisten Tierversuche
nicht übertragbar sind

Sind Tierversuche überhaupt auf den Menschen übertragbar? Das ist sehr umstritten, gerade was die Giftigkeit von Stoffen, aber auch die Wirksamkeit und die Nebenwirkungen von Medikamenten angeht.

Denn trotz aller Darwin'scher Verwandtschaft unter uns Wirbeltieren haben sich die einzelnen Tierarten im Detail recht spezifisch weiterentwickelt. Unsere Körper reagieren auf viele Substanzen unterschiedlich. Dennoch sind Tierversuche für alle neuen Medikamente und chemische Stoffe gesetzlich vorgeschrieben.

Ich hatte von diesem Problem schon oft gelesen, aber so richtig deutlich wurde mir das erst, als ich selber begann, viele verschiedene Tiere zu halten. Zuerst waren da nur die Katzen. Meine graue Tigerkatze Nana war herzkrank, daher verschrieb uns der Tierarzt ein Medikament, das auch herzkranke Menschen einnehmen. Ein erwachsener Mensch, der vielleicht 70 oder 80 Kilo wiegt, braucht morgens und abends je eine Tablette. Die zierliche Nana allerdings – sie wog nicht mal vier Kilo – brauchte immerhin eine halbe! Was also soll in einem Tierversuch mit diesem Medikament herausgefunden werden: Wie viel von dem Herzmedikament eine Katze braucht, ein Mensch, oder gar eine Maus? (Nana wurde übrigens trotzdem noch recht alt und lebte ziemlich aktiv und vergnügt, wie mir schien. Sie war eine begeisterte »Gastgeberin« und sprang immer, wenn es Besuch gab, auf den Tisch und legte sich neben den Kuchen.)

Mittlerweile habe ich mich neben den Katzen ja auch um Schafe, Hühner und Gänse gekümmert – und dazu eine umfangreiche Stallapotheke angelegt, in der ich vieles auf Vorrat halte. Manchmal nämlich kann der Tierarzt nicht sofort kommen, dann sagt er mir am Telefon, von welchem Medikament ich wie viel verabreichen soll. (Ich musste sogar lernen, den Schafen Spritzen zu geben, das hätte ich mich früher nicht getraut. Ich habe mich schon gefürchtet, wenn ich eine Spritze nur sah, die ich selbst bekommen sollte. Aber der Tierarzt hat mir ziemlich schnell klargemacht: Wenn ich mich gut um die Schafe kümmern will, muss ich Spritzen geben können. Manchmal wird man echt überhaupt nicht gefragt!)

Ich habe also in meiner Vorratskammer ein Regal mit sehr vielen Schubladen für Verbände, Spritzen und Medikamente; und die Dosierungen der Medikamente habe ich mir auf den Fächern der Apotheke notiert. So viele Dosierungen könnte ich mir gar nicht behalten, sie sind nämlich je nach Tierart völlig unterschiedlich. Vögel zum Beispiel haben einen viel intensiveren Stoffwechsel als Säugetiere, darum brauchen sie von manchen Substanzen zehn- oder gar zwanzigmal so viel wie die Schafe.

Einige Wirkstoffe wiederum vertragen bestimmte Tierarten überhaupt nicht. Von Ibuprofen zum Beispiel, das beim Menschen gegen mittelstarke Schmerzen eingesetzt wird, gibt man Rindern 25 mg pro Kilo und Hühnern 50 mg pro Kilo. Hund und Katze hingegen sollen es gar nicht bekommen, für die ist es nämlich giftig! Auch Schokolade ist übrigens für viele andere Säugetiere (darunter Katze und Hund) giftig, ebenso wie etliche Zuckerersatzstoffe, die Menschen heutzutage verwenden, um weniger Kalorien zu sich zu nehmen. Manches, was beim Menschen keinen Einfluss auf den Blutzuckerspiegel hat, erzeugt bei Tieren einen regelrechten Insulinschock, an dem sie sterben.

Das Umgekehrte gibt es natürlich auch: dass andere Tierarten etwas vertragen und wir Menschen nicht. Der »berühmteste« Fall, der die Unübertragbarkeit von Tierversuchen auf tragische Weise demonstriert hat, war das Beruhigungsmittel Contergan. Es war umfangreich in Tierversuchen an Ratten, Mäusen, Meerschweinchen, Kaninchen, Katzen und Hunden getestet worden und schien harmlos. 1957 kam Contergan auf den Markt und wurde auch gegen die Morgenübelkeit empfohlen, die viele Frauen während der ersten Monate der Schwangerschaft plagt.

Wenige Jahre später fiel in mehreren Ländern der Welt auf, dass einige tausend Frauen Kinder zur Welt brachten, bei denen die Gliedmaßen oder die Ohren nicht vollständig entwickelt waren. Die Firma, die Contergan verkaufte, versuchte zunächst alles abzustreiten; aber es wurde bewiesen, dass Contergan die Embryonen im Mutterleib schädigt – beim Menschen. Man testete es nachher nämlich auch an diversen trächtigen Tieren, die meisten vertrugen es ohne Probleme. Aus diesen Gründen sind Giftigkeitstests nicht nur für die Tiere schlimm, sondern bergen Gefahren auch für den Menschen.

Es werden übrigens nicht nur Medikamente an Tieren getestet, sondern so ziemlich alles, mit dem wir in Berührung kommen! Die Inhaltsstoffe von Lacken und Farben, die Spül- und Putzmittel im Haushalt, und alles, was der Arzt braucht, um uns zu behandeln – also Spritzen oder diese sonderbar riechende Paste, mit der die Kieferorthopädin einen Abdruck von den Zähnen macht – all das wurde vorher an Tieren getestet.

Da kann einem schon etwas schwindlig werden, wenn man sich das einmal bewusst macht. Haben wir nicht genug Chemikalien, bei denen wir wissen, wie man mit ihnen umgehen muss – und dass man sie zum Beispiel nicht trinken darf? Stellen wir uns mal vor, ein Unternehmen will ein neues Boden-putzmittel mit dem Wirkstoff Super-Glanz erfinden. Was soll es bringen, wenn man weiß, dass ein Kaninchen stirbt, wenn es ein Gramm Super-Glanz einatmet; ein Fisch, wenn seinem Wasser fünf Gramm Super-Glanz zugesetzt werden; und ein Schwein, wenn man ihm per Spritze zehn Gramm Super-Glanz injiziert? Was, bitte, sagt uns das über Nutzen und Gefahr von Super-Glanz für den Menschen?

Affen in der Hirnforschung

Es gibt auch noch andere Tierversuche. In vielen Labors wird nicht die Giftigkeit bestimmter Substanzen untersucht, son-dern erforscht, wie Nerven, Gehirne, Organe und Stoffwechsel funktionieren. Entweder man will das wissen, um in Zukunft beim Menschen bestimmte Krankheiten besser bekämpfen zu können; oder man will es wissen – na, weil es eben interessant ist. So etwas wird Grundlagenforschung genannt. Der Tier-»verbrauch« für die Grundlagenforschung steigt stetig; derzeit macht er 40 Prozent der Tierversuche aus.

Wieder stellt sich das Problem, inwieweit man an einer ande-ren Tierart erforschen kann, was man eigentlich über den Men-schen wissen will. Um zum Beispiel Schlaganfälle zu erforschen, müsste man zufällig ein Tier finden, das gerade einen Schlag-anfall hatte. Bei anderen Tierarten außer dem Menschen kom-men Schlaganfälle aber so gut wie nie vor. Also versucht man, an einem Tier künstlich etwas auszulösen, das einem Schlaganfall ähnelt, indem man mit einem Faden eine Hirnarterie verstopft. Dann probiert man dies und das an dem Tier aus; dann tötet man es und schaut im Gehirn nach, was sich verändert hat.

Diejenigen Bereiche der Medizin und der Biologie, die sich mit dem Gehirn befassen, heißen Neurowissenschaften. Und je komplizierter die Gehirnfunktionen sind, die am Tier untersucht werden sollen, desto näher muss das Tier mit uns verwandt sein. Deswegen werden bei diesen Versuchen viele Affen verwendet, zumeist Makaken wie Rhesusaffen oder Langschwanzmakaken. Vermutlich habt ihr schon mal ein Foto gesehen, wie so ein Rhesusaffe im Versuchsstuhl sitzt. Auf seinem Hirn sind sonderbare Dinge festgeschraubt, das sind zum einen die Elektroden, mit denen die Gehirnströme gemessen werden. Diese Elektroden werden (anders als bei einem EEG beim Arzt) nicht nur außen aufgesetzt, sondern durch einen Metallzylinder direkt ins Gehirn gesteckt; dazu bohrt man ein Loch in den Schädel. Im Gehirn selbst sind keine Schmerzrezeptoren, also tun immerhin die Elektroden nicht weh. Allerdings muss das Tier auch irgendwie festgehalten werden, daher wird ihm eine Halterung »anmontiert« (ich weiß ehrlich gesagt nicht, wie ich diese barbarische Praxis sonst nennen soll).

Und natürlich muss der Affe beim Versuch wach sein. Wach, festgeschraubt – und durstig. Denn damit der Affe bei dem Versuch mitmacht, also zum Beispiel einen Knopf drückt, wenn er ein Lämpchen aufleuchten sieht, lässt man ihn vorher stundenlang dursten. Zur »Belohnung« für das Knopfdrücken gibt es einen Tropfen Saft oder Wasser.

Solche Versuche werden in Forschungseinrichtungen überall in Deutschland gemacht. Zum Beispiel auch in Bremen, wo Tierschützer wiederholt dagegen demonstriert und protestiert haben, so dass es fast zu einem Verbot der Versuche gekommen wäre – bis ein Gericht sie doch erlaubte. Das Gericht fand, die Versuche seien sehr wichtig und für die Tiere nur »mäßig belastend«.

Mäßig belastend? Wenn man einen Metallzylinder und einen Bolzen an den Kopf operiert bekommt, dursten gelassen wird, fixiert wird, jahrelang, immer und immer wieder – und sowieso sein restliches »Leben« lang in Käfigen oder kleinen Gehegen festsitzt, ohne Hoffnung auf ein Leben in Freiheit?

Genau solche Fehleinschätzungen kommen bei vielen Tierversuchen vor: Das Leid, das die Tiere durchmachen müssen, wird viel geringer dargestellt, als es ist. In Deutschland müssen Planungen für manche Tierversuche erst einer Kommission vorgelegt werden, die berät, ob diese Versuche »notwendig« oder »es wert« sind.

Die grundsätzliche Frage ist natürlich: Wie entscheidet man denn, ob das Leid eines anderen etwas »wert« ist? Eigentlich müsste man dazu den anderen »fragen«. Alle diese Tiere bezahlen mit ihrer Freiheit, mit einer Menge Leiden und einem frühen Tod. Man kann sich kaum vorstellen, dass sie sagen würden (wenn sie sprechen und so denken könnten): »Ich darf zwar nie raus, man bohrt mir ein Loch in den Schädel, Familie und Urwald hab ich auch nicht, ertrage jahrelang Schmerzen … Aber immerhin weiß der Forscher dann, wie mein Gehirn von innen aussieht – ja, das ist es mir total wert!«

Die Experimentatoren aber, oder die Richter, finden oft, dass die Belastungen nicht stark, sondern nur gering sind. Auf welcher Grundlage? Dazu, wie das Leid der Tiere eingeschätzt wird, kenne ich zwei wissenschaftliche Untersuchungen; eine aus den USA und eine von einem Mikrobiologen aus München. In beiden Untersuchungen kam heraus, dass Wissenschaftler, die ihre eigenen Tierversuche beurteilen sollen, das Leid der Tiere viel zu niedrig einschätzen. Manchmal schien es auch geradezu beliebig, was dazu angegeben wurde – so als ob die Wissenschaftler eigentlich selbst nicht genau wüssten, worauf sie ihr Urteil gründen sollten. Denn wie soll man das Leben und Leiden der Versuchstiere auch anders beurteilen als: entsetzlich! Sogar wenn man diesen Tieren »nur« Blut abnimmt oder sie untersucht, empfinden sie Angst und Stress (auch dazu gibt es Untersuchungen). Mäuse und Ratten sitzen lebenslang in schuhkartongroßen Plastikboxen fest.

Und es wird wirklich alles Mögliche in Laboren untersucht. Als ich am Anfang des Kapitels schrieb, dass eine Privatperson ihrem Hund nicht die Augen zunähen dürfe, ein Wissenschaftler aber schon, war das kein Scherz. Leider. Es gibt Versuche, bei denen man neugeborenen Kätzchen tatsächlich die Augen zunäht, weil man sehen will, wie sie ohne Augen zurechtkommen, und wie sich ihre Sehnerven unter diesen Umständen entwickeln.

Man amputiert den Tieren Gliedmaßen. Man macht sie querschnittsgelähmt und versucht, sie wieder zu »heilen«. Fischen amputiert man Schwanzflossen und näht sie anderswo wieder an. Man entfernt Goldfischen die Augen. Man lässt Tiere tagelang hungern, um zu sehen, wie lange sie durchhalten und wie ihr Stoffwechsel funktioniert. Man züchtet Millionen von Mäusen Krebs und andere Krankheiten an. Man operiert Kühen Löcher in den Bauch, um ihren Magen bei der Arbeit zu beobachten. Man lässt Gewichte auf freigelegte Tiergehirne fallen, um die Beschädigungen an den Gehirnen anzuschauen. Man entfernt Mäusen ein bestimmtes Gen, um zu sehen, ob ihr Kommunikationsverhalten ohne dieses Gen noch funktioniert, und man versetzt Ratten in Angst, um zu sehen, ob sie sich mit Alkohol trösten. Diese Liste könnte endlos fortgesetzt werden, denn im Bereich der Tierversuche gibt es nichts, was es nicht gibt.

Die wesentlichen Argumente gegen Tierversuche

Zum Schluss fasse ich die drei wichtigsten Argumente gegen Tierversuche noch mal zusammen und sage auch noch etwas zu den ethischen Konsequenzen.

Es ist sehr zweifelhaft, ob die Ergebnisse von Tierversuchen überhaupt auf Menschen übertragbar sind (bekanntestes Beispiel: Contergan). Viele Ärzte sind genau darum gegen Tierversuche, weil sie uns in falscher Sicherheit wiegen.

Und der entscheidende Gedanke ist doch: Entweder Tiere sind uns ähnlich – dann dürfen wir an ihnen nicht experimentieren, weil es zu grausam ist. Oder sie sind uns nicht ähnlich – dann bringen auch die Versuche nichts.

Die Qualen, die den Tieren bereitet werden, werden fast immer unterschätzt. Auch wenn eine Operation unter Narkose durchgeführt wird, tut die Wunde später noch lange weh; wenn ein Tier gelähmt wurde, leidet es unter der Lähmung! Und bereits das Leben der Tiere in kleinsten Käfigen oder Behältnissen ist eine Quälerei.

Hier ist der entscheidende Gedanke: Wenn die Krankheiten, die wir untersuchen wollen, nicht Leiden bedeuten würden, wollten wir sie ja nicht untersuchen. Ob Schlaganfall, Krebs, Schmerzen, Angst: Genau das Leid, das wir aus der Welt schaffen wollen, fügen wir Millionen von Versuchstieren zu.

Ganz grundsätzlich muss man fragen, ob wir andere empfindungsfähige Wesen ihrer Freiheit und ihres Lebens berauben und sie Leid aussetzen dürfen, weil wir etwas über uns herausfinden oder unser Leben verbessern wollen. Und die Antwort ist: nein. Solches Handeln ist schlicht egoistisch. Jeder, sogar ein Raubmörder, will mit seinem Handeln sein eigenes Leben verbessern. Darf er darum Raubmord begehen? Wieder: nein!

Auch hier das Entscheidende in Kürze: Selbst wenn die Ergebnisse aus Tierversuchen übertragbar wären, dürften wir Tieren solches Leid nicht antun. Selbst wenn wir uns davon ein besseres Leben erhoffen! Denn genau dazu ist Ethik nun mal da: Sie setzt uns eine Grenze, wenn für uns etwas praktisch oder angenehm oder hilfreich wäre, aber ein anderer mit Qualen oder mit seinem Leben dafür bezahlen müsste. Dann darf man so etwas einfach nicht.

Was Hoffnung macht

Ich hoffe, dass euch dieses Kapitel mit seinen grausamen Fallbeispielen nicht zu sehr frustriert hat. Als mich meine Mutter angerufen hat (die lesen wollte, was ich bis hierhin geschrieben habe), sagte sie, dass sie den Text weglegen musste, es würden so viele schreckliche Dinge aus der Massentierhaltung erzählt. Ich frage mich, was sie erst sagt, wenn sie dieses Kapitel über Tierversuche liest.

Darum für sie und vor allem für euch noch etwas zum Mutmachen: Medizinische Forschung geht auch anders. Es gibt schon so viele Möglichkeiten, ohne Tierversuche zu forschen. Ständig werden neue tierversuchsfreie Verfahren entwickelt, und diese Entdeckungen könnten noch schneller gehen, wenn wir mehr Geld hineinstecken würden!

Natürlich ist nicht zu bestreiten, dass die Medizin in den letzten Jahrhunderten enorm viel herausgefunden hat. Und es waren auch Descartes und seine Zeitgenossen, die mit ihrer Vorstellung vom Körper als Maschine diese Medizin befördert haben. Doch die ethischen Kosten für diese Entwicklung waren immens, und wir können nicht wissen, was die Medizin hätte erforschen und herausfinden können, wenn sie anders vorgegangen wäre. Vielleicht lernt eine Forschung, die Tiere nicht mehr wie Maschinen behandelt, auch Neues über den Menschen!

Aber was sollen wir Konsumentinnen und Bürgerinnen bis dahin tun, was folgt für uns daraus? Wie sollen wir uns verhalten, wenn wir wissen, dass für unsere Lebensweise jeden Tag Tiere leiden müssen? Im letzten Kapitel habe ich geschrieben, dass Veganismus (auch) ein Konsumboykott ist. Bei Kosmetika und Putzmitteln können wir tierversuchsfreie Marken wählen, doch bei Medikamenten geht das nicht, weil Tierversuche dort gesetzlich vorgeschrieben sind. Auch die »Grundlagenforschung« an den Universitäten können wir nicht boykottieren, weil da gar nichts zum Verkauf angeboten wird.

Wie gesagt: Konsumboykotte laufen ab wie das Bauen von Hochwasserdämmen. Nur viele Sandsäcke zusammen bringen etwas. Ich möchte niemanden von euch ermutigen, auf eine ärztliche Behandlung zu verzichten – das Opfer wäre viel zu groß, und euer kleiner Sandsack läge völlig sinnlos in den Fluten.

Nein, Konsumboykotte funktionieren hier nicht – aber es gibt viele andere politische Möglichkeiten! Gegen Tierversuche muss man vor allem demonstrieren, protestieren, Unterschriften sammeln, Politikerinnen dazu bringen, die Gesetze zu ändern.

Und jetzt kommt noch etwas, das euch hoffentlich Mut macht: Solche Proteste gelingen den Menschen immer wieder.

Nicht nur in Deutschland. Auch in anderen Teilen der Welt sind Menschen über Tierversuche entsetzt. 2012 wurde in Norditalien ein Betrieb geschlossen, in dem Beagles für Tierversuche gezüchtet wurden. Jahrelang hatten italienische Tierversuchsgegner dagegen protestiert.

Und 2013 gelang es brasilianischen Tierversuchsgegnern, aus einem Labor in São Paulo zwar nicht alle, aber doch mindestens 178 Beagles zu befreien! Dazu muss man sich klarmachen, dass 99,99 Prozent aller Versuchstiere abschließend getötet werden – auch, wenn der Versuch »gut« ausgegangen ist. Doch manchmal gelingt es Aktivistinnen, den Laboren Tiere abzukaufen oder sie auf andere Weise zu retten. Wie das in São Paulo genau ablief, ist mir nicht ganz klar. Die Berichte sind meist auf Portugiesisch, und manche widersprechen sich. Anscheinend demonstrierten zunächst Dutzende von Menschen vor dem Labor (wie sie es schon so oft getan hatten). Das Labor wurde natürlich bewacht. Aber irgendwie konnten die Demonstrantinnen die Wächter zur Seite schieben oder vielleicht sogar überreden sie reinzulassen, jedenfalls wurde niemand dabei verletzt. Und die Demonstrantinnen gingen in das Labor und trugen Hund für Hund heraus. Es sieht wunderschön aus, wie diese Hunde – die vermutlich gar nicht wussten, wie ihnen geschah – da von den Armen der Leute schauen! Viele haben dabei sicher erstmals ein liebes Wort gehört und die Hand eines Menschen nicht als grausam, sondern als fürsorglich erlebt.

Es gibt auch Videos von befreiten Laborhunden, die zum ersten Mal eine Wiese betreten. Wenn die Tür ihres Transportkorbs geöffnet wird, bleiben sie erst mal darin sitzen. Alles ist fremd. Riecht ganz anders. Sieht ungewohnt aus. Und dann wagen sie sich vorsichtig heraus, Pfote um Pfote. Fühlen das Gras, merken, dass man darauf viel angenehmer laufen kann als auf Beton oder Gittern. Wenig später spielen sie schon, lassen sich von Menschen streicheln. All das kannten sie bisher nicht! Es ist der Wahnsinn zu sehen, wie tief die Freude an allen Bewegungen sogar in diesen so lange Zeit misshandelten Tieren verwurzelt ist.

KAPITEL 14

WARUM WIR TIERE NICHT IN KÄFIGE SPERREN DÜRFEN

Die Freude an der Bewegung schlummert in allen Tieren, auch wenn sie eingesperrt sind – damit schloss das letzte Kapitel zu den Tierversuchen. Dasselbe gilt natürlich auch für Kälber, Kühe, Schweine, Hühner und überhaupt alle Tiere, die in Ställen eingepfercht sind. Wenn sie das seltene Glück haben, eines Tages auf einem Lebenshof zu landen, entdecken sie vieles wieder, was biologisch in ihnen steckt, was ihnen aber bisher verwehrt wurde

Was ist ein Lebenshof? Früher hat man Gnadenhof dazu gesagt, aber »Gnade« klingt irgendwie zu ... »gnädig«. Als ob wir den Tieren gegenüber wahnsinnig großzügig wären, wenn wir sie nicht schlachten, sondern auf eine Wiese lassen. Doch eigentlich ist das nur, was Tieren zusteht. So würden sie normalerweise ihr Leben verbringen, wenn Menschen sie nicht daran hindern würden. Darum sagen Tierrechtler meist »Lebenshof« zu Einrichtungen oder Höfen, wo Tiere einfach leben dürfen, ohne einen Nutzen erbringen oder ihr Leben für die Menschen lassen zu müssen.

Meine Freundin Karin, von der ich schon erzählt habe, und ihr Partner Jan nennen ihren Hof sogar »Kuhaltersheim«. Jan war früher selber Milchbauer; jahrzehntelang nahm er den Kühen ihre Kälber, melkte die Mütter ... und schickte sie nach ein paar Jahren, wenn sie vom vielen Milchgeben ausgemergelt waren, auf den Schlachthof. In einer Lebensphase, in der ihm seine Arbeit immer unangenehmer wurde, lernte er Karin kennen. Sie war schon länger Tierrechtlerin und Veganerin. Jan erzählte Karin, dass es ihm immer stärker zuwider wurde, die Kühe auf den Schlachttransporter zu treiben. Und Karin sagte: »Dann lass es doch einfach. Schlachte deine letzten Kühe nicht. Lass uns etwas aufbauen, wo Tiere friedlich leben können.«

Und genau das taten sie auch. Jans Familie besaß in der Nähe der Nordsee einen großen, alten ostfriesischen Hof mit vielen Gebäuden und viel Land, sie verwandelten alles in ein »Altersheim« nicht nur für Kühe, sondern auch für Schweine, Gänse, Kaninchen, Katzen, Hunde ... Ich kann gar nicht alle Tierarten aufzählen.

Es gibt unendlich viele wunderschöne Videos von den Tieren auf Hof Butenland, ein paar meiner Lieblingsvideos habe ich im Anhang aufgelistet. Da kann man mitverfolgen, wie Kühe Freundschaften schließen und einander zärtlich das Gesicht abschlecken. (Sie haben riiiiesige Zungen! Und die Zungenspitze passt sogar in ihr eigenes Nasenloch. Sie machen das ziemlich oft und auch ziemlich ungeniert, wenn ich das als wohlerzogener Mensch mal so sagen darf. Oder halbwegs wohlerzogen, wenigstens.)

Eine alte Kuh spielt mit dem ersten Schnee. Ein freigekauftes Kalb entdeckt, dass es mit seinen vier Beinen laufen und springen kann! Enten aus Mastställen dürfen zum ersten Mal schwimmen. Schweine suhlen sich im Matsch, schubbern sich an einem Baum, stromern kilometerweit herum und grasen. Vieles, was man auf diesen Videos sieht, haben selbst Landwirtinnen und Landwirte, die täglich mit solchen Tieren zu tun haben, noch nie gesehen. Auch sie kennen schließlich nur die eingepferchte »Version« dieser Tiere, erleben sie immer nur in Enge und auf Beton. Keiner von ihnen hat je eins seiner Schweine in einem Tümpel baden und mit dem Rüssel Luftblasen durch die trübe Brühe blubbern gesehen, so wie es Rosa-Mariechen in einem herrlichen Video tut.

Ihr kennt sicher den Begriff »artgerecht« – das soll ein Kriterium dafür sein, wann Tiere angemessen in Ställen gehalten werden. So dass es den natürlichen Bedürfnissen ihrer Tierart entspricht. Bloß tut es das halt niemals. Darum hat die Tierrechtsbewegung vor etwa 20 Jahren den Slogan »Artgerecht ist nur die Freiheit« geprägt. Er greift dieses vermeintlich so schöne Etikett »artgerecht« auf, um zu sagen: Es gibt keine artgerechte Tierhaltung, zumindest wenn die Tiere wirtschaftlich »genutzt« werden sollen. Diese Tiere können nie ein langes, vollständiges Leben leben (mit all dem, was ich im siebten Kapitel aufgezählt habe). Das Versprechen einer »artgerechten« Tierhaltung ist eine Mogelpackung von Anfang an.

Was an Zoos falsch ist

Ich habe ein anderes Buch mit dem Titel »Artgerecht ist nur die Freiheit« geschrieben, und seitdem fragen mich Leute immer wieder: »Ja, aber was ist mit Ihren Katzen, die halten Sie doch auch! Und ist das nun artgerecht? Was ist mit Haustieren – dürfen wir denn Ihrer Meinung nach gar nicht mehr mit Tieren leben?« Zu dieser Frage komme ich später noch, aber zuerst möchte ich etwas zu Zoos sagen. Auch in Zoos werden Tiere schließlich eingesperrt – nicht weil wir sie essen wollen, sondern um sie anzuschauen und uns damit einen schönen Sonntagnachmittag zu machen.

Die beiden Hauptargumente für Zoos sind immer: Erstens werden in Zoos angeblich seltene Tierarten »aufbewahrt« und gezüchtet, um ihre Enkel oder Urenkel irgendwann mal wieder in die Natur zurückzuführen. Zweitens könne man in Zoos viel über Tiere lernen; gerade Kinder und Jugendliche sollen dort Kontakt zu Tieren bekommen.

Nun, wenn man sich die Sache mal genauer anschaut, merkt man, dass die »Aufbewahrung« der Tiere im Zoo tatsächlich wenig mit späterem Auswildern zu tun hat. Das Kriterium für die Zoos ist eher, welche Tiere wir schön finden und welche die Besucherinnen am meisten interessieren. Amphibien, zum Beispiel Frösche, locken wenige Besucher in den Zoo. Darum sind nur ein Bruchteil der gefährdeten Amphibienarten der Welt in Zoos vertreten. Kein Mensch geht sonntags in den Zoo, nur um stundenlang Frösche anzugucken! (Fast keiner. Es könnte theoretisch sein, dass es ein oder zwei solcher Froschfans gibt. Wenn die das jetzt lesen, habe ich wohl Pech gehabt.) Anders sieht es mit Säugetieren wie Löwen, Giraffen und Elefanten aus: Sie sind beliebt, und darum kommen sie in den Zoos häufiger vor.

Tatsächlich müssten wir Menschen aber lernen, den Tieren mehr Platz auf dieser Erde zu lassen, in Freiheit; und nicht, ihnen mehr Gefängnisse zu bauen. Denn wohin sollen diese Tiere eigentlich mal ausgewildert werden, wenn ihr natürlicher Lebensraum doch längst zerstört ist?

Oft heißt es dann, die Tiere im Zoo wären halt »Botschafter« für ihre Art. Demnach sitzen sie im Zoo, damit die Menschen zu mehr Naturschutz bewegt werden. Dieser Satz macht mich jedes Mal ganz fuchsig. »Botschafter« ist nämlich ein Beruf, man entscheidet sich freiwillig dafür. Die Tiere aber werden gar nicht gefragt. Auch sie haben doch nur ein einziges Leben, und das müssen sie dann hinter Gittern verbringen!

Dabei ist es dem Tier selbst völlig gleichgültig, ob es zu einer seltenen Art gehört oder nicht. Es will nicht »botschaften«, sondern in Freiheit leben, egal, ob es von seiner Art noch viele andere gibt oder nicht.

Leider kann man gerade die großen Tiere besonders schlecht in Zoos halten, schon allein weil sie viel Platz brauchen (würden). Und darum kann man in Zoos genau genommen nicht lernen, wie diese Tierarten leben – sondern man kann nur auf den Hinweisschildern oder bei einer Führung erfahren, wie sie leben *würden*. Aber nicht im Zoo. Geparden können wahnsinnig schnell rennen – aber nicht im Zoo. Gorillas durchstreifen ihren Urwald, den sie wie ihre Westentasche kennen – aber nicht im Zoo. Elefanten haben eine komplexe Familienstruktur, in der die Familie der ältesten Kuh folgt; befreundete Männchen leben oft in eigenen, kleineren Herden. All das geht im Zoo nicht. Oft wurden und werden einzelne Elefanten über Nacht sogar angekettet, weil sie einander nicht besonders mögen und sich in der Enge nicht vertragen.

Und ist euch mal aufgefallen, wie oft Tiermütter im Zoo nicht richtig mit ihren Kindern umgehen können, so dass die Kinder von Pflegern aufgezogen werden müssen, und wie viele Tierkinder ganz früh umkommen? Natürlich sterben auch in der Natur Tierbabys, aber in dieser Häufigkeit ist das nicht normal. Es liegt daran, dass die Mütter verhaltensgestört sind. Viele wurden schon von einem Zoo zum anderen transportiert, verloren ihre eigene Mutter, kennen keine gewachsenen sozialen Gruppen und führen ein armseliges Leben hinter Gittern.

Zoogeheimnisse

Oft sieht es im Zoo *für den Besucher* ganz nett aus – aber auch Zoos haben ihre Geheimnisse, die sie nicht gern verraten. Hier ein paar davon:

Zoomauern sind oft mit schönen Landschaften und Pflanzen bemalt – aber davon haben die Tiere nichts. Das ist nur Kulisse. Damit die aber erhalten bleibt, sind zum Beispiel Bäume gelegentlich mit Elektrolitzen durchzogen. Das Tier (Elefant, Giraffe) bekommt einen elektrischen Schlag, wenn es versucht, die »Kulisse« aufzufuttern; die Zoobesucherinnen sehen es nur nicht.

Eigentlich ist es heute verboten, wilde Tiere zu fangen, in andere Länder zu transportieren und in Käfige zu sperren – Zoos aber dürfen das. Es wird bis heute gemacht! Damit richtet man nicht nur bei den jeweiligen gefangenen Tieren Schaden an, sondern auch bei der Gruppe, aus der sie stammen. Stellt euch mal vor: Um den eigenen »Bestand aufzufrischen«, fliegen Vertreter der Zoos in andere Länder und schießen dort mit dem Betäubungsgewehr auf Jungtiere aus bestehenden, natürlichen Herden! Dann verfrachten sie sie in eine Box und ins Flugzeug, und den Rest des Lebens verbringen die Tiere ohne ihre Familie in der Fremde hinter Gittern.

In Zoos wird der Nachwuchs auch oft auf künstlichem Wege »hergestellt«, von alleine werden die Tiere oft nicht schwanger. Dann werden sie mit Hormonen behandelt und künstlich befruchtet. Dazu müssen die Tiere zigmal eingefangen, behandelt, untersucht und operiert werden. Obwohl nicht sie den Nachwuchs haben wollen, sondern die Zoos.

Diese Jungen sehen zwar süß aus, wenn sie noch klein sind, aber für endlos viele erwachsene Tiere ist natürlich kein Platz.

Im Jahr 2014 gab es Proteste, als der Kopenhagener Zoo die junge Giraffe Marius einfach erschießen und vor den Augen der Zoobesucher zerlegen ließ. In deutschen Zoos wird so etwas »diskreter« gehandhabt. Vögel, Antilopen, Rehe etc. werden fernab der Besucher getötet und an andere Zootiere verfüttert. »Prominentere« Tiere werden zu anderen Zoos weitergeschickt, wo man ihr Schicksal meist nicht mehr richtig verfolgen kann.

Viele Tiere entwickeln in Zoos richtiggehend gestörtes Verhalten. Um das abzumildern, bekommen vor allem größere Säugetiere oft Beruhigungsmittel und ähnliche Medikamente. Gegenüber der Öffentlichkeit wird das selten zugegeben; nur bei Delphinen haben Delphinschützerinnen so stark protestiert, dass davon gelegentlich in Zeitungen zu lesen ist. Manche Zoodirektoren wie Dag Encke vom Nürnberger Tiergarten geben inzwischen zu, dass Delphinen bisweilen das Beruhigungsmittel Valium gegeben wird. Encke sagt, das sei »zum Appetitanregen«. Warum braucht ein gesunder Delphin Appetitanreger? Anscheinend fühlt er sich im Zoo nicht besonders wohl!

Ein anderer (pensionierter) Zoodirektor, Gunther Nogge vom Kölner Zoo, hat mal in einer Zeitung geschrieben, vielleicht gehe es Tieren im Zoo sogar »zu gut«. Hier ging es um Gorillas. Er meinte: »Denn der Aufwand, den sie noch betreiben müssen, ihre essentiellen Lebensbedürfnisse zu befriedigen, ist so gering, dass ihnen langweilig zu werden droht und sie deshalb anderweitig beschäftigt werden müssen.«

Mit den »essentiellen Lebensbedürfnissen« ist das Fressen gemeint. Tja, aber vermutlich wollen Gorillas (und andere Tiere) eben mehr als bloß fressen. Stellt euch mal vor, ihr bekämt lebenslang Hausarrest, allerdings mit drei warmen Mahlzeiten täglich. Könnte man dann sagen, euch ginge es »zu gut«?

Ein ähnliches Missverständnis ist uns auch schon beim

Thema Massentierhaltung begegnet. Auch Landwirte sagen bisweilen: »Den Tieren geht's gut, sie haben genug zu fressen, denen ist bloß langweilig.« Was heißt da »bloß langweilig«? Es handelt sich schließlich nicht um so eine Langeweile wie bei uns zwischendurch, wenn wir eine Tätigkeit beendet haben und noch nicht wissen, was wir als Nächstes tun. Denn immerhin *können* wir verschiedene Dinge tun. Und wir werden. Wir haben nur diesen kleinen Durchhänger zwischendurch.

Für eingesperrte Tiere hingegen ist das ein Dauerzustand: nichts tun. Sich nicht bewegen. Abwarten, bis das nächste Mal Futter gebracht wird. Wenn jemand behauptet, solchen Tieren gehe es gut, kommt da im Grunde wieder das Bild vom Tier als einer Maschine durch: Als ob Tiere reine Fress- und Verdauungsmaschinen wären. Oben stopft man was rein, unten kommt was raus, also ist angeblich alles in Ordnung.

Doch das Leben hinter Gittern ist kein gutes, kein vollständiges, kein »echtes« Leben. Zum Leben gehört nicht nur fressen, sondern auch Nahrung suchen, sich bewegen. Sogar wenn man mal hungrig ist und nicht weiß, wo man etwas Leckeres findet, ist das immer noch ein besseres Leben, als immer nur eingesperrt zu sein. Besser, man wird mal vom Regen nass, als man erlebt nie frische Luft und Sonne und Wind und Wetter!

Mit Tieren leben wollen

Ich überlege gerade, wie es euch wohl beim Lesen der vorigen Abschnitte gegangen ist. Vielleicht geht ihr gern in den Zoo? Vielleicht wisst ihr zwar, dass die Tiere dort nicht so glücklich sind – aber ihr freut euch trotzdem, welche zu sehen?

Bitte versteht mich nicht so, als ob ich das »schlimm« fände.

Die meisten von uns sehen gerne Tiere, erleben gerne Tiere, beobachten sie, wollen sie streicheln. Und im Alltag der meisten Menschen kommen wenige (lebende, sichtbare) Tiere vor; viele Leute sind geradezu »ausgehungert« und wollen Kontakt zu Tieren haben. Der Zoo ist *eine* Möglichkeit, aber dafür müssen die Tiere leiden. Es gibt andere, bessere Möglichkeiten. Wir sollten diese anderen Möglichkeiten nutzen und schaffen.

Es gibt da eine biologische Theorie, oder vielmehr: die Theorie von einem bestimmten Biologen, Edward O. Wilson. Sie trägt den komplizierten Namen »Biophilie«, das heißt: das Lebendige lieben. Ehrlich gesagt weiß ich gar nicht, ob das Folgende wirklich exakt Wilsons Ansicht ist, oder ob andere Leute sie inzwischen dazu ausgebaut haben (so ist das manchmal mit überzeugenden Theorien). Jedenfalls bedeutet Biophilie: Wir Menschen haben im Laufe unserer langen Evolution immer mit der Natur und mit vielen anderen Tierarten zusammengelebt, wir brauchen das, nur dann fühlen wir uns wohl, es ist in unseren Genen verankert. Darum sehnen sich auch moderne Großstadtmenschen nach anderen Tieren.

(Nicht alle natürlich, denn Menschen sind unterschiedlich. Manche Menschen interessieren sich nicht persönlich für Tiere, das ist auch okay. Oder manche Leute sind komplett unmusikalisch – auch das ist okay. Doch die meisten Menschen machen oder hören gerne Musik, und die meisten mögen eben Tiere. So ist das mit der Biophilie gemeint.)

Nun haben Großstädte zwar viele Vorteile: Es gibt eine gute Versorgung mit Schulen, Nahrung und Ärzten, und viele potentielle Freunde wohnen auf einem Fleck. Aber große Städte entsprechen nicht dem, wo die Tierart Homo sapiens einst hergekommen ist: In der Stadt gibt es wenige Bäume, wenig Grün und wenige Tiere.

Genauer gesagt: Aus den Großstädten *entfernen* wir alle wilden und freilebenden Tiere mit derselben Gründlichkeit, mit der man in der Wohnung staubsaugt. »Unordentliche« Stellen in der Stadt werden verkauft, plattgemacht und mit Beton versiegelt, ohne Rücksicht auf die vielen Tiere, die dort vorher lebten. In unseren Gärten pflanzen wir oft Blumen an, die wir zwar hübsch finden, die aber keiner Biene Nektar spenden; Insektengifte vernichten zusätzlich Insekten und damit auch die Nahrungsgrundlage vieler Vögel. Unser Feuerwerk zu Silvester bedeutet für Stadttiere den reinsten Terror. Und wusstet ihr, dass Tauben und Kaninchen in den Städten vergiftet oder von extra damit beauftragten Jägern erschossen werden, tunlichst ohne dass es jemand mitbekommt?

Wir Menschen nehmen keinerlei Rücksicht auf die in der Stadt lebenden Tiere und versuchen, ihre Zahl zu minimieren, wo es nur geht. Dann schauen wir uns um: Das ist ja schrecklich kalt und leblos hier. Das gefällt uns nun auch wieder nicht! Weil den Menschen in dieser Leere irgendwas fehlt (auch wenn sie es oft nicht so genau sagen könnten), stellen sie dann wieder Zimmerpflanzen in ihr Büro (nachdem sie vorher mühsam alle Straßen gepflastert haben, damit dort nichts wächst). Sie freuen sich über Vögel am Futterhäuschen und schaffen sich ein Haustier an.

Haustiere im Käfig

Und damit sind wir wieder beim Beginn des Kapitels, wo es hieß: Ist Haustierhaltung nicht auch Tierhaltung? Ist es den Tieren gegenüber nicht ungerecht, sie als Haustiere zu halten?

Ich glaube, die Antwort hängt ganz davon ab, *wie* wir es tun. Also wie wir die Tiere halten, oder eher: wie wir mit ihnen zusammenleben. Können sie sich so viel bewegen, wie sie wollen und brauchen? Können sie ihre Sinnesorgane, ihre Gliedmaßen, ihre Fähigkeiten einsetzen? Können sie mit ihresgleichen zusammenleben, wie es für ihre Art üblich ist?

Ich muss zugeben, mir fällt es etwas schwer, die folgenden Passagen zu schreiben, denn ich nehme an, bei einigen von euch zu Hause leben Kaninchen, Meerschweinchen, Hamster, Mäuse, Fische oder Vögel. Das ist dann immer ein Leben im Käfig, höchstens mit einem kleinen Freilauf im Garten. Aber so richtig leben können die Tiere auf so wenig Platz nicht. Kaninchen und Mäuse können keine unterirdischen Höhlen anlegen, und die Vögel können nicht (weit) fliegen. Fische schwimmen auf kleinstem Raum herum.

Dabei ist klar, dass fast alle Kinder und Jugendliche ihre Haustiere lieben. Auch die Kaninchen, Hamster, Meerschweinchen und Vögel in den Käfigen werden sehr geliebt. Ab und zu nimmt man sie heraus, aber die wenigsten sind so verschmust, wie man sich das vorher erhofft hatte. Und den Rest des Tages sitzen sie dann doch wieder im Käfig.

Worauf ich hinauswill: Man kann Tiere (oder auch Menschen) durchaus sehr lieben, und trotzdem behandelt man sie nicht immer gerecht. Weil man zu wenig darüber weiß, oder nicht darüber nachgedacht hat, oder weil es eben üblich ist und alle es tun. Wenn Kinder Tiere lieben, wünschen sie sich oft Tiere; aber für die Tiere ist das Leben im Käfig vermutlich nicht so schön. Wenn man älter wird, wenn man vom Kind zum Jugendlichen wird, wird einem das dann oft bewusst.

Aber was soll man tun, wenn man nun schon mal solche Tiere zu Hause hat? Freilassen kann man sie auch nicht, damit kämen sie nicht zurecht. Man sollte wohl versuchen, es den Tieren so gut wie möglich gehen zu lassen. Ihnen so viel Auslauf oder »Ausflug« zu organisieren wie möglich. Man kann sich Rat holen, wie man mit Erdschichten einen Hamsterkäfig (beziehungsweise dann eher eine Art Terrarium) verbessern kann. Vielleicht kann man im Garten immerhin ein richtiges Gehege für Kaninchen bauen. Man kann mit den Eltern besprechen, ob man die Vögel stundenweise in einem Zimmer fliegen lassen kann, ohne dass es den Möbeln zu viel ausmacht, wenn sie dabei »klecksen«. Aber ich fürchte, ohne viel, viel Platz – Kaninchen zum Beispiel bräuchten idealerweise mehrere hundert Quadratmeter – kann man die meisten Tiere nicht gut als Haustiere halten.

Sowieso sollte man immer nur Tiere aus dem Tierheim aufnehmen und keineswegs welche beim Züchter oder in Zoohandlungen kaufen, weil diese Händler genau daran verdienen, dass es immer wieder neue Jungtiere gibt, und die Muttertiere oft ein klägliches Leben als »Nachschub-Produzentinnen« haben. Auch wenn wir diese Tiere gern in unserer Nähe hätten: Ein Leben im Käfig sollten wir ihnen besser nicht antun.

Den Mund aufmachen

Und wie ist es mit Katzen und Hunden? Oft heißt es, dass die Menschen in Deutschland gerade ihre Hunde wahnsinnig lieben und unheimlich viel Geld für sie ausgeben, Dutzende von Millionen pro Jahr. Aber das Geld ist nicht das Entscheidende. Man kann unglaublich viel Geld für einen Hund ausgeben, und trotzdem macht man nur sich selbst eine Freude damit. Ob sein Halsband aus einer Edelboutique kommt, ist dem Hund piepegal – für ihn zählen die Spaziergänge, nicht das Muster auf dem Halsband.

Neulich war eine Freundin von mir auf einer Party. Eigentlich alles nette Leute, erzählte sie nachher. Aber ein Paar war dabei, die trugen auf dem Arm so einen total kurzatmigen, schnaufenden Mops. Diese Hunde werden extra so gezüchtet. Manche Leute stehen drauf, wenn Hunde platte Nasen haben; aber dass ihre »Lieblinge« schwer atmen können, ignorieren sie! Es war ein warmer, schwüler Tag, und sogar Menschen mit einer normal langen Nase hatten zu schnaufen.

Meine Freundin überlegte, ob sie etwas zu diesem Paar sagen sollte.

Zum Beispiel: »Das arme Tier, kann es etwa nicht richtig atmen?« (Da hätten die vermutlich gesagt: »Nein, das gehört so.«)

Oder: »Das ist doch Tierquälerei, Hunde so zu züchten!« (Ist unmissverständlich, klingt aber ein bisschen unhöflich auf einer Party.)

(Oder vielleicht hatten sie den Hund auch aus dem Tierheim, also erst mal vorsichtig herantasten:) »Wo haben Sie den Hund denn her? Ich mache mir etwas Sorgen, ob er sich quält.«

Ich weiß gar nicht mehr, was diese Freundin tatsächlich gemacht hat. Wir haben nachher lange hin und her überlegt, wie man sich in solchen Fällen wohl am besten verhält. Im Nachhinein weiß man es ja immer besser. Im Nachhinein fallen einem immer zig Sätze ein, die höflich *und* klar gewesen wären, und wahnsinnig witzig noch dazu.

Bloß halt nicht in dem Moment, wo man sie hätte sagen sollen, da fallen sie einem nicht ein! In diesem Moment ist man hin- und hergerissen von der Wut einerseits, und andererseits der Angst, Aufregung zu verursachen. Man will beides. Man *will* diese gedankenlosen Menschen mal richtig aufschrecken – und doch wieder nicht. Eigentlich will man sie zum Nachdenken bringen – aber wie geht das?

Ich erzähle das hier ein bisschen ausführlicher, weil einem das ziemlich oft im Leben passiert – zumindest wenn man ein Mensch mit Mitgefühl ist und eine bestimmte Meinung zu den Dingen hat. Man kann überall in solche Situationen kommen.

Zum Beispiel stand ich einmal in einem Zug, der gerade in den Bahnhof einfuhr, und alle warteten darauf, auszusteigen. Da fingen zwei Leute an, ziemlich gehässig über Menschen zu sprechen, die nicht mit der deutschen Sprache aufgewachsen sind, sondern im Deutschen einen Akzent haben.

Dass Leute, die von woanders zugewandert sind, neben dem Deutschen noch mindestens eine Sprache super sprechen, und dass sie auch schon eine Menge von der Welt gesehen haben, kam den beiden Lästerern wohl nicht in den Sinn. »Ein Akzent ist ein Zeichen von Mut«, las ich kürzlich irgendwo: Schließlich hatte diese Person den Mut, ihre schwierige Heimat zu verlassen und anderswo ein besseres Leben zu versuchen.

Die beiden Männer im Zug besaßen vermutlich nicht so viel Mut, aber dazu, sich über andere lustig zu machen, reichte es gerade noch. Sie ahmten diesen Akzent nach und lachten. Ich sagte ihnen, dass ich das nicht in Ordnung fände, wie sie über andere Menschen spotten, und sie reagierten ziemlich blöde. Ich gebe zu: Toll fühlte ich mich dabei nicht. Wieder mal dachte ich: Hättest du besser … solltest du nicht … ach, wieso hältst du nicht einfach die Klappe?

Doch dann sah ich, wie mir jemand vom anderen Ende des Ganges zunickte. Und nachher, auf dem Bahnsteig, sprach mich eine Frau an: »Waren Sie das, die was zu diesen beiden Typen gesagt hat? Sie hatten so recht!« Und dann wusste ich: Auch andere Zureisende hatten sich insgeheim schlecht gefühlt, die beiden so reden zu hören, aber sie schwiegen. Eine Person muss halt den Anfang machen; es kostet immer Überwindung, so ein Schweigen zu brechen.

Jedenfalls ist mein persönlicher Tipp für solche Situationen: Wenn man es sich zutraut und keine Gefahr besteht, dass man geschlagen wird, sollte man sich ruhig einmischen. Und zwar sagt man lieber frühzeitig etwas mit noch ruhigem Ton, als dass man zu lange wartet und dann vor Wut schon beinahe platzt. Wenn man wütend ist, klingt man nämlich auch so, und die Leute hören einem nicht mehr gern zu. Manchmal muss man aus der Wut heraus reagieren, das lässt sich nicht ändern; aber wenn es in ruhigerem Tonfall klappt, fühlt man sich auch selbst nachher besser.

Und ihr werdet im Leben noch oft in solche Situationen kommen, dass euch etwas »auf der Zunge brennt«. Immer wieder hört man andere Leute Dinge sagen, bei denen man die Wand hochgehen könnte – ob es um das Verspotten von Menschen geht oder um blöde Sprüche zum Thema Kein-Fleisch-Essen. Die Faustregel dazu ist: Je weniger lustig ein Fleischesser-Witz schon beim ersten Mal war, desto häufiger werdet ihr ihn zu hören bekommen, das glaubt mir mal!

Katzen und Hunde

Um wieder auf die Haltung von Hunden und Katzen zurückzukommen: Ich bin mir sicher, dass man mit Hunden und Katzen so zusammenleben kann, dass es für die Tiere schön und ihnen gegenüber auch fair ist. Fast alle Hunde und viele Katzen lieben die menschliche Gesellschaft. Nur sitzen wir natürlich »am längeren Hebel«, letztlich bestimmen wir ihre Lebensbedingungen und nicht umgekehrt. Daher sind wir dafür verantwortlich, dass zum Beispiel Hunde immer genug Spiel und Bewegung haben und dass sie nicht stundenlang alleine sind (es sind Rudeltiere! Für sie ist Alleinsein schrecklich). Katzen sollten nicht nur reine Wohnungskatzen sein; das ist in einer Großstadt natürlich schwierig bis unmöglich. Aber wer einmal mit Wohnungskatzen von der Stadt aufs Land gezogen ist – so wie ich – der tut sich schwer damit, je wieder eine Wohnungskatze für glücklich zu halten. Ich konnte beobachten, wie meine Katzen draußen regelrecht aufblühten und wie auch die vermeintlich ungeschicktesten unter ihnen alles erforschten und ihren erweiterten Bewegungsradius genossen und genießen.

Furchtbar ist es auch, wenn Katzen und Hunde im Alter von wenigen Wochen ihren Müttern weggenommen werden. Klar, kleine Tiere sind unheimlich niedlich. Aber sie brauchen nun mal ihre Mutter! Wieder haben wir es mit der Liebe zu tun, die trotzdem so egoistisch sein kann: Eigentlich wollen wir doch, dass diese Tiere glücklich bei uns leben. Warum lassen wir ihr Leben bei uns damit beginnen, dass wir sie ihrer Mütter berauben? Besser sollte man warten, bis sich die Wege von Mutter und Kind nach einigen Monaten von alleine trennen.

Und ganz schlimm ist es natürlich, wenn Tiere vor dem Urlaub ausgesetzt werden, weil sie zu unbequem sind. Aber ich nehme nicht an, dass bei euch so etwas vorkommt. Das Komplizierte sind eher die Details, also welche Kompromisse man zwischen der eigenen Bequemlichkeit und den Bedürfnissen der Tiere findet. Wie gesagt: Weil wir die Mächtigeren sind, neigen wir dazu, alles unserem Komfort anzupassen. Man lässt den Hund mal länger allein, weil man gern zum Sport will ... Die Katze soll während des Urlaubs eine Woche allein in der Wohnung bleiben ... Und schon ist da keine faire Balance mehr

zwischen Mensch und Tier, die Freundschaft gerät in Schief-
lage.

Es ist schon eine ziemliche Aufgabe, ein Tier jeden einzelnen
Tag gut zu versorgen, ein Leben lang; es nicht »abzuschieben«,
sobald es nicht mehr zum eigenen Tagesablauf passt; und es zu
versorgen, auch wenn es im Alter und bei Krankheit anstren-
gender wird. Ich habe von meiner Katze Nana erzählt und von
ihrer Herzkrankheit. Sie musste ihre Tablette morgens und
abends immer zu ungefähr derselben Zeit bekommen. Also war
ich acht Jahre lang jeden Morgen und jeden Abend zu dieser
Zeit zu Hause, oder habe mir praktisch ein Bein dafür ausgerissen, dass jemand anders da war, um ihr die Tablette zu geben.
Auch so etwas kann auf einen zukommen. Ich finde, wenn man
ein Tier in die Familie aufnimmt, gibt man eine Art Versprechen ab, dass man es auch immer wie ein Familienmitglied behandeln wird. Und Versprechen muss man halten.

Man kann Tiere nicht »besitzen«

Muss aber wirklich jeder ein eigenes Tier haben? Muss jeder
Tierfreund, auch wenn er in der Großstadt lebt, denn unbedingt ein Tier »besitzen«? Und weil ich schon ganz zu Beginn
des Buches über die Wörter geschrieben habe, mit denen wir
unsichtbare Grenzen ziehen und Wertungen vornehmen, ohne
es zu merken: Kann man Tiere überhaupt »besitzen«? Kann
man Menschen denn besitzen?

Ich sage oft: »Ich habe vierzig Schafe.« Aber ich meine nicht
dieses Haben im Sinne von »Besitzen«. Sondern eher so, wie
man auch sagt: Ich habe zwei Hände, und ich habe eine Mutter
und einen Vater. Die besitze ich auch nicht, aber wir gehören

zueinander. In diesem Sinne können Menschen und Tiere auch zueinander gehören und einander »haben« – ohne einander zu besitzen.

Auch mit Wildtieren können wir Kontakt haben, ohne dass wir sie einsperren müssen. Wir brauchen keine Zoos, um Tiere zu beobachten. In der gesamten Natur gibt es Tiere, und die meisten von ihnen kommen näher an menschliche Behausungen heran, wenn sie wissen, dass sie nichts zu befürchten haben. Wusstet ihr, dass Rehe, Hirsche und Wildschweine eigentlich tagaktive Tiere sind? Das heißt, eigentlich würden sie tagsüber durch Wälder und Wiesen ziehen, und dort könnten wir sie sehen. Aber sie sind auf die Nacht ausgewichen und versuchen, sich tagsüber zu verbergen – weil sie bejagt werden. In Gegenden, wo sie vor der Jagd sicher sind, werden sie wieder zutraulicher und kehren zur tagaktiven Lebensweise zurück.

Stellt euch vor, wie es sein könnte, wenn nicht mehr gejagt würde: Niemand würde mehr in den Zoo gehen, sondern wir würden einfach einen Spaziergang im Wald machen und könnten dort deren Bewohner beobachten.

Und stellt euch vor, wie es wäre, wenn die Menschen kein Fleisch mehr essen würden, sondern alle Tiere so leben dürften wie auf dem Kuhaltersheim Hof Butenland. Natürlich wären das dann weniger Tiere, wir würden nicht mehr so wahnsinnig viele Tiere züchten, und schon gar nicht in Fabriken. Wir würden nicht 600 Millionen Hühner pro Jahr künstlich ausbrüten und nicht massenhaft Säue zur »Produktion« von Ferkeln benutzen. Es würden viel weniger von diesen Tieren geboren, dafür dürften sie gesund aufwachsen, mit ihren Familien leben, über die Wiesen streifen. Diejenigen, die sich gern streicheln ließen, dürften wir streicheln, und den anderen einfach nur zugucken. Es müsste nicht mehr jedes Tier Angst haben, wenn es einen Menschen sieht, und weglaufen. Auch dieses friedliche Zusammenleben von Menschen und Tieren ist Teil der veganen Vision, und ein wunderschöner Teil.

KAPITEL 15

WARUM VEGANISMUS FÜR DIE ERDE INSGESAMT BESSER IST

Viele Jahre lang war ich mit einer Frau namens Judith befreundet, die bewundernswert politisch aktiv war. Judith unterstützte politische Gefangene in Guatemala und half Flüchtlingen, die nach Frankfurt kamen. Später arbeitete sie in einer Beratungsstelle für Zwangsprostituierte, also Frauen, die aus anderen Ländern unter falschen Versprechungen hierhergelockt werden und dann in einem Bordell arbeiten müssen.

Judith hatte ein starkes Gespür dafür, dass viele Menschen weltweit in schwierigen, ungerechten Verhältnissen leben. Und sie wollte etwas dagegen tun, so gut es ihr möglich war.

Es gibt mehrere Gründe, warum Menschen in vielen Ländern der Welt so arm sind, wohingegen die meisten in Deutschland und Westeuropa vergleichsweise wohlhabend sind. Aber wenn man sich diese Ungleichheit genauer anschaut, merkt man, dass die Reichen an der Armut der anderen oft nicht ganz unbeteiligt sind. Kurz gesagt: Reiche können sich mit ihrem Geld weltweit alles Mögliche kaufen, für das die Armen kein Geld haben; manchmal kaufen es die Reichen den Armen einfach weg.

Mal ein erfundenes Beispiel. Sicher kennt ihr Dagobert Duck, der es liebt, in seinen Goldtalern zu baden. Vielleicht ein ähnliches Gefühl wie in dem Plastikkugelbad bei Ikea, fällt mir gerade auf. Nun, es könnte ja auch irgendein reicher Spinner auf die Idee kommen, es wäre doch toll, nicht in Münzen und nicht in Plastikkugeln, sondern in Getreide zu baden. Er kauft also massenweise Getreide und lässt sich ein riesiges Schwimmbecken damit füllen. Das ganze Getreide seiner Gegend landet in dem Schwimmbecken, so dass andere Menschen nicht mehr genug zu essen haben. Das könnten sogar die direkten Nachbarinnen des Bauern sein, der das Getreide angebaut hat. Die hungernden Leute würden gerne den normalen Preis zahlen, aber der reiche Spinner kann natürlich viel mehr Geld für das Getreide bieten. Darum verkauft der Bauer das Getreide an den Typen mit dem Schwimmbad, und die hungernden Nachbarinnen gehen leer aus.

Hört sich das irgendwie verrückt an? Leider ist das nicht sehr weit von der Realität entfernt. Etwas Ähnliches passiert in manchen Gegenden mit dem Wasser: Die Reichen füllen ihre Swimmingpools mit Wasser, und ringsherum herrscht Trockenheit. Oder sie wässern ihre Parks, während ihre ärmeren Nachbarn weder Gärten noch genug Wasser haben, um ihre Nahrung anzubauen. Sogar das Recht, bestimmte Pflanzen auszusäen, oder das Recht, eine bestimmte Menge Luft zu verschmutzen, kann man kaufen! Es gibt fast nichts, was man nicht jemandem abkaufen könnte, sogar diese ganz grundlegenden Dinge, die lebenswichtig für alle sind.

Diese Art von Geschäften findet allerdings nicht zwischen zwei direkten Nachbarn statt, sondern meist international, auf dem sogenannten Weltmarkt. Der Weltmarkt ist natürlich kein bestimmter Supermarkt oder Marktplatz irgendwo, sondern er entsteht durch Übereinkünfte. Sagen wir, der Getreide-Freak mit dem Schwimmbad lebt in Dänemark, und der Getreidebauer in Ägypten. Die beiden telefonieren und vereinbaren einen hohen Kaufpreis für das Getreide, das dann von Ägypten nach Dänemark geliefert wird. Und die Menschen in Ägypten gehen leer aus.

Falls das jetzt etwas verwirrend klingt: Was das mit vegan zu tun hat, erkläre ich noch. Zuerst aber mache ich es noch etwas verwirrender: Denn diese reichen Spinner mit dem Schwimmbad, das sind wir. Wir Menschen in den reichen Industrieländern nehmen uns unnötig große Mengen Getreide, Wasser, sauberer Luft und Boden – wenn wir Fleisch und andere tierische Produkte essen. Und aus genau diesem Grund aß meine Freundin Judith kein Fleisch: Weil sie bei dieser Ungerechtigkeit nicht mehr mitmachen wollte.

Es ging ihr dabei gar nicht um die Tiere. Es irritierte mich immer, wenn wir darüber sprachen, denn die Rechte der Tiere waren ihr, ehrlich gesagt, ganz egal. Sie stritt sie vielleicht nicht ab, aber Tierrechte interessierten sie schlicht nicht. Denn für Judith war die Frage, ob man Fleisch essen darf oder nicht, bereits dadurch geklärt, dass man anderen, ärmeren, vielleicht sogar hungernden Menschen etwas wegnahm. Und so geht es in diesem Kapitel mal fast gar nicht um die Perspektive der Tiere, sondern um solche Dinge wie Land, Nahrung, Luft und Wasser und was sie mit unserem Tierkonsum zu tun haben. Mit Land und Nahrung fangen wir an.

Der Weg des Soja

Was fressen eigentlich die Tiere in unseren Ställen? Früher hielten viele Familien einige Hühner, die im Hof und im Garten herumlaufen konnten; die Schweine ließ man im Mittelalter tagsüber in den Wald, wo sie nach Wurzeln, Würmern und

Eicheln wühlen konnten. Heute allerdings hält man viel mehr Tiere, sperrt diese Tiere ein und gibt ihnen alles Futter in den Trog. Nur dadurch können wir überhaupt so viele Tiere züchten, nutzen und schlachten; denn so groß, dass alle Tiere frei herumlaufen könnten, ist Deutschland nicht.

Das ist übrigens nichts, was ich jetzt irgendwie konstruiere oder was speziell wir Veganerinnen behaupten, sondern das ist exakt die Definition von Intensivtierhaltung: Viele Tiere werden auf geringem Platz gehalten, indem das Futter von anderswo herbeigeschafft wird. Genau das macht es so »intensiv«.

Aber wo kommt die Nahrung für so viele Tiere her? Das Futtergetreide der Tiere wächst auf genau solchen Anbauflächen wie das Getreide für uns Menschen. Dieses Getreide für die Tiere in Deutschland kann auch hier angebaut werden. Schweine und Hühner brauchen aber auch eiweißhaltige Nahrung, und um die auch noch anzubauen, reicht die Ackerfläche in Deutschland nicht; auch ist unser Klima nicht ideal. Also kaufen wir das Futter von anderswo.

Meistens handelt es sich um Soja, also um Teile der Sojabohne. Wenn sie »Soja« hören, denken zwar die meisten Menschen an Tofu oder an die Sojawürste der Veganerinnen und Vegetarierinnen. Aber tatsächlich sind nicht wir Veggies die größten Soja-Konsumentinnen in Deutschland, sondern eben die Schweine und Hühner. Das Soja für Tofu und vegane Würste stammt zumeist aus Österreich und Frankreich. Um aber ihre Tiere zu füttern, kaufen deutsche Landwirtinnen massenweise Soja aus außereuropäischen Ländern, derzeit vor allem aus Brasilien, den USA und Paraguay.

Dabei gab es in Brasilien und Paraguay ursprünglich nicht besonders viel Ackerland, sondern die meiste Fläche Südamerikas war mit Regenwald und Savanne bedeckt. Regenwald ist lebenswichtig für den Planeten insgesamt, denn Bäume produzieren einen Gutteil des Sauerstoffs, den wir alle zum Leben benötigen. Und sie entziehen der Atmosphäre Kohlendioxid, und das ist wichtig, um den Klimawandel zu bremsen. Aber Regenwald, der einfach nur so vor sich hin wächst und existiert, wirft kein Geld ab ...

Und dann kamen wir mit dem Schwimmbad (und dem großen Geldbeutel) daher und brachten die südamerikanischen Länder auf eine Idee: Wenn man Wald abholzt, kann man das Holz verkaufen. Und wenn man die Flächen dann noch in Ackerfläche umwandelt und Sojabohnen darauf anbaut ... Dann wird ein Geschäft daraus! Darum wurde in Südamerika immer mehr Regenwald und Savanne gerodet und stattdessen Soja angebaut. Das Soja wächst dort in riesigen Monokulturen, es gibt also nur Soja, so weit das Auge reicht. Pestizide und Insektizide sorgen für hohe Ernten; wilde Tiere können dort kaum noch leben. Über 90 Prozent dieses Futtermittel-Sojas sind übrigens auch gentechnisch verändert.

Etwa 70 bis 80 Prozent von dem südamerikanischen Soja wandert in die Tröge von Tieren in Massentierhaltung. Die genaue Zahl ist etwas schwierig zu ermitteln, denn außer dem eiweißhaltigen Sojaschrot wird aus Soja auch Öl gewonnen, das für alles Mögliche verwendet wird, unter anderem als Frittieröl für Pommes und für Treibstoffe. Man kann daher nicht sagen: Es sind nur die Schweine und Hühner, die sozusagen den Regenwald auffressen (zumal sie es nicht freiwillig tun). Doch das System Massentierhaltung ist nur mit solch immensen Sojaimporten möglich.

Die große Verschwendung

Und jetzt kommen wir wieder zum Gegenteil des reichen Schwimmbadspinners, nämlich meiner Freundin Judith. Sie konnte es mit ihrem Gewissen nicht vereinbaren, dass all die wertvolle Nahrung, von der auch Menschen satt werden könnten, von den Reichen als Tierfutter eingesetzt wird. Weltweit werden 40 Prozent der Getreideernte an Nutztiere verfüttert. In Deutschland ist es sogar mehr als die Hälfte der Getreideernte: 70 Prozent davon gehen an Schweine, Hühner, Puten und Gänse und knapp 30 Prozent an Rinder.

Gleichzeitig haben 795 Millionen Menschen auf der Welt nicht genug zu essen, das ist etwa jeder Achte! Das liegt also nicht etwa daran, dass einfach nicht genug zu essen da ist. Sondern wir reichen Länder kaufen viel Nahrung für unsere Massentierhaltung auf.

Wenn wir das eingekaufte Zeugs wenigstens direkt selbst essen würden, weil auch wir hungrig wären – dann wäre es vielleicht noch entschuldbar. Doch auf dem »Umweg« über die Tiere gehen viele Kalorien verloren. Wenn man zum Beispiel an ein Huhn ein Brötchen verfüttert, legt es darum noch lange kein Ei, das so viele Kalorien hätte wie ein Brötchen. Das Huhn benötigt dazu noch viel mehr Kalorien, schließlich ist es selber ein lebendes Wesen. Es verbraucht Energie beim Rumlaufen, beim Atmen, beim Sich-Warmhalten, Tag für Tag.

Man nennt das die Futtermitteleffizienz, oder die Energieeffizienz, oder Proteineffizienz – die genauen Begriffe sind nicht so wichtig. Wichtig ist nur dieses Prinzip Effizienz: Effizienz bedeutet ganz allgemein, wie viel Ergebnis man bei einem bestimmten Aufwand erhält, und hier: wie viel Energie man aus einem Rohstoff herausholen kann. Es gibt effiziente und weniger effiziente Wege, um einen Rohstoff besser oder eben schlechter zu nutzen. Bei tierischen Produkten ist die Effizienz verhältnismäßig gering: Bei manchem muss man doppelt so viel, bei anderem sogar 15-mal so viel Futter zunächst an das Tier verfüttern, wie man später herausbekommen will. Die folgende Zahl kann man sich leicht merken: Im Schnitt sieben pflanzliche Kalorien ergeben eine Fleisch-Kalorie. Auch die Effizienz von Eiern und Milch ist nicht gut; für Käse und Butter sogar besonders schlecht, denn für beide werden sehr viele Liter Milch benötigt, um sie herzustellen. Sie sind also wahnsinnig aufwendig, sprich ineffizient hergestellte Lebensmittel.

Ich habe im Internet ein Foto gesehen, das jemand in einem Supermarkt gemacht hatte. Dort wurden Bananen verkauft – geschälte Bananen! Nun wird eine Banane bekanntlich, wenn sie erst mal geschält ist, schnell braun. Damit die Bananen frisch blieben, wurden sie in eine Plastikschale gepackt und mit Folie überzogen. Man hat also eine Frucht, die von Natur aus eine perfekte Verpackung mitbringt, »ausgepackt« und mit viel Aufwand und Plastik wieder eingepackt.

Damit ein bisschen vergleichbar ist die Nahrung, die wir von oder aus Tieren gewinnen. Soja und Getreide sind perfekte Nahrungsmittel für Menschen. Doch statt sie zu essen, verfüttern wir sie an Tiere. Weil diesen Tieren aber all die anderen Nährstoffe fehlen (frisches Grün, Vitamine etc.), fügen wir die noch künstlich hinzu. Dann sorgen wir dafür, dass die Tiere schnell wachsen, und schlachten sie. Am Ende erhalten wir weniger zu essen als das, was wir in die armen Tiere reingestopft haben (weniger Eiweiß, weniger Kohlenhydrate und weniger Vitamine). So gesehen sind die tierischen Nahrungsmittel in unseren Supermärkten keine Grundnahrungsmittel, sondern reine Verschwendung.

In manch anderen Weltgegenden in Afrika und Zentralasien, zum Beispiel in der Mongolei, können die Menschen nur mit Hilfe von Schafen und Ziegen das magere Grün verwerten, das dort wächst. In Deutschland, Europa und den USA sieht das allerdings anders aus. Wir könnten unseren Nahrungsbedarf weniger aufwendig decken, wenn wir gar keine Wiederkäuer oder sonstige Tiere zur »Nutzung« und zum Aufessen züchten würden.

Dazu gibt es diverse komplizierte Rechnungen, in denen wahnsinnig viele Zahlen erwähnt werden. Ich fasse hier aber nur das Wichtigste zusammen (im Anhang finden sich mehr Materialien).

Derzeit benötigen wir für die deutsche Landwirtschaft mehr Ackerland im Ausland als im Inland, das hat das Statistische Bundesamt 2013 berechnet und bekanntgegeben. Diese ausländische Fläche bearbeiten nicht deutsche Bäuerinnen und Bauern, sondern mit der Macht des beschriebenen Schwimmbadspinners sichern wir uns das, was anderswo angebaut wird. Und zwar in immer größeren Mengen. Wir nutzen diese Importe nämlich nicht nur für unsere Nahrungszwecke, sondern auch zur Energiegewinnung – sowie für die »Produktion« von Tieren. Schließlich ist Deutschland eine Exportnation. Bei uns werden nicht nur Hühner, Schweine und Milchkühe gezüchtet, die wir selber aufessen; sondern Fleisch und Milch werden auch exportiert. Und dafür wiederum kaufen wir immer mehr Futtermittel aus anderen Ländern. Wir verdienen also auch noch Geld daran, dass wir aus vielen Kalorien weniger machen.

Wenn wir in Deutschland nicht mal ganz vegetarisch, sondern nur ungefähr ein Drittel weniger Fleisch essen würden, würde die deutsche Ackerfläche reichen, um die gesamte deutsche Bevölkerung mit Nahrung zu versorgen – und zwar sogar komplett aus ökologischem Anbau! Der ökologische Anbau braucht etwas mehr Fläche, weil dabei nicht so viel gedüngt wird und Insekten nicht mit Gift bekämpft werden. Aber auch diese sanftere, umweltverträglichere Landwirtschaft würde für ganz Deutschland funktionieren, wenn der Fleischkonsum verringert würde.

Wissenschaftlerinnen einer amerikanischen Universität in Minnesota haben ausgerechnet, wie es aussähe, wenn die Menschen kein Fleisch mehr essen würden, sondern höchstens noch Milchprodukte und Eier: Dann könnten mit den heutigen Erntemengen von Getreide immerhin 815 Millionen Menschen mehr ernährt werden! Das wäre also die vegetarische Variante. Noch drastischer fällt der Unterschied bei der veganen Lebensweise aus: Würden wir alles Getreide direkt selbst verzehren, statt es zu Tierfutter zu verarbeiten, könnten noch 4 Milliarden Menschen mehr ernährt werden.

Gerade das letzte Beispiel zeigt deutlich, wie viel effizienter die pflanzliche Ernährungsweise ist; und je stärker die Weltbevölkerung wächst, desto mehr müssen wir darauf achten, dass genug für alle da ist. Und das, was ich bisher am Beispiel Land (Ackerfläche), Getreide und Soja erklärt habe, gilt ganz ähnlich für andere Rohstoffe. Denn unsere Welt ist nicht unendlich groß. Es gibt nicht beliebig viel Wasser, Luft, Boden, sondern wir müssen uns das Vorhandene gerecht teilen. Wenn man an einer Stelle etwas vergeudet, zum Beispiel durch ineffiziente Nutzung von Getreide und Soja, fehlt es unter Umständen woanders. Und wenn man in einem Land die Luft verschmutzt, betrifft es alle.

Manchmal ist die Verschwendung also direkt ungerecht, und manchmal führt sie zu Umweltschäden und raubt Menschen auf diese Weise die Gesundheit oder die Lebensgrundlage. Tatsächlich hat der gestiegene Konsum von Fleisch, Fisch, Milch und Eiern viele äußerst negative Folgen für die Menschheit und für unsere Umwelt.

Sowohl der »Wissenschaftliche Beirat für Agrarpolitik beim Bundesministerium für Ernährung und Landwirtschaft«, als auch das Umweltbundesamt, als auch der deutsche »Sachverständigenrat für Umweltfragen« haben im Jahr 2015 in Gutachten und Broschüren erwähnt, dass ein geringerer Verbrauch von tierischen Produkten für unsere Umwelt besser wäre. Auch alle bedeutenden Umweltorganisationen der Welt haben in den letzten Jahren darauf hingewiesen, dass die Haltung von »Nutztieren« auf mehreren Wegen zur Beschleunigung des Klimawandels beiträgt. Die Tatsache, dass tierische Nahrungsmittel ökologisch problematischer sind als pflanzliche, wird von niemandem ernsthaft bestritten. Einige Gründe werde ich jetzt noch aufzählen; wer aber bereits genug von solchen Fakten gelesen hat, kann ein paar Seiten überspringen und bei »Unser aller Kosten« wieder einsteigen.

Berühmt-berüchtigt ist zum Beispiel das Methangas, das Kühe beim Wiederkäuen ausstoßen; es gehört zu den Treibhausgasen, die den Klimawandel vorantreiben. »Treibhausgase« heißen sie deswegen, weil sie so ähnlich wirken wie die Glasscheiben eines Treibhauses und die Wirkung der Sonnenstrahlen verstärken. Die Atmosphäre heizt sich mehr auf, als für Menschen, Tiere und Pflanzen gut ist. Dadurch kommt es zum Klimawandel: Das Eis an den Polen schmilzt, der Meeresspiegel steigt, und Inseln wie zum Beispiel die Malediven drohen zu versinken. Auf dem Festland der Kontinente vertrocknen Flüsse und Seen, es herrscht Dürre.

Man versucht zurzeit, Kühe zu züchten, die weniger Methan produzieren. Kürzlich war allerdings zu lesen, das habe doch noch nicht so toll geklappt wie erhofft. Aber warum züchten Menschen eigentlich immer an den Tieren herum, statt ihre eigenen Essgewohnheiten zu ändern?

Das Methan ist keineswegs der einzige »Beitrag« des Tierkonsums zur Klimakatastrophe, sondern tierische Nahrungsmittel sind auch sehr energieaufwendig. Durch das Abholzen von Wäldern, damit man dort Futtermittel anbauen oder Tiere halten kann, werden große Mengen Kohlendioxid in die Atmosphäre entlassen. Der Anbau der Futtermittel kostet Energie, und ein weiterer großer Posten sind die Transportmittel: Die vielen Millionen Tonnen Futter zum Beispiel müssen von einem Kontinent zum anderen transportiert werden, und auch die Tiere werden viel hin- und hertransportiert (wie ich im neunten Kapitel erklärt habe). Wenn man das Kohlendioxid, das dadurch entsteht und die Atmosphäre belastet, mit den Abgasen vergleicht, die eine lange Autofahrt verursacht, kommen fürs Fleisch erschreckende »Kilometerzahlen« heraus.

Nicht wegzüchten kann man die Tatsache, dass Tiere nach dem Essen auch Kot ausscheiden. Kot enthält viel von dem chemischen Element Stickstoff. Nun ist Stickstoff an sich nichts Gefährliches, unsere Luft besteht sogar zu 80 Prozent daraus; dieser Stickstoff ist unschädlich und riecht nach nichts. Der Stickstoff des Kots bildet aber auch einen großen Teil der Treibhausgase. Insgesamt stammen 75 Prozent der Treibhausgase, die in der Landwirtschaft entstehen, aus der Produktion tierischer Nahrungsmittel (Fleisch, Eier, Milch), und nur 25 Prozent kommen aus der Produktion pflanzlicher Nahrung.

Wenn Stickstoff bestimmte andere chemische Verbindungen eingeht, ist das für Menschen sogar direkt gesundheitsschädigend. Im Kot ist auch Ammoniak enthalten (darum hat Mist so einen leicht stechenden Geruch). In der Luft kann sich da-

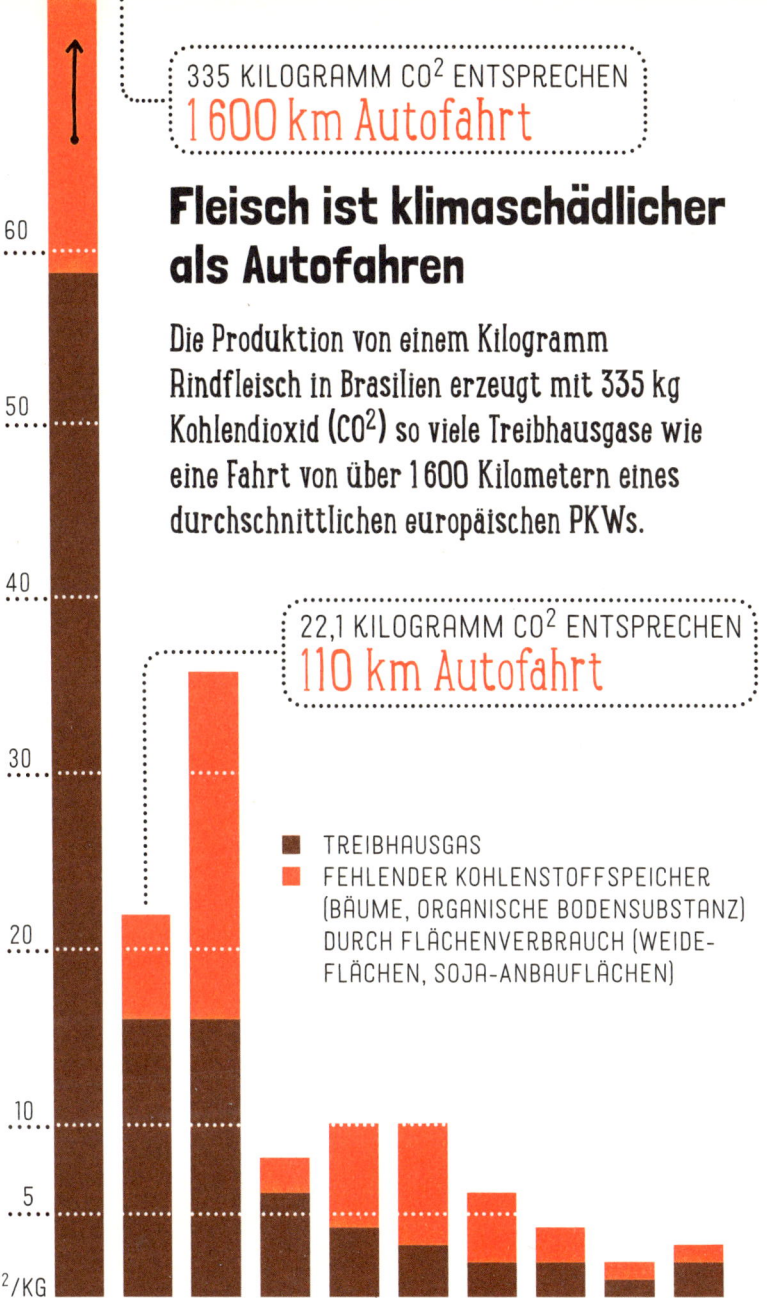

335 KILOGRAMM CO^2 ENTSPRECHEN 1600 km Autofahrt

Fleisch ist klimaschädlicher als Autofahren

Die Produktion von einem Kilogramm Rindfleisch in Brasilien erzeugt mit 335 kg Kohlendioxid (CO^2) so viele Treibhausgase wie eine Fahrt von über 1600 Kilometern eines durchschnittlichen europäischen PKWs.

22,1 KILOGRAMM CO^2 ENTSPRECHEN 110 km Autofahrt

■ TREIBHAUSGAS
■ FEHLENDER KOHLENSTOFFSPEICHER (BÄUME, ORGANISCHE BODENSUBSTANZ) DURCH FLÄCHENVERBRAUCH (WEIDE-FLÄCHEN, SOJA-ANBAUFLÄCHEN)

KG CO^2/KG

60
50
40
30
20
10
5

RINDFLEISCH (BRASILIEN) · RINDFLEISCH (NIEDERLANDE) · LAMM · KALB · SCHWEIN · HUHN (BR) · HUHN (NL) · TOFU · TEMPEH · QUORN raus Feinstaub bilden, der unter anderem Allergien, aber auch schwerwiegende Krankheiten hervorrufen kann. In Deutschland ist die Landwirtschaft mit 40 Prozent sogar die Hauptquelle für Todesfälle, die durch Luftverschmutzung verursacht wurden, zum Beispiel durch Lungenkrebs, Herzinfarkt und Schlaganfall. Durch Ammoniakemissionen verkürzt sich die durchschnittliche Lebenszeit der Deutschen um 9,8 Monate.

Das liegt nicht allein an dem Kot der Tiere, sondern auch mit Kunstdünger wird viel Stickstoff auf den Feldern ausgebracht. In Deutschland haben wir allerdings inzwischen tatsächlich ein »Gülleproblem«: Durch die Massentierhaltung fällt viel mehr Gülle (Tierkot und -urin) an, als beim Düngen der Felder sinnvoll verwendet werden könnte. Durch ein Zuviel an Stickstoff werden die Böden nicht immer noch besser, sondern tatsächlich ärmer. Durch den Regen werden außerdem Inhaltsstoffe der Gülle ins Grundwasser gespült. Insbesondere in Gegenden, wo viele Hühner- und Schweineställe stehen, ist das deutsche Grundwasser häufig mit Nitraten (Stickstoffverbindungen) belastet. Um noch gutes Wasser in Trinkwasserqualität zu gewinnen, müssen die Wasserwerke dann anderswo oder in tieferen Schichten nach Wasser bohren.

In anderen Ländern herrscht heute schon richtiggehender Wassermangel. Die Klimakatastrophe hat viele südliche Länder bereits ereilt; es herrscht Dürre. Menschen, Tiere und Felder haben nicht genug Wasser. Wenn es dann mal regnet, ist der Boden so steinhart, dass er das Wasser nicht aufnehmen kann. Trotzdem versuchen auch viele der betroffenen Länder, eine Massentierhaltung nach westlichem »Vorbild« aufzubauen. China und Indien sind dafür bekannte Beispiele: In beiden Ländern steigt der Fleischverbrauch rasant. Aber schon jetzt herrscht dort in vielen Gebieten Wassermangel, und durch die

Gülle der Tiere werden viele Wasservorkommen zusätzlich unbrauchbar.

Die Umweltorganisation WWF hat einmal ausgerechnet, dass zur Produktion von einem Kilogramm Rindfleisch unglaubliche 15 500 Liter Wasser nötig sind! Es handelt sich natürlich nur um einen geschätzten Durchschnittswert. Auch andere Sorten von Fleisch sowie Milch und Eier verbrauchen viel Wasser bei der Herstellung. Unter anderem wird viel Wasser zum Reinigen der Ställe sowie der Schlachthöfe benötigt. Beim Schlachten wird so viel Trinkwasser verbraucht und verschmutzt, dass große Schlachthöfe sogar eigene Kläranlagen haben.

Der größte Teil des Wassers wird aber für die Futtermittel der Tiere verwendet. Schließlich müssen die Tiere nicht nur jeden Tag etwas trinken, sondern auch das Futter, das sie täglich essen, benötigte auf dem Feld bereits Wasser. Und wenn wir uns daran erinnern, dass ein Gutteil des Futters aus anderen Kontinenten importiert wird, sind wir schon wieder beim Phänomen des Schwimmbadspinners! Wir kaufen also nicht nur Nahrung aus anderen Ländern als Tierfutter auf und belegen in anderen Ländern Ackerfläche, sondern wir importieren indirekt auch deren Wasser. Man nennt das »virtuelles Wasser«. Gemeint ist: Ein hoher Wasserverbrauch versteckt sich sozusagen in den Futtermittelimporten.

Das allein wäre kein Problem, wenn nicht ohnehin vielerorts auf der Welt bereits Wassermangel herrschte. Salzwasser in Ozeanen und Meeren haben wir natürlich genug; aber wenn man sich beim Schwimmen im Meer mal verschluckt, merkt man gleich: Salzwasser ist kein bisschen durstlöschend. Auch Pflanzen kann man damit nicht bewässern, sie brauchen Süßwasser. Doch aus Salzwasser auf künstlichem Wege trinkbares Süßwasser zu gewinnen, ist leider unheimlich mühsam, energieaufwendig und teuer. Darum ist jeder Tropfen Wasser, der mit einem Fluss ins Meer fließt, und jeder Eisberg, der schmilzt, als Süßwasser für diese Welt erst mal verloren. (Bis er irgendwann einmal verdunstet, als Wolke in Richtung Land zieht und dort wieder herunterregnet. Das allerdings geschieht nicht so schnell und nicht in dem Umfang, in dem wir derzeit Wasser verbrauchen.) Wenn man von einem Mangel an Wasser spricht, meint man also genau genommen Süßwasser.

Unser aller Kosten

Die Kosten für diese Umweltfolgen tragen wir alle. Wenn ein Wasserwerk tiefer bohren muss, weil das Grundwasser zu viel Nitrat enthält, bezahlen das alle. Wenn die Luft schlechter wird und zu Krankheiten führt, sind wir alle davon betroffen. Wenn Antibiotika unwirksam werden, weil sie in der Massentierhaltung so viel eingesetzt werden, fehlen sie allen.

Alle Bürgerinnen finanzieren die Massentierhaltung mit, ob sie wollen oder nicht: Denn sie zahlen Steuern, und davon werden unter anderem auch Ställe, Mastanlagen und Schlachthöfe subventioniert. Subventionieren heißt, dass der Staat (also: die Steuerzahler) bestimmten Wirtschaftszweigen oder Betrieben Geld dazugibt, weil man diese Form von Wirtschaft fördern will.

Aber wollen wir diese Tierfabriken und Schlachthäuser wirklich fördern? Und wieso tauchen in der Rechnung all die Kosten für die Umwelt nicht mal auf? Wenn man miteinrechnen würde, wie viel es die Allgemeinheit kostet und in Zukunft kosten wird, wie stark wir mit der Tierhaltung die Böden, das Wasser, die Luft und die Gesundheit der Menschen belasten, würde man sehen, wie kostspielig unser Tierkonsum wirklich ist.

Im Supermarkt mag die Wurst 99 Cent kosten, aber wir zahlen alle drauf und werden in Zukunft noch viel mehr draufzahlen.

Die vergessenen Fische

Weil ich im letzten Abschnitt so viel zum Thema Wasser geschrieben habe, möchte ich noch etwas über seine natürlichen Bewohner sagen, die Fische. Ich habe Fische in den vorigen Kapiteln schon ein paarmal erwähnt, aber eher am Rande. Ich habe geschrieben, dass auch Fische Gehirne haben, dass auch sie Schmerz empfinden, Angst und Stress. Sehr viel mehr wusste ich über Fische ehrlich gesagt bis vor kurzem selber nicht.

Das Problem mit uns und den Fischen ist: Sie leben in einem ganz anderen Element. Sogar fliegende Vögel kommen immer wieder auf die Erde herab, aber Fischen begegnen wir (außer beim Tauchen) nie auf Augenhöhe. Außerdem atmen sie nicht wie wir und geben keine Laute von sich, die wir hören könnten, denn sie erzeugen keine Schallwellen in der Luft. Und schließlich haben Fische auch irgendwie kein Gesicht – jedenfalls kommt es mir so vor. Wenn ich einen Fisch sehe, zum Beispiel einen Karpfen in dem großen Teich vorne beim Nachbarn, habe ich keine Ahnung, ob er fröhlich ist oder ängstlich oder müde, oder was in dem Kerl sonst so vorgehen mag.

Irgendwie habe ich mich daher nie groß mit Fischen beschäftigt und hoffte immer: Wenn wir Menschen irgendwann einsehen, dass Tiere Empfindungen und ein Recht zu leben haben, dann werden wir aufhören, Fleisch zu essen – und mit Fleisch meine ich natürlich immer auch Fisch! Es macht ethisch überhaupt keinen Unterschied, ob einer mit seinen Muskeln auf dem Land herumläuft oder unter Wasser rumpaddelt; beide wollen leben.

Tatsächlich aber machen die meisten Menschen ethisch große Unterschiede zwischen Fischen und Landwirbeltieren. Ich weiß nicht, ob das vielleicht mit dem Christentum zu tun hat. Viele Jahrhunderte lang durfte an christlichen Fastentagen kein Fleisch (von Landtieren) gegessen werden – (Fleisch von) Fisch(en) aber durchaus! Keine Ahnung, ob sich die Menschen da wieder einen bequemen Ausweg gebastelt haben oder ob sie wirklich dachten, dass Fische total anders sind als wir. Bloß sind sie es nicht. Fische leben in einem anderen Lebensraum, aber ehrlich gesagt: Ein Pinguin oder ein schwarzer Panther leben auch in einem ziemlich anderen Lebensraum als wir, trotzdem mögen die meisten Menschen Pinguine und Panther und würden sie nicht essen wollen. Irgendwie kann man das ja nicht dem Fisch zum Vorwurf machen, dass wir ihn nicht so putzig wie einen Pinguin oder so majestätisch wie einen Panther finden und dass er seltener in unseren Tierfilmen vorkommt. Ein eigenständiges, empfindungsfähiges Lebewesen ist der Fisch trotzdem.

Und deswegen habe ich fast ein schlechtes Gewissen, dass ich in diesem Buch so wenig auf Fische eingegangen bin. Erst kürzlich hatte ich nämlich Besuch von einem australischen Tierrechtler, der mir klargemacht hat, dass die Fischzucht der am schnellsten wachsende Wirtschaftszweig unserer Nahrungsmittelproduktion ist, weltweit! Es hat in Zukunft also für extrem viele Tiere Konsequenzen, ob wir Fische und ihre Rechte ernst nehmen oder nicht.

Derselbe Tierrechtler hat darum sogar schon mal eine Konferenz mit Fisch-Forschern organisiert. Mir war das bisher nicht klar – aber soziallebende Fische können und tun ungefähr alles wie die in Herden lebenden Säugetiere an Land! Sie sind sehr gut darin, sich Orte und Gegenden zu merken, und erstellen in ihrem Kopf sozusagen Landkarten, so wie ich es von Tauben erzählt habe. Sie sind lieber mit vertrauten Fischen zusammen als mit unbekannten, auch wenn alle derselben Art angehören. Sie tun sich bisweilen mit einem Kumpel zusammen, um zu jagen, ungefähr wie Delphine oder Wölfe. In fremdem Territorium gucken sie, was die anderen machen, die schon länger vor Ort sind, und sie lernen voneinander.

Von der australischen Fischkonferenz gibt es (englischsprachige) Videos im Internet; und seitdem ich sie mir angeguckt habe, bin ich etwas beunruhigt: Fische scheinen wirklich ebensolche Lebewesen zu sein wie ihr und ich und meine Schafe und Katzen. Aber man behandelt sie wie ... Dreck.

Nach dem Einfangen mit großen Netzen wirft man die Fische an Land oder Bord und lässt sie ersticken. Das kann 15 bis 60 Minuten dauern. Wenn sie auf Eis gelegt werden, bleiben Forellen 28–198 Minuten bei Bewusstsein, Lachse 60 Minuten und Seebrassen 20–40 Minuten. Kann man sich das vorstellen – stundenlanges Ersticken und Todeskampf? *Möchte* man sich das vorstellen? Andere Fischsorten werden lebendig aufgeschlitzt und bekommen die Innereien entfernt. Und all das für Fischstäbchen, Fischbrötchen und »Delikatessen« mit Fischen.

Ich habe jetzt keine Lust, all diese Grausamkeiten aufzuzählen, von denen ich durch diesen Australier erfahren habe, ich sage nur so viel: Gerade weil wir Fische so oft als unbekannte, fremdartige Wasserwesen abtun, wird nahezu alles mögliche Grausame mit ihnen in horrender Zahl gemacht. Und die Zahl steigt noch. Zwar wird nicht unbedingt immer mehr Fisch aus den Meeren geholt, im Gegenteil, die Zahl der Fische im Meer ist schon deutlich weniger geworden. Aber in vielen Ländern der Welt werden Fische in (meist künstlichen) Teichen oder Bottichen geradezu »angebaut«. Man nennt das »Aquakultur« (Aqua heißt ja Wasser), und diese Wirtschaft boomt weltweit.

Und weil dies hier ein Kapitel ist, das sich eigentlich vor allem mit den Umweltfolgen unseres Tierverzehrs beschäftigt, sage ich zum Abschluss des Themas Fisch: Obwohl sich alles im Wasser abspielt, sind die Probleme der Aquakultur genau dieselben wie bei der Massentierhaltung von Landtieren. Für das Anlegen künstlicher Teiche wird viel Fläche benötigt, und für die großen Shrimp-Farmen in Asien und Mittelamerika werden große Teile der Mangrovenwälder gerodet. Weil bei der Fischzucht viele Chemikalien, darunter Antibiotika und Mittel gegen Parasiten, eingesetzt werden, wird auch viel Wasser damit belastet. Teilweise gelangen diese Chemikalien natürlich auch in Flüsse, Seen und Meere. Reste der Futtermittel gelangen ebenfalls ins Wasser und tragen mit zur Überdüngung der Meere bei; wenn Teile vom Ozean abgetrennt werden, um darin Fische zu züchten, können Krankheiten aus den engbesetzten Fischzuchten auch die angrenzenden Wildtiere anstecken.

Ein Viertel der nach Deutschland importierten Fische stammt übrigens aus südostasiatischer Aquakultur – auch nicht gerade ein kurzer Transportweg. Und viele Fische werden schon lebend auf geradezu irrsinnige Weise hin- und hertransportiert, zum Beispiel schafft man es noch nicht, genügend Thunfische für die Farmen zu züchten. Daher fängt man junge Thunfische im Meer (obwohl der Bestand des Roten Thunfischs zum Beispiel bereits gefährdet ist) und bringt sie in die Aquafarmen.

Auch beim Fisch ist die Futtermittel-Effizienz nicht sehr hoch, und bei gezüchtetem Thunfisch sogar am ungünstigsten: Für ein Kilo Thunfisch müssen bis zu 25 Kilo Futter verwendet werden. Das Fischfutter enthält meist entweder Soja-, Erbsen oder Getreideeiweiß ... oder ebenfalls wieder Fisch! Es klingt irrwitzig, aber viele Fische werden erst mal mit anderen Fischen gefüttert, bevor Menschen sie aufessen. Und wie gesagt: Aufgrund fehlender Bestimmungen für Aquakulturen sind diese Tiere weder bei der Aufzucht noch beim Halten in den engen Becken noch beim Töten (beziehungsweise eben: Erstickenlassen) auch nur minimal geschützt.

Neue Zukunftsperspektiven

Inzwischen hat meine Mutter richtiggehend mit mir geschimpft. (Zugegeben, ich bin 45. Eigentlich kann niemand mehr mit mir »schimpfen«. Aber wo eine Mutter recht hat, hat sie recht.) Und zwar sagte sie zu mir: »Du kannst deine jungen Leser und Leserinnen nicht mit all diesen Scheußlichkeiten überfallen. Nach dem Lesen werden sie Albträume haben! Man muss langsam den Eindruck bekommen, dass diese Welt am Untergehen ist – und irgendwie sind die Menschen auch noch an allem schuld.«

Okay, so war das mit dem Schreiben dieses Buches natürlich nicht gemeint. Ich gebe zu, die beschriebenen Fakten haben mir auch nicht gerade in allen Passagen gute Laune gemacht. Aber Albträume wünsche ich euch natürlich nicht!

Und ich denke auch nicht, dass diese Welt den Bach runtergeht und wir gar nichts dagegen tun können. Tatsächlich lohnt es sich ja, über das mit den Tieren, der Umwelt und dem Veganismus nachzudenken, *gerade weil* wir etwas tun können. Mit veganer Ernährung und durch viele andere Schritte. Um diese Dinge wird es in den nächsten beiden Kapiteln gehen: um unsere Möglichkeiten. Ich verspreche also: Es kommen keine

Schrecklichkeiten mehr, sondern nur noch Infos und Ideen zum Selber-Weitermachen.

Und auch dieses Kapitel kann ich mit etwas Positivem beenden. Denken wir noch mal an meine Freundin Judith, die Vegetarierin aus Respekt vor ärmeren Menschen wurde. Natürlich ist es nicht so, dass in jedem Moment, wo ein Mensch eine Wurst weniger isst, ein anderer Mensch irgendwo etwas zu essen ausgehändigt bekommt. So direkt funktioniert das nicht. Wir müssten noch einiges am Weltmarkt ändern, bevor die Ressourcen dieser Erde wirklich gerecht geteilt und alle Menschen fair versorgt würden. Wenn wir tierische Nahrungsmittel vom Speiseplan streichen, werden andere Menschen nicht automatisch satt – aber nur damit werden *auf Dauer* alle satt. Natürlich wird auch für den Anbau pflanzlicher Nahrung Energie und Wasser aufgewendet – aber eben viel weniger, weil man nicht den Umweg über die Tiere geht. Auch als Veganerinnen verbrauchen wir Ressourcen wie Land, Luft, Wasser – aber mit pflanzlicher Ernährung lässt sich mit diesen Ressourcen am besten haushalten.

Und darum ist das Schöne am Veganismus: Er hilft letztlich allen. Veganismus bedeutet nicht, dass man den Tieren hilft, aber Menschen etwas wegnimmt. Sondern man schont damit die Tiere und die Umwelt, und letztlich auch uns Menschen. Vegan zu leben, ist eine Möglichkeit, mit einem Schritt gleich auf mehreren Wegen voranzukommen.

KAPITEL 16

WIE MAN SICH GESUND UND VEGAN ERNÄHRT

Als ich Vegetarierin wurde, hatte ich zum Glück die volle Unterstützung meiner Eltern; das ist ja leider nicht immer so. Aber es waren die frühen 1980er Jahre, und für die Allgemeinheit außerhalb meiner Familie galt vegetarisch damals als noch verrückter als heute vegan. Besonders die üblichen, nicht auf Ernährung spezialisierten Ärztinnen schauten einen an, als hätte man freiwillig eine skurrile Todesform gewählt und würde in den nächsten Monaten abmagern, erbleichen, sämtliche Haare verlieren oder Schlimmeres. Ich weiß noch, wie unser Hausarzt versuchte, meine Mutter zu überreden, dass ich »zumindest einmal im Monat« Fleisch essen müsse. Seine Begründung: Fleisch enthalte essentielle Nährstoffe, die ich sonst nicht kriegen würde.

Die Entgegnung meiner Mutter: Das sei aber unlogisch, denn wenn wirklich nur Fleisch diese essentiellen Nährstoffe enthielte, würde es wohl kaum ausreichen, nur einmal pro Monat welches zu essen.

Womit sie völlig recht hatte. Die Aussage des Arztes war nicht sachlich begründet, sondern klingt ziemlich diffus. Vermutlich dachte er an die Jahre nach dem Zweiten Weltkrieg, als die Lebensmittelversorgung oft schwierig und Fleisch entsprechend begehrt war. Diese Vorstellung, Fleisch wäre ein ideales

Nahrungsmittel, hat sich lange Zeit gehalten. Es gab mal Plakate mit Sprüchen wie »Fleisch ist ein Stück Lebenskraft«. Oder »Milch macht müde Männer munter!«.

Beide Aussagen würden Ärzte und Ernährungswissenschaftler heute nicht mehr pauschal unterschreiben. Ob Milch eine geeignete oder gar muntermachende Nahrung für Erwachsene ist, ist umstritten, und dass Fleisch nur Kraft schenkt, nicht aber auch Gesundheitsrisiken birgt, glaubt kaum jemand mehr. Im Gegenteil wird zumindest der üppige Fleischkonsum als eine mögliche Ursache von Bluthochdruck, Diabetes, Arterienverkalkung und Herz-Kreislauf-Erkrankungen und manchen Krebsarten angesehen. Im Oktober 2015 hat die Weltgesundheitsorganisation (WHO) gemeldet, dass ihren Erkenntnissen zufolge verarbeitetes Fleisch (Wurst, Schinken) »krebserregend« und unverarbeitetes rotes Fleisch »wahrscheinlich krebserregend« sei. Weniger Fleisch zu essen, wird schon lange von den meisten Ernährungsexpertinnen empfohlen. (Kuh)Milch wiederum bringen manche Wissenschaftlerinnen mit bestimmten Arten von Krebs in Verbindung. Einzelne Studien weisen sogar drauf hin, dass Milch, die doch eigentlich so viel Kalzium enthält, auch gar nicht die beste Form der Kalziumversorgung ist, sondern sogar eher schlecht für unsere Knochen.

Ich habe das zu den gesundheitlichen Nachteilen der Milch etwas vorsichtig formuliert. Natürlich käme es mir als überzeugter Veganerin gelegen, wenn sich beweisen ließe: Fleisch, Eier und Milch sind rundherum schlecht für uns. Aber das lässt sich so allgemein genauso wenig sagen wie das Gegenteil, und zwar aus zwei Gründen: Erstens ist die Ernährungswissenschaft noch relativ jung, und viele Dinge wissen wir einfach noch nicht. Zweitens gibt es nicht *die* eine gesunde, natürliche Ernährung, wohingegen alle anderen ungesund wären.

Biologisch gesehen ist der Mensch ein Allesesser (aus lateinischen Wörtern gebildet: ein Omnivor). Unser Gebiss und unser Darm ähneln zwar eher denen eines pflanzenessenden Tieres als denen eines Fleischessers, bilden aber gewissermaßen einen Kompromiss zwischen Pflanzenfresser und Fleischesser. Wir können beides. Dieser Umstand hat den Menschen besonders anpassungsfähig gemacht. In den letzten vier Millionen Jahren haben Menschen in unterschiedlichsten Klimazonen gelebt, je nach Angebot aßen sie Früchte oder erjagte Tiere. Wir können auch Nährstoffe aus Pilzen, Insekten und Wurzeln aufnehmen, und in manchen Gegenden nehmen Menschen Erde zu sich, um an bestimmte Mineralstoffe zu gelangen.

Dass wir Allesesser sind, heißt nicht, dass wir alles essen *müssen* – sondern dass wir je nach Situation fast allem etwas abgewinnen können. Unsere große Stärke ist unsere Flexibilität.

Umgekehrt heißt das auch nicht, dass es *egal* ist, was wir zu uns nehmen, sondern die Mengen und die ungefähre Mischung der Nährstoffe müssen schon stimmen. Jedes Nahrungsmittel enthält verschiedene Gruppen von Nährstoffen (die ich gleich noch erkläre), und wenn man eine Gruppe vernachlässigt, wird der Körper nicht gut genug versorgt. Das gilt für alle Ernährungsformen! Ob mit Fleisch, ohne Fleisch, mit viel Süßkram oder ohne Süßkram: Wenn man es ungeschickt anstellt oder der eigene Körper manche Nährstoffe nicht gut aufnehmen kann, kann es zu Mangelerscheinungen kommen.

Wenn ich in den nächsten Abschnitten also über Nährstoffe schreibe und worauf man bei einer gesunden Ernährung achten sollte, ist das kein »Problem«, dass nur bei Veganern auftaucht. Sondern eigentlich sollten sich alle Menschen mit Ernährung beschäftigen. Gute Ernährung ist wesentlich für die Gesundheit, genauso wie alle Leute mit dem Zähneputzen ihr Gebiss pflegen und erhalten oder mit Bewegung und Sport etwas für ihren übrigen Körper tun sollten.

Ich sage das extra dazu, weil viele Leute erstmals über gesunde Ernährung nachdenken, wenn sie hören, dass jemand vegan lebt (oder leben will). Wie zum Beispiel mein damaliger Hausarzt: Hätte meine Mutter mich die Jahre davor nur mit Kartoffelchips gefüttert, er hätte es gar nicht mitbekommen. Nie hat er sich erkundigt, was wir so essen.

Ebenso fragen bis heute viele Menschen, wenn sie hören, dass jemand vegan lebt: »Aber ist das denn gesund?« Dabei haben sie noch nie über ihre eigene Ernährung nachgedacht!

Nun, vegane Ernährung ist gesund und hilft vermutlich sogar, etliche »Zivilisationskrankheiten« zu meiden, wenn man etwas über Ernährung weiß und gute Essgewohnheiten hat. Auch sie kann natürlich ungesund sein, wenn man es ungeschickt anstellt. Daher muss man zunächst einmal wissen, was die Hauptkomponenten der Nahrung sind, die unser Körper braucht:

- **Eiweiße** (auch Proteine genannt) – da gibt es unterschiedliche Sorten, denn Eiweiße sind aus einzelnen Bausteinen, den sogenannten Aminosäuren aufgebaut.
- **Fett** – auch da gibt es unterschiedliche Zusammensetzungen. Nicht gut sind Fette, wie sie bei der Herstellung von Fertigessen, beim Frittieren von Pommes und für Chips und Erdnussflips meistens eingesetzt werden.
- **Kohlenhydrate** – sie werden von Stärke (wie zum Beispiel im Mehl) und Zucker geliefert.
- **Mineralstoffe und Vitamine** – sie benötigen wir meist nur in kleinen Mengen, sie sind aber wichtige Bausteine in unseren Muskeln, Nerven und übrigen Zellen.

- **Ballaststoffe** – das hört sich erst mal so an, als ob das unwichtig wäre. Ist »Ballast« nicht das, was man unnötig mit sich herumträgt? Nun, bei einer Wanderung verwendet man das Wort »Ballast« so, aber beim Essen ist es anders. Insbesondere der Darm benötigt Ballaststoffe aus Pflanzen, damit er die übrige Nahrung gut verarbeiten kann.
- **sekundäre Pflanzenstoffe** – das sind neben den Vitaminen weitere Inhaltsstoffe von Pflanzen, über deren Bedeutung immer mehr bekannt wird. (Wie gesagt, die Ernährungswissenschaft hat noch längst nicht alles genau herausgefunden. Und übrigens: Auch die Ernährungswissenschaft ist nicht unbeeinflusst von dem Lobbyismus, den ich schon im zehnten Kapitel beschrieb. Wie ihr euch in der Vielzahl von Ratgebern, Expertinnen und Internetseiten orientieren könnt, dazu findet ihr wie immer weitere Tipps im Anhang.)

Energie, die wir brauchen

Die drei zuerst genannten Stoffe – Eiweiß, Fette, Kohlenhydrate – enthalten die Energie, die der Körper zur Aufrechterhaltung und zur Bewegung braucht. Dieser Energiewert wird in Kalorien angegeben.

Für viele Menschen ist »Kalorien« inzwischen eine Art böses Wort, am besten erwähnt man es gar nicht, so wie Lord Voldemort bei Harry Potter. Aber anders als Lord Voldemort, ist Energie an sich überhaupt nichts Schlechtes. Viele Leute heute »achten« auf die Kalorien, die sie zu sich nehmen, weil sie Angst haben, dick zu werden. Dass kann leicht passieren, weil wir (in den reichen Ländern) sehr viel Nahrung zur Verfügung haben und körperlich meistens wenig arbeiten müssen. Unsere Schönheitsvorstellungen hingegen, wie wir sie aus Modezeitschriften, Werbung und Hollywoodfilmen übernehmen, besagen, dass Leute dünn sein müssen, vor allem Mädchen und Frauen.

Irgendwie passen unsere Lebensrealität und unsere Idealvorstellungen also nicht recht zusammen. Und ehrlich gesagt: Diese Vorstellung, alle Leute müssten schlank sein, ist Schwachsinn! Erstens sind dünne Menschen keineswegs automatisch gesünder als dicke. Dünne können mangelernährt sein, umgekehrt können dickere Menschen fit sein, wenn sie Sport machen. Ein leichtes Übergewicht ist laut etlichen Studien sogar gesünder, als wenn man dünn ist. Fettpolster sind eben auch Depots von Energie, und in schwierigen Zeiten braucht der Körper das.

Zweitens sollte man bedenken, dass die schlanken Menschen, die wir im Fernsehen sehen, sehr viel dafür tun, um so auszusehen. Viele Hollywoodschauspielerinnen, die immer perfekt aussehen, gestehen auch, dass sie ständig überlegen, was sie essen »dürfen«, und dass sie oft hungrig zu Bett gehen. Ist das nicht verrückt? Es gibt so viele Menschen auf der Welt, die nicht genug zu essen haben, die *müssen* hungern. Aber absichtlich zu hungern, obwohl man eigentlich gut versorgt ist?

Viele Leute befürchten insgeheim, dass sie von ihrer Umgebung weniger gemocht werden, wenn sie etwas dicker wären, dass man über sie spottet und sie diskriminiert. Aber wäre es nicht gut, wenn wir aufhören würden, Menschen dafür zu diskriminieren, wie sie aussehen? Nicht jeder kann aussehen wie ein Model, und wieso sollten wir auch? Denn für Models gehört es nun mal zur Arbeit, »wie ein Model« auszusehen. Die meisten anderen Menschen haben eine andere Arbeit und andere Prioritäten.

Ähnliches gilt auch für Männer, bei denen das mit dem

Schlanksein nicht ganz so wichtig genommen wird wie bei den Frauen – aber muskulöse Oberarme und ein Sixpack am Bauch sollten dann schon sein! Manchmal habe ich den Eindruck, dass viele junge Männer geradezu befürchten, nicht cool genug zu sein, wenn das mit dem Sixpack nicht hinhaut ... Nun ist nichts dagegen zu sagen, wenn Leute wirklich gerne Sport machen und Gewichte heben – aber man muss nicht.

Es gibt ja auch vegane Bodybuilder, vegane Models und vegane Marathonläuferinnen. Doch es zählt im Leben nicht nur die Oberfläche, also wie man aussieht. Gerade bei Freundschaften geht es vielmehr um gemeinsame Erinnerungen und Interessen, um Spaß, Verlässlichkeit, Ehrlichkeit. Auch Coolness hängt nicht von den Bauchmuskeln ab, finde ich. Darum braucht man auch keine Angst zu haben, dass Freunde einen weniger mögen, wenn man nicht dünn oder muskulös ist. Was wären das denn bitte für Freunde?

Die Ernährungspyramide

Und nachdem ich jetzt lang und breit erklärt habe, warum wir Kalorien und Energien nicht verteufeln sollen, kommt zum Ausgleich der Hinweis: Wenn unsere Nahrung *nur* Energie (in Form von Fett, Eiweiß oder Kohlenhydraten) enthält, ist es auch nicht gut. Die meisten Menschen in den wohlhabenden Ländern Westeuropas nehmen tatsächlich zu viel konzentrierte, energiereiche Nahrung zu sich und leider zu wenig frische Bestandteile aus Obst und Gemüse, die andere lebenswichtige Bestandteile enthalten. Kennt ihr den Tipp, man solle jeden Tag fünf handgroße Portionen Obst oder Gemüse essen? Das ist so eine Faustregel, die eigentlich eher eine Untergrenze angibt; damit versuchen viele Ernährungsinstitute und Gesundheitsministerien die Bevölkerung anzuspornen, etwas mehr »Frisches« oder Pflanzliches zu essen.

Noch etwas hilfreicher ist es, wenn man sich die sogenannten Ernährungspyramiden anguckt. Die meisten davon sind für Fleischesserinnen entworfen, aber inzwischen gibt es auch Graphiken, die zeigen, was Veganer essen sollten. Die Pyramide hat man darum als Form gewählt, weil sie einen breiten Sockel hat und nach oben hin immer schmaler wird, und so ähnlich ist es auch bei der optimalen Zusammensetzung unserer Nahrung. Der größte Teil unserer Nahrung sollte aus Obst und Gemüse bestehen, und der geringste aus Süßigkeiten.

Der Trick bei einer gesunden Ernährung besteht darin, möglich wenig aus den oberen »Lagen« der Pyramide und mehr aus den unteren zu essen. Das ist blöd für Menschen wie mich, die sich gern mit der Spitze der Pyramide zufriedengeben würden, Hauptsache sie besteht aus Schokolade. Darum die schlechte Nachricht gleich zu Anfang: Süßigkeiten und Schokoriegel sollte man möglichst wenig essen. Auch wenn die Werbung bei manchen süßen Kleinigkeiten so tut, als wären sie extra für Schulpausen entworfen: Sie enthalten keine guten Fette und auch zu viel reinen Zucker, der vom Körper schnell verbraucht wird, aber nicht richtig nährt. Versucht, wo es geht, Süßigkeiten durch Obst oder andere »Kleinigkeiten« zu ersetzen. Zum Beispiel bei einer Pause: ein Stück Obst und ein paar Nüsse.

Studentenfutter zum Beispiel. Ich selbst habe Studentenfutter lange Zeit für das ödeste Essen der Welt gehalten, bis ich merkte: Eigentlich mag ich nur die Rosinen nicht so. Man kann stattdessen selber ein paar Nüsse zusammenmischen und getrocknete Aprikosen oder Mangos kleinschneiden und dazutun. Denn eigentlich ist Studentenfutter sehr gesund und macht

Vegane Nahrungspyramide

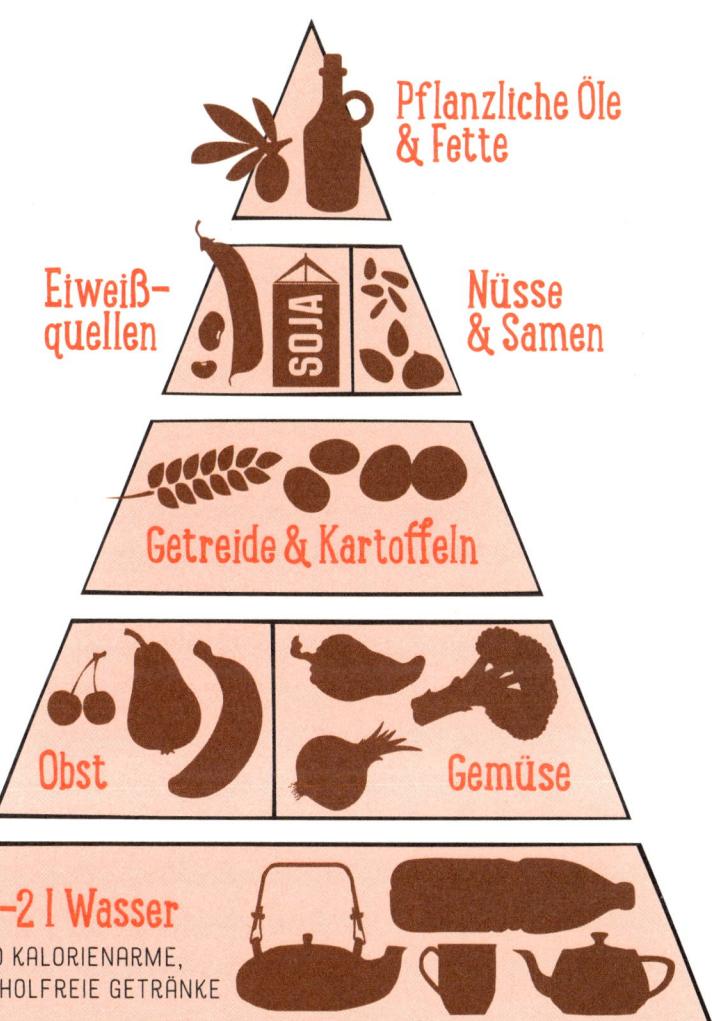

Pflanzliche Öle & Fette

Eiweißquellen

SOJA

Nüsse & Samen

Getreide & Kartoffeln

Obst

Gemüse

1–2 l Wasser
UND KALORIENARME, ALKOHOLFREIE GETRÄNKE

auch auf »gute« Art satt. Nüsse enthalten wichtige Eiweiße, Fette und Mineralstoffe. (Aber sind Nüsse nicht auch ziemlich weit oben in der Pyramide? Nun, ihr sollt sie ja nicht kiloweise in Euch reinstopfen. Was man auch selten tut, eben weil sie so schnell sättigen. Aber eine tägliche Portion Nüsse gehört für die meisten Veganerinnen zur gesunden Ernährung dazu.)

Ungesund sind natürlich auch flüssige Süßigkeiten, damit meine ich: Limonaden, Cola und sonstige Softdrinks. Die Menge an Zucker, die da drinnen ist, ist unglaublich. Außerdem sind auch noch andere Bestandteile wie Aromastoffe und Säuren darin, aber keinerlei Nährstoffe. Manche Ernährungsberaterinnen warnen sogar, dass Limonaden dem Körper nicht nur keine Nährstoffe liefern, sondern ihm sogar wichtige Nährstoffe entziehen.

Warum ist das überhaupt so, dass uns Dinge gut schmecken, die dann doch nicht wirklich gesund sind? Merkt unser Körper nicht selbst, was er benötigt? Jein. Erinnert euch noch mal an das Kapitel, warum Fleisch essen nicht natürlich ist. Fleisch war in der Geschichte der Menschheit lange Zeit rar, fetthaltige Nahrung war kostbar, und reinen Zucker gab es sowieso nicht. Dadurch hat unser Körper regelrecht Heißhunger auf diese Dinge bekommen. Schließlich sind es wichtige Energielieferanten – und unser Geschmackssinn »weiß« einfach nicht, dass damit auch etwas schiefgehen kann. Die heutigen Fette, in denen man Pommes oder Würste frittiert, oder reiner Kristallzucker kommen in der Natur nicht vor, darum hat unser Körper keine Warnfunktion entwickelt. Unser Körper »denkt«: Oh, da sind Eiweiße, Fette und Zucker, das sind seltene Kostbarkeiten, schnell rein damit, je mehr desto besser!

Bei anderen Tierarten ist das übrigens auch so. Auch andere Tiere fallen sozusagen auf Zucker rein, können an bestimmten Süßungsmitteln sogar sterben. Meine Schafe (und viele andere Wiederkäuer) sind total scharf auf Brot und Getreide, weil sie Kohlenhydrate enthalten, an die die Schafe sonst selten gelangen. Kohlenhydrate sind reine Energie, und die Schafe sind begeistert. Sonst müssen sie den halben Tag grasen, um so satt zu werden! Was sie nicht wissen können: Ihre Mägen sind nun mal auf Gras spezialisiert, und das ausgetüftelte System von Magenbakterien, das Schafen hilft, Gras zu verdauen, kommt aus dem Gleichgewicht, wenn sie zu viel Getreide fressen. Darum liest man (als Schafsfan zumindest) immer mal wieder von Schafen, die zu Tode kamen, weil sie einen Getreidevorrat oder eine Lücke im Zaun zum benachbarten Maisfeld entdeckt hatten. Was sie da fanden, schmeckte ihnen zunächst gut (auch hier: keine Warnfunktion!), aber ihr Magen kollabierte.

Für uns Menschen folgt daraus: Wenn wir gesund essen wollen, können wir leider nicht nur unserer Zunge vertrauen, sondern brauchen auch den Kopf. Und etwas Wissen. Manchmal müssen wir unserem Appetit gegensteuern, und auf längere Sicht sollten wir versuchen, weniger gute Angewohnheiten durch bessere zu ersetzen, daher: weniger Süßigkeiten, mehr Obst. Es geht also nicht nur darum, irgendetwas *nicht* zu essen – keine Schokoriegel mehr –, sondern dass ihr stattdessen etwas essen könntet, was euerm Körper guttut und das auch andere Inhaltsstoffe enthält, von denen oben die Rede war: Mineralstoffe und Vitamine.

Und das gilt natürlich für alle, egal ob Veganerinnen, Vegetarierinnen oder Fleischesserinnen. Auch das, was ich über Schokoriegel und Limo und Cola geschrieben habe. (Wenn jemand selbst regelmäßig Cola trinkt und in der Pause süße Riegel isst, braucht die Person gar nicht erst so arrogant zu fragen, ob Veganer gesund leben können: Sie tut es nämlich selbst nicht!)

Eine weitere wichtige Ernährungsgewohnheit ist es, möglichst Vollkornprodukte zu essen statt Produkte aus dem ganz weißen Mehl. Man hat das früher nicht gewusst, sondern geglaubt, je feiner ein Mehl desto besser wäre es auch. Also hat man alle anderen Inhaltsstoffe rausgesiebt. Inzwischen weiß man aber, dass gerade die etwas spröderen Hüllen und der Keimling eines Korns wichtige Eiweiße, Vitamine und Mineralstoffe enthalten.

Es gibt übrigens nicht nur Vollkornbrot, sondern auch Vollkornnudeln, und einige schmecken genauso wie die ohne Vollkorn. Allerdings nicht alle. Manchmal muss man bei diesen Dingen etwas herumprobieren. Wenn man eine neue Marke ausprobiert, schmeckt es oft etwas »komisch«, weil ungewohnt. Ich gebe sogar zu, nachdem ich das erste Mal Vollkornnudeln probiert hatte, dachte ich, ich esse lieber Pappe! Dann habe ich eine andere Marke gekauft, bei der bemerke ich gar keinen Unterschied.

Milch, die nicht von Kühen kommt

Außerdem spielt in der veganen Ernährung eine Gruppe von Lebensmitteln eine große Rolle, die von Fleischessern meist vernachlässigt wird: die Hülsenfrüchte. Zu den Hülsenfrüchten zählen alle möglichen Formen von Bohnen, und zwar nicht nur die grünen Bohnen, sondern auch die, die man meist in der Dose oder im Glas kauft: weiße Bohnen, rote Bohnen, dicke weiße Bohnen. Auch Kichererbsen, die man in vielen Ländern zu dem Brotaufstrich Hummus oder zu Falafeln verarbeitet, grüne Erbsen, Linsen in verschiedenen Formen und Farben, und Sojabohnen.

Hülsenfrüchte enthalten sehr viel Eiweiß und Mineralstoffe. Veganer sollten daher versuchen, möglichst einmal am Tag eine Portion Hülsenfrüchte zu essen, egal in welcher Form. Das können auch die vielen Sojaprodukte sein, also zum Beispiel Sojamilch und Sojajoghurt. Wenn ihr zum Frühstück Müsli esst, ersetzt die Kuhmilch einfach durch Sojamilch oder -joghurt. Die gibt es inzwischen in jedem Supermarkt, wo Sojamilch allerdings nicht »Milch« heißen darf – das darf laut Gesetz nur die Milch der Kuh – sondern meistens »Sojadrink«.

Auch hier gilt: Vielleicht müsst ihr etwas herumprobieren, bis ihr eure Lieblingssorte gefunden habt. Auch bei den Milchprodukten und Fleischgerichten habt ihr ja im Laufe der Jahre Vorlieben entwickelt, das holt ihr jetzt sozusagen im Zeitraffer für die veganen Nahrungsmittel nach. (Dazu, wie man seine Lieblingssojaprodukte findet, sage ich im nächsten Kapitel noch etwas.)

Wenn ihr euch nicht sicher seid, ob ihr über Vollkornprodukte, grünes Gemüse und Nüsse genügend Kalzium bekommt, könnt ihr Sojamilch bzw. Joghurt wählen, denen Kalzium zugesetzt ist. Die Menge entspricht etwa der Menge des Kalziums in der Milch.

Manche Leute (Fleischesser) finden es komisch, dass der Sojamilch Kalzium zugesetzt wird. Wenn das ein gutes Nahrungsmittel wäre, spotten sie, müsste man doch nichts dazugeben, oder? Ehrlich gesagt: So reden vor allem Leute, die selbst nicht so viel darüber wissen, wie Nahrung hergestellt wird – insbesondere die tierische. Auch Kuhmilch wird zigmal behandelt, bevor sie in den Supermarkt kommt. Vor allem aber: Viele wichtige Vitamine und auch das Kalzium, das in der Kuhmilch ist – erhielten die Tiere vorher über ihr Futter! Für Milchkühe kann man sogenannten Futterkalk in Säcken kaufen, denn auch die Kühe produzieren das viele Kalzium nicht selbst, sondern müssen es erst essen.

Auch Schweine erhalten im Futter extra viel Kalzium, plus Phosphor und eine bestimmte Aminosäure (aus der Sojabohne!), Vitamin B12 bekommen sie auch, Ferkel noch dazu weitere B-Vitamine und Säue extra viel Vitamin E. In der Hühnermast wird dem Futter unter anderem Vitamin K zugesetzt. Denn all diese Tiere sehen ja nie das Tageslicht, sie laufen nicht draußen herum, sie können nie etwas Frisches essen, obwohl sie in Freiheit auch Pflanzen essen würden. Ihren Körpern fehlen deshalb viele Nährstoffe, die sie stattdessen über das Futter bekommen, das industriell zusammengemischt wird.

Und warum soll es nun besser, gesünder oder »natürlicher« sein, wenn man den Kalk zuerst in den Trog einer Kuh schüttet, wartet, bis der Kuheuter Milch gebildet hat, und dann sein Kalzium über die Milch aufnimmt, als wenn man einfach Sojamilch trinkt? Ist es denn naheliegend, das Lysin (eine bestimmte Aminosäure) aus der Sojabohne zuerst an ein Schwein zu verfüttern und dann das Schwein zu essen – statt direkt Soja zu sich zu nehmen?

Und so gibt es leider viele Vorurteile gegen Soja, die haltlos sind; mir scheint, dass die meisten Menschen Soja etwas suspekt finden, gerade weil es in so vielen Hinsichten Fleisch ersetzen kann! Anders als das Soja, das die allermeisten Schweine und Hühner zu essen bekommen, ist das Soja für den direkten menschlichen Verzehr auch nicht genmanipuliert; und zumeist stammt es aus Europa, es wird also kein brasilianischer Regenwald dafür abgeholzt (wie ich im vorherigen Kapitel schon schrieb).

Was wichtig ist

Jetzt habe ich unheimlich viel über Ernährung geschrieben, und für viele ist es sicher immer noch nicht konkret genug. Richtig praktische Tipps gibt es im nächsten Kapitel, aber in diesem geht es um die Grundlagen, und da habe ich bisher nur gesagt:

- esst viel Obst und Gemüse (gilt für alle)
- esst nur wenig Süßigkeiten und Sachen mit Frittierfetten (alle)
- esst beim Getreide die Vollkornvarianten (für alle gut, aber besonders für Veganer wichtig)
- esst täglich eine »ordentliche« Portion Hülsenfrüchte/ Sojaprodukte/Produkte aus Süßlupinen (Veganer)
- esst täglich eine kleine Portion Nüsse (Veganer)

Und worauf müssen Veganer sonst noch achten? Wenn man die obigen Regeln beherzigt und keine Krankheiten oder Nahrungsmittelunverträglichkeiten hat, sollte man eigentlich vollständig mit Eiweißen, Fetten, Kohlenhydraten, Ballaststoffen, sekundären Pflanzenstoffen und den meisten Vitaminen und Mineralstoffen versorgt sein. Aber es gibt ein paar Vitamine und Mineralstoffe, auf die ihr besonders achten solltet (einiges davon gilt wieder für Fleischesser und Veganer, manches für Veganer speziell). Ganz wichtig ist zum Beispiel:

Vitamin B12. Das ist ein Vitamin, das praktisch nur in tierischer Nahrung vorkommt und das alle Veganer zum Beispiel über Tabletten, Tropfen oder angereicherte Lebensmittel zu sich nehmen müssen. Auch fast alle »Nutz«-Tiere erhalten Vitamin B12 über ihr Futter, und auf diesem Umweg nehmen es Fleischesser oder Kuhmilchtrinker zu sich. Trotzdem können sie unter Vitamin-B12-Mangel leiden, wenn ihr Körper dieses Vitamin nicht richtig aus der Nahrung aufnehmen kann.

Vitamin D. Das braucht der Körper unter anderem, um das Kalzium richtig einlagern zu können, aber auch für das Immunsystem. Das mit dem Vitamin D ist eine heikle Sache: Eigentlich bildet es unser Körper selbst, aber dafür braucht er Sonnenlicht. Viel Sonnenlicht! Es heißt ungefähr, man solle sich mit nacktem Oberkörper eine halbe Stunde in die Sommersonne setzen.

Aber erstens ist nicht immer Sommer, zweitens ist nicht jeder Sommertag sonnig, und drittens soll man ja auch Sonnencreme verwenden, die blockiert dann aber die entsprechenden Strahlen der Sonne. Darum hat ein großer Teil der Bevölkerung in Mittel- und Nordeuropa in den sonnenarmen Monaten zwischen Oktober und März einen Vitamin-D-Mangel. Davon sind sowohl Fleischesser als auch Veganer betroffen.

Kalzium. Das ist in Tofu, Sojaprodukten, grünem Gemüse und Nüssen enthalten. Viele Menschen glauben, dass Kuhmilch die beste Kalziumquelle wäre, aber Studien zeigen, dass Kalzium aus vielen pflanzlichen Lebensmitteln genauso gut aufgenommen wird wie aus Kuhmilch.

Zink. Das ist ein Mineralstoff, von dem sowohl vegane als auch fleischessende Jugendliche oft zu wenig aufnehmen. In Weizenvollkornprodukten, Haferflocken, Sonnenblumenkernen und Cashewkernen ist viel Zink enthalten.

Eisen. Dieser Mineralstoff ist viel in Vollkornprodukten, Nüssen, Hülsenfrüchten, grünen Gemüsen und Salaten enthalten.

Am besten kann der Körper es aufnehmen, wenn er auch etwas Vitamin C zur Verfügung hat, darum ist zum Beispiel die Kombination von Nüssen, Obst und Getreide wie im Obst-Müsli so gut. Eisenmangel kommt leider ziemlich häufig vor, vor allem bei Mädchen und Frauen, weil sie jeden Monat bei der Menstruation etwas Blut verlieren (und der Körper braucht Eisen für die Blutbildung). Auch das hängt nicht nur von den Ernährungsgewohnheiten ab, sondern ist zum großen Teil Veranlagung. Nicht nur Veganerinnen, sondern auch Fleischesserinnen haben oft Eisenmangel.

So, und wenn ich jetzt auf die letzte Seite zurückblicke, sieht es aus, als ob wir alle schon beinahe tot sind. Das mit dem Kalzium scheint ja noch hinzukommen, aber Vitamin D, Vitamin B12, Zink und Eisen sind bei vielen Jugendlichen und Erwachsenen, egal mit welcher Ernährungsweise, Mangelware. Trotzdem laufen wir noch irgendwie rum – etwa als Zombies?

Nein, bitte bekommt keine Angst, es ist nicht so, dass man gleich umfällt. Oft haben die Mengen, die zum Beispiel die Deutsche Gesellschaft für Ernährung für die tägliche Versorgung mit all diesen Stoffen angibt, einen gewissen Sicherheitsspielraum. Man muss auch nicht von jedem Mineral und jedem Vitamin jeden Tag exakt dieselbe Menge essen, denn der Körper legt Vorräte an, und die Zellen bauen die Stoffe ein.

Aber man sollte schon dafür sorgen, dass man mit all diesen Stoffen auf Dauer gut versorgt ist. Wenn nicht, kann es zu verschiedenen Mangelerscheinungen kommen – bei Vitamin-B12-Mangel können Schäden an den Nerven auftreten, die sich nicht rückgängig machen lassen!

Am Wichtigsten ist allerdings erst mal zu *wissen*, ob man von all diesen Stoffen genug im Körper hat – oder nicht. Spekulieren hilft wenig. Neulich habe ich eine Mail von einem 15-jährigen Mädchen bekommen, die gerne Vegetarierin werden will, aber ihre Familie ist sehr skeptisch. Bisher versucht sie einfach, ihre Fleischportionen zu verringern. Nun hat sie Kreislaufprobleme bekommen, und die Mutter hat gleich gesagt: »Das ist Eisenmangel, du musst wieder mehr Fleisch essen!«

Das ist völliger Unsinn, und gefährlich dazu. Denn erstens haben eben auch viele Fleischesserinnen Eisenmangel, und es kann sein, dass dieses Mädchen Eisen nicht gut aufnehmen kann. Dann hat sie gar nichts davon, wenn sie einfach nur wieder Fleisch isst. Zweitens können Kreislaufprobleme oder Schwindel von allem Möglichen kommen; um das abklären zu lassen, sollte man zu einer Ärztin gehen. Auch sie kann nicht vom bloßen Ansehen wissen, ob Eisenmangel die Ursache ist oder nicht. Sie muss das Blut untersuchen.

Und tatsächlich: Wenn man überprüfen will, ob der Körper mit allem gut versorgt ist (ob als Veganer oder Fleischesser), geht man am besten zu einer Ärztin und bittet um einen Bluttest. (Im Anhang gibt es Quellen für mehr Infos dazu.)

Wenn die Familie nicht mitmacht

Nach allem, was mir auch andere Jugendliche erzählen, vermute ich: In der Situation dieses Mädchens, das mich anschrieb, sind viele von euch. Ich meine nicht das mit den Kreislaufproblemen – sondern wie eure Umgebung reagiert, wenn ihr Interesse am Veganismus zeigt. Die meisten von euch leben in fleischessenden Familien. Oft wird dem Thema veganes Essen wenig Verständnis entgegengebracht, und es gibt wenig Unterstützung. Viele Jugendliche fangen dann an, das Fleisch einfach wegzulassen – aber »weglassen« ist keine gesunde Form der Ernährung! Ihr könnt nicht nur von Reis, Nudeln, Kartoffeln und den Beilagen leben. Je nachdem wie alt ihr seid, und wie viel Zeit die Schule in Anspruch nimmt, ist es auch unrealistisch, dass ihr regelmäßig in den Supermarkt geht, für euch selbst einkauft, kocht etc. Außerdem will man auch mit der Familie essen, es wäre blöd, ein paralleles Leben im selben Haushalt zu führen.

All das kann schwierig sein. Manche Jugendliche haben mir erzählt, wie ihre Eltern ihren Wunsch nach fleischloser Ernährung sofort unterstützten, sich informierten und die Idee umsetzen halfen. Manchmal wird sogar die halbe oder ganze Familie gleich mit vegan. (Oder: zunächst vegetarisch. Die meisten Menschen sind erst mal eine Zeitlang Vegetarier, hören also auf, Fleisch zu essen, bevor sie auch die anderen Tierprodukte von ihren Tellern verbannen.)

Aber dann gibt es die vielen anderen Geschichten von Eltern, die blöde Witze machen, sich weigern, aus dem Supermarkt Sojaprodukte mitzubringen, und vieles mehr. Die Mutter eines jungen Veganers hier in der Gegend bestand sogar darauf, zu seinem 18. Geburtstag Quarktaschen zu backen, weil sie das schließlich jeden Geburtstag so gemacht hatte. Dabei sollte der 18. Geburtstag doch etwas Besonderes sein, und der junge Mann, der seit einiger Zeit überzeugter Veganer war, wollte die Quarktaschen nicht. Ich fand es ziemlich respektlos, wie die Mutter schließlich doch zwei Bleche mit diesen blöden Quarktaschen aus dem Ofen zog, als wäre es völlig egal, wie ihr gerade erwachsen gewordener Sohn sich diesen Tag wünschte.

Und so gern ich jeden, der vegan leben will, ermuntern würde, dies auch zu tun, denke ich vor dem Hintergrund solcher Geschichten doch: Wenn ihr von den Erwachsenen in eurem Umfeld keine Unterstützung findet, versucht nicht, auf eigene Faust vegan zu leben, indem ihr alle tierischen Produkte einfach weglasst. Ich sag es noch mal: Einfach nur »weglassen« ist keine Lösung! Besser ist es, tierische Produkte durch pflanzliche zu ersetzen, wo es im Alltag gut möglich ist.

Ich weiß, dass es schwerfallen kann, weiterhin Fleisch, Milch und Eier zu essen, wenn man so viel über Massentierhaltung weiß. Man will doch etwas ändern! Aber das Essen ist nun mal etwas, das in der Familie stattfindet. Später, wenn ihr einen eigenen Haushalt habt, könnt ihr komplett vegan werden. Und das könnt ihr jetzt schon vorbereiten!

Bis zu den Tierrechten liegt noch ein weiter Weg vor uns, und an dem kann man jetzt schon mitarbeiten, auch wenn man selbst noch nicht (komplett) vegan leben kann. Das Wichtigste ist nicht, jetzt ein paar Steaks weniger zu essen – wenn der Preis darin besteht, den eigenen Körper zu ruinieren, weil man nur Brot und Äpfel isst. Sondern unser Ziel ist es doch, dauerhaft eine Gesellschaft zu erschaffen, die die Tiere gerecht und mitfühlend behandelt, statt sie auszubeuten und zu töten. Und wie ihr euch engagieren und etwas für Tiere bewirken könnt, dazu gibt es Anregungen im nächsten Kapitel.

KAPITEL 17

WAS IHR FÜR TIERRECHTE
TUN KÖNNT

Mich haben schon viele Menschen gefragt, wie man das am besten macht: vegan werden. Und ich habe dazu noch nie etwas aufgeschrieben. Aber ich nehme an, dass es auch einige unter euch interessiert, darum will ich mal eine Antwort versuchen.

Wenn ich mir anschaue, wie die Menschen, die ich kenne, vom Fleischesser zum Veganer wurden, dann gibt es typischerweise zwei Wege. Der erste sieht so aus: Viele nehmen sich vor, das mit dem Veganismus erst mal für zwei Wochen oder einen Monat auszuprobieren. Das ist eine tolle Idee, aber es braucht einige Vorbereitung, wenn alles ab Tag eins klappen soll. Solche Probezeiten heißen meist irgendwas mit »Challenge«, sie sollen eine gewisse Herausforderung darstellen, darin liegt ihr Reiz.

Dadurch sind sie aber nicht gleich ideal für jeden und jederzeit. Meistens hat man noch etliches anderes zu tun im Leben – die Schule, Sport, Familie. Und gerade wenn man nicht alleine in einem Haushalt lebt, sondern zusammen mit einer Familie, die weiterhin Fleisch essen will, ist eine komplette Umstellung von heute auf morgen schwierig bis unmöglich.

Dann gibt es die zweite Methode: Man wird nicht gleich vegan, sondern hört erst mal auf, Fleisch zu essen. Manche

Menschen sind jahrelang Vegetarier, bevor sie sich entschließen, vegan zu leben. Manche werden nie Veganer. Aber bei vielen Menschen läuft es so, dass sie sich in der vegetarischen Zeit immer mehr mit dem Thema Tierhaltung befassen, Alternativen zu Milchprodukten kennenlernen und so mit der Zeit »veganer« werden.

Ich halte diesen stufenweisen Übergang für sinnvoll, weil man sich nicht so leicht überfordert fühlt. Langsam kann man die Palette veganer Produkte durchprobieren und herausfinden, was einem schmeckt und welche alten Gewohnheiten man durch andere ersetzen kann. Man sollte sich nur nach Möglichkeit keine neuen Rezepte oder Produkte angewöhnen, die auch wieder tierische Produkte beinhalten, also zum Beispiel zum Abendbrot Rührei statt Wurstbrot essen, oder sämtliche Gemüsegerichte mit Käse überbacken. Damit ist nämlich auf lange Sicht nichts gewonnen, und man steht später bei der Umstellung aufs vegane Essen wieder am Anfang.

Egal welchen dieser Wege man vielleicht einschlagen will, man wird rasch merken: Wir essen zu viel mehr Gelegenheiten und an viel mehr Orten, als wir gemeinhin denken. Das mag sich jetzt etwas sonderbar anhören. Aber erst, wenn man aufs Essen achtet und etwas daran *ändern* will, merkt man, wie viele Gewohnheiten und Kleinigkeiten für einen bisher üblich waren. Es geht schließlich um so unterschiedliche Dinge wie Frühstück, warme Mahlzeiten, Abendbrot; um Snacks, um Schul- oder Kantinenessen; um Reiseproviant, Kuchen bei Einladungen, Gegrilltes bei Partys und den Lieblings-Geburtstagskuchen.

Und darum würde ich jedem, der vegan werden will und zudem in einer Familie von Nicht-Veganern lebt, eine dritte Methode vorschlagen: nämlich, sich Schritt für Schritt heranzutasten. Dabei kann, muss man aber nicht die Zwischenstation über den Vegetarismus nehmen. Man fängt einfach mit den Mahlzeiten, Rezepten und Lebensbereichen an, wo einem die »Veganisierung« leichter fällt, und schaut, wie weit man damit kommt. Viele Dinge kann man sogar ändern, ohne dass der Rest der Familie mitmachen muss, zum Beispiel, indem man Tierisches durch Pflanzliches ersetzt:

Wenn ihr zum Frühstück Müsli oder Cornflakes mit Milch esst, könnt ihr diese leicht durch Pflanzenmilch zum Beispiel aus Soja, Hafer, Reis oder Mandeln ersetzen, die es inzwischen auch im Supermarkt gibt. Auch Joghurt und Fruchtjoghurts gibt es inzwischen auf Sojabasis.

Wenn es bei euch zu Hause manchmal Gerichte gibt, die aus der Kombination Kartoffeln, Fleisch und Gemüse bestehen, könnt ihr den Fleischanteil einfach ersetzen, indem ihr im Bio-supermarkt oder im Bioladen vegane Würste oder Schnitzel für euch kauft. Viele dieser Produkte werden aus Sojabohnen und Lupinen hergestellt, weil ihre Mischung von Aminosäuren (Eiweißbausteine) besonders hochwertig ist. Genauso einfach geht es, wenn ihr bisher Wurst oder Käse aufs Brot legt; dann probiert es mal mit den Aufschnitten aus Soja oder Weizen. Eine andere Möglichkeit sind die vielen veganen Brotaufstriche, die es meist in kleinen Gläsern zu kaufen gibt.

Ein bisschen tricky finde ich allerdings, dass inzwischen jede Firma und jeder Markt vegane Brotaufstriche anbietet, ohne dass die unbedingt gut schmecken. Gute Erfahrungen habe ich im Allgemeinen mit den Gläschen von Alnatura, Allos »Hofgemüse« und Zwergenwiese gemacht. Falls ihr euch wundert, dass ich hier spezielle Marken empfehle: Ich kriege natürlich von den Firmen kein Geld dafür! Nur habe ich selbst schon so viele unappetitliche Aufstriche gekauft und weggeschmissen, das will ich euch ersparen.

Die Sache wurde nicht gerade dadurch erleichtert, dass ich mich anfangs, wenn ich beim Einkaufen vor dem Regal mit den veganen Aufstrichen und Würsten stand, nicht mehr erinnern konnte, welche ich schon ausprobiert hatte und wie sie mir geschmeckt hatten. Falls ich nochmals vegan würde (ein bisschen unsinniger Gedanke, ich weiß), würde ich mir zu Hause ein Heft anlegen und die Produkte reinschreiben, oder Fotos von den Packungen in meinem Smartphone sammeln. Vielleicht könnte euch das ebenfalls helfen.

Damit ihr beim Ausprobieren nicht ganz so viele Umwege gehen müsst und rascher bei den Produkten landet, die euch schmecken, würde ich empfehlen, auch mal im Internet bei den diversen Anbietern veganer Produkte nachzugucken. Der Online-Shop *www.alles-vegetarisch.de* zum Beispiel (der ausschließlich vegane Produkte vertreibt) bietet auch Probiersets und Grill-Specials an; außerdem gibt es eine Rubrik mit »Topsellern«, die von anderen Leuten viel bestellt werden. In Supermärkten hingegen habe ich schon ein paarmal die Erfahrung gemacht, dass der Filialleiter einfach irgendwelche Produkte eingekauft hatte, ohne sie selbst getestet zu haben; leider konnte mir dann keiner sagen, ob die Produkte würzig schmecken, zu lasch, zu salzig etc. Das ist beim spezialisierten Versandhandel besser.

Was ist eigentlich von den vielen veganen Wurstsorten zu halten, die neuerdings auch in herkömmlichen Supermärkten ausliegen? (Nicht alle fleischfreien Würste sind übrigens auch vegan, einige enthalten viel Ei; dann wurde das Elend nur von den Schweinen zu den Hühnern verschoben.) Es steht nicht immer drauf, von welchem Hersteller sie sind; einige sind von den Fleisch- und Geflügelproduzenten Tönnies, Wiesenhof und Rügenwalder Mühle. Einerseits ist es zu begrüßen, dass auch diese Firmen vegane Produkte »für alle« anbieten; so ist es unkompliziert, neben der Grillwurst aus Schwein auch mal eine aus Soja zu kaufen.

Andererseits fließen die Gewinne natürlich demselben Konzern zu, der auch die Tiere schlachtet, und vielleicht verwendet er die Gewinne, um einen Schlachthof auszubauen. Wenn die Menschen in Deutschland weniger Fleisch essen, wird stattdessen vielleicht mehr Fleisch exportiert. Die dazu nötigen Fabriken muss man ja nicht noch unterstützen. Daher ist es besser, wenn man von »rein veganen« Firmen kauft; aber wenn das zu kompliziert ist, kann man auch zu den Produkten anderer Firmen greifen.

Weitere Vorschläge

All diese Produkte könnt ihr entweder selber kaufen oder auf die Einkaufsliste eurer Familie schreiben, und dazu müssen eure Eltern (oder wer halt bei euch zu Hause kocht) nur minimal mitmachen. Oft es ist übrigens so, dass Eltern erst mal besorgt sind, wenn sie hören, dass ihre Tochter oder ihr Sohn tierische Nahrungsmittel »weglassen« will. Aber wie ich schon im letzten Kapitel gesagt habe: Weglassen allein ist sowieso nicht die Lösung, es geht darum, bisherige Essgewohnheiten durch neue zu ersetzen. Und oft lassen sich die Bedenken der Eltern zerstreuen, wenn sie merken, dass ihr euch durchaus Gedanken über gesunde Ernährung gemacht habt, und wenn sie sich selbst etwas über vegane Ernährung informieren. (Im Anhang findet ihr weitere Informationen dazu.)

Kürzlich hat mir ein Mädchen eine E-Mail geschrieben, die gern vegan leben würde, aber ein kompletter Umstieg wäre für die Familie zu kompliziert. Ich habe ihr folgenden Vorschlag gemacht, und sie und ihre Mutter fanden ihn praktikabel und haben sofort damit angefangen:

Wie wäre es, wenn ihr euch vornehmt, einmal in der Woche (oder auch seltener oder öfter, jedenfalls an einem Wochentag, an dem ihr dazu Zeit und Lust habt) vegan für eure ganze Familie zu kochen? Also zum Beispiel das Mittagessen? Ihr könnt euch, vielleicht gemeinsam mit Mutter oder Vater, im Internet oder in einem der vielen neuen veganen Kochbücher ein Rezept heraussuchen, das lecker klingt; und dann probiert ihr es einfach. Die beiden Vorteile sind: Ihr macht damit niemand anderem zusätzliche Mühe; und ihr selbst erarbeitet euch Stück für Stück ein Repertoire an veganen Rezepten, die ihr dann schon beherrscht, wenn ihr später mal einen eigenen Haushalt habt.

Ganz ähnlich habe ich es übrigens gemacht, als ich vor sieben Jahren von vegetarisch auf vegan umgestiegen bin: Ich habe einfach ein neues Rezept nach dem andern erlernt, das hat Spaß gemacht und war abwechslungsreich. Ich habe mir gar nicht so sehr vorgenommen Altes wegzulassen, sondern vor allem Neues dazuzugewinnen. Und nach etwa drei Monaten habe ich dann gemerkt: Hoppla, ich koche bereits komplett vegan!

Ähnlich könntet ihr es auch mit dem Backen machen. Gibt es in eurer Familie manchmal Kuchen? Dann könntet ihr anbieten, mal eine »Backschicht« zu übernehmen, und ein Rezept aus einem Kochbuch oder dem Internet raussuchen. Oft kann man auch vegane Varianten bisheriger Lieblingskuchen im Internet finden.

Dasselbe könnt ihr auch machen, wenn zu einem bestimmten Anlass jeder in der Schule einen Kuchen mitbringen soll: Beim nächsten Mal backt ihr vielleicht einen veganen Kuchen.

Schaut euch beim nächsten Kleiderkauf die Etiketten an, ob Materialien wie Wolle, Seide, Leder oder sogenannte »nicht-textile Teile tierischen Ursprungs« enthalten sind. Viele Laufschuhe gibt es jetzt schon ohne Leder, und für vegane Schuhe gibt es diverse Adressen im Internet und in manchen Städten auch Läden (die manchmal einem veganen Supermarkt angeschlossen sind, wenn es einen bei euch gibt). Wenn bei euch zu Hause das nächste Mal neues Bettzeug oder Kissen angeschafft werden sollen, bittet eure Eltern darauf zu achten, dass sie keine Daunen enthalten. Materialien ohne Daunen lassen sich übrigens auch leichter reinigen und sind besser für Allergikerinnen.

Bevor ihr das nächste Mal Seifen, Cremes, Shampoos etc. kauft, könnt ihr euch informieren, welche Produkte vegan sind. Viele Marken, insbesondere im Naturkosmetikbereich, verwenden inzwischen auch die Vegan-Blume oder schreiben »vegan« drauf. Das gilt nicht nur für teurere Marken, sondern auch für Produkte der üblichen Drogeriemarken; auch dort merkt man, dass die Nachfrage nach veganen Produkten steigt, und richtet sich darauf ein. Ob etwas vegan ist oder nicht, findet ihr am besten übers Internet heraus; und wenn ihr euch unsicher seid, könnt ihr auch einfach die Firmen direkt anschreiben beziehungsweise anmailen. Das hat noch den weiteren Vorteil, dass ihr damit den Firmen das steigende Interesse an tierfreien Produkten vor Augen führt.

Putz- und Waschmittel sind etwas, das vermutlich nicht ihr kauft, sondern eure Eltern. Wenn sie Verständnis dafür zeigen, dass lieber keine Inhaltsstoffe geschlachteter Tiere in euren Waschmitteln enthalten sein sollten, könnt ihr Marken aus Bioläden kaufen, wo »vegan« draufsteht. Am einfachsten ist es – und wieder bekomme ich keine Prozente! – einfach alle

Putz- und Waschmittel der Firma Frosch zu kaufen; sie achten seit Jahrzehnten darauf, dass keine Tierversuche für ihre Produkte durchgeführt werden und dass alles weitgehend biologisch abbaubar ist. Alle Produkte sind vegan, und es gibt sie zu einem geringen Preis in den üblichen Drogerie- und Supermärkten.

Kauft ihr Brot und Brötchen beim Bäcker? Fragt mal nach, ob sie vegan sind. Oft ist Milchpulver oder Joghurt enthalten. (Das werden die Bäckerinnen beziehungsweise die Angestellten meistens nicht sofort sagen können. Aber sicher fangen sie an, etwas umständlich nach der Zutatenliste zu kramen, weil sie nämlich gesetzlich zur Auskunft, falls die gewünscht ist, verpflichtet sind.)

Esst ihr mittags in der Schule, und gibt es dort Essen aus einer Großküche? Auch in Großküchen und Kantinen kann man fragen, ob es ein veganes Angebot gibt. Vielen Leuten ist es unangenehm, solche »Extrawürste« zu erbitten. Aber ich habe ganz gute Erfahrungen damit gemacht; oft ist es nämlich so, dass die Köchinnen selber schon ein bisschen gelangweilt sind von dem immer Gleichen, was sie tagein, tagaus kochen müssen. Eine neue Herausforderung finden viele gar nicht schlimm, im Gegenteil, es entspricht sogar ihrem Selbstverständnis als Köchin, alle Leute so zu bekochen, dass sie zufrieden sind. Und selbst wenn sie *bisher* nicht darüber nachgedacht haben, welche veganen Speisen es gibt – spätestens wenn der zweite oder dritte sie danach fragt, werden sie ins Grübeln kommen.

Dasselbe gilt für Lokale und Imbissbuden, falls ihr manchmal dort essen geht: Fragt sie nach veganem Essen! Schließlich ist es ihr Job und ihre Leidenschaft zu kochen, und es ist keine wirkliche Mühe, auch etwas Veganes auf die Speisekarte zu setzen.

Das sind schon mal mehrere Möglichkeiten, wie ihr in eurem Alltag teilweise vegan leben könnt, ohne dass ihr ständig mit den Gewohnheiten in eurer Familie in Konflikt geratet. Und ihr seht schon jetzt: Es geht also nicht nur darum, was ihr selber esst oder nicht esst, sondern ihr könnt auch andere anregen, es mal mit veganem Essen zu versuchen. Es ist für niemanden ein Verlust, auf Decken ohne Daunen umzusteigen. Es gibt Hunderte von guten Broten ohne Milchpulver, und niemand bemerkt einen Unterschied. Es ist auch nicht zu viel verlangt, dass ein Restaurant ein veganes Essen oder eine Falafelbude eine Sauce ohne Joghurt anbietet.

Aber mit solchen kleinen Maßnahmen werden vegane Alternativen sichtbarer. Die Leute denken darüber nach, wie oft sie Tiere benutzen, ohne es zu bemerken, und sie hören auf, beim Stichwort »vegan« gleich einen hysterischen Anfall zu kriegen: »Vegan? Das könnte ich nicht!« – Ach, ist es wirklich so schwierig, ein Waschmittel zu benutzen, in dem keine Schweinereste sind?

Und noch mehr Aktionen

Darüber hinaus gibt es noch viele andere Möglichkeiten, wie ihr etwas gegen die Ungerechtigkeit gegenüber Tieren unternehmen könnt.

Und auf keinen Fall müsst ihr das alles allein machen! Wo ich schon über die Schule und das Schulessen gesprochen habe: Vielleicht gibt es noch ein oder zwei Schülerinnen, die Interesse an veganer Ernährung haben? Dann könntet ihr zusammen zum Koch gehen oder zusammen den Kuchen fürs Schulfest backen. Wird bei euch Pausenmilch verkauft? Auch Sojamilch ist in kleinen Packungen und in verschiedenen Geschmacksrichtungen erhältlich. Vielleicht könnt ihr erreichen, dass nicht nur Kuhmilch, sondern auch Sojamilch angeboten wird.

Werden an eurer Schule Werbemittel der Kuhmilchindustrie verteilt? Oder kommt bei euch ab und zu ein kleiner Bus von einer »Waldschule« vorbei, hinter der aber tatsächlich Jäger stehen? Besprecht das mal mit euern Eltern. Viele Eltern finden es zumindest nicht toll, wenn ihre Kinder heimlich mit Werbung zugepflastert werden oder wenn Jägerinnen versuchen, sich bei ihnen »lieb Kind« zu machen (und dabei behaupten, nur über Waldtiere informieren zu wollen).

Ein bisschen anders sieht es bei Zoobesuchen aus, die bei vielen Schulen zum festen Repertoire gehören, ohne dass sich jemand etwas dabei denkt. Ich möchte euch jetzt nichts vorschlagen, was euch zu viel und zu anstrengend wird; aber falls es mit euren Lehrern okay ist, könntet ihr die Freiheit beziehungsweise Unfreiheit von Tieren in Zoos mal zum Thema machen (Textvorschläge dazu im Anhang). Ihr könntet auch vorschlagen, dass man etwas anderes unternimmt, wobei man Tiere in Freiheit beobachten kann, das ist oft noch viel eindrücklicher, weil man auch die ganze Natur drum herum erlebt. Zum Beispiel kann man ornithologische, also vogelkundliche Ausflüge buchen (Nachteil: Ist meistens frühmorgens. Vorteil: Es ist phantastisch!), an einer Fledermausbeobachtung teilnehmen oder einen Biberlehrpfad besuchen. Welche Möglichkeiten es gibt, hängt natürlich von der Gegend ab, in der ihr lebt. So etwas wird von Naturschutzorganisationen, Fledermaus- und Vogelkundestationen angeboten.

Gibt es an eurer Schule einen Lehrer oder eine Lehrerin, die auch Interesse an Tierschutz und Tierrechten haben? Und noch ein paar interessierte Schüler? Dann lässt sich eine Tierschutz-AG einrichten, wo ihr euch über solche Themen austauscht und Gelegenheiten plant, auch die anderen Schüler zu informieren. Oder eure Lehrerin kann überlegen, mal jemanden einzuladen, der zum Beispiel zwei Schulstunden oder gar einen ganzen Projekttag lang mit euch über diese Themen diskutiert. Im Anhang findet ihr die Adresse einer Organisation, die sich gerade erst gegründet hat und die bundesweit Workshops an Schulen anbietet. (Wenn man sie einlädt. Ich kenne einige der Leute und finde, sie machen das toll.)

Vielleicht könnt ihr sogar eine Aktions-AG gründen oder wollt euch der Ortsgruppe einer Tierrechtsorganisation wie ARIWA (Animal Rights Watch), Albert-Schweitzer-Stiftung für unsere Mitwelt oder dem BVL (Bund für vegane Lebensweise) anschließen? Solche Gruppen treffen sich einmal im Monat (oder öfter), geben einander Tipps zum veganen Leben, planen Demos oder Aktionen wie das Verteilen von Flugblättern und veganen Muffins. Bisher sind in solchen Gruppen vor allem Erwachsene, aber ich habe mich umgehört, und manche Organisationen denken darüber nach, vermehrt Aktionen anzubieten, wo auch Jugendliche gut mitmachen können.

Falls ihr gerne schreibt, könnt ihr noch eine andere Aktionsform auszuprobieren, die viele Menschen vergessen, weil sich heutzutage so viel online abspielt: den guten alten Leserbrief. Das heißt: Menschen, die in der Zeitung etwas gelesen haben, was sie ärgert (oder auch: was ihnen gut gefällt) schreiben der Redaktion dieser Zeitung ihre Meinung dazu. Das kann ein Schreiben aus Papier sein oder eine E-Mail an die jeweilige Leserbriefredaktion (deren Adresse findet man im Impressum der Website der Zeitung).

Ich meine jetzt aber nicht diese Online-Kommentare, die es immer zu Dutzenden gibt. Auch die werden von Zeitungen wahrgenommen, aber sie sind oft schrecklich unhöflich, es wird wenig sachlich diskutiert; und eine richtige E-Mail (oder gar ein Brief) macht mehr Mühe und ist etwas Besonderes, berührt die Redaktionen daher mehr. Der Brief kann ruhig kurz sein, und wie gesagt höflich und sachlich; wenn man Glück hat, wird er sogar abgedruckt.

Das Erste, was jemals von mir in einer richtigen Zeitung erschien, war übrigens genau so ein Leserinnenbrief, als ich noch Studentin war. Im Frankfurter Zoo war nämlich ein Gorillababy geboren worden, und die Zeitung jubelte. Ich aber schrieb, dass das doch auch ziemlich traurig sei, weil dieses Gorillakind nie in Freiheit würde leben können. Ich führte allerlei Argumente gegen Zoos an, die die Zeitung dann auch tatsächlich druckte.

Letztes Jahr habe ich sogar mal bei einer Zeitung angerufen – ich bin schließlich selber Journalistin und dachte, es wäre vielleicht gut, mit der dortigen Redaktion zu sprechen. Und zwar hatte es einen Unfall mit einem Tiertransporter gegeben, dutzende Schweine waren auf die Fahrbahn geschleudert worden. In der Zeitung stand dann, soundso viele Schweine seien »gerettet« und in einem anderen LKW weitertransportiert worden. Ich sprach also den verantwortlichen Kollegen darauf an, dass diese Schweine leider nicht wirklich gerettet, sondern nur mit einem anderen LKW zum Schlachter gefahren worden waren!

Das schien dem Kollegen zu denken zu geben, jedenfalls klang er selbstkritisch, als er danach sagte, er hätte nur die Meldung der Polizei abgeschrieben und einfach nicht über die Formulierung nachgedacht.

Ich muss gestehen, danach rief ich sogar noch bei der Polizeidienststelle an ... Auch das war ein kurzes, aber freundliches

Gespräch. Hat sich dadurch etwas geändert? Sicher nicht direkt. Konnte ich jemanden zum Nachdenken anregen? Keine Ahnung! Immerhin habe ich es versucht. Und solche Versuche sind nicht vergeblich, davon handelt das nächste Kapitel.

KAPITEL 18

WIE ES SICH ANFÜHLT, DIE DINGE ZU ÄNDERN

Ich will euch jetzt natürlich nicht dazu anstiften, eure ganze Freizeit damit zu verbringen, Leserbriefe zu schreiben, Flugblätter zu verteilen oder Lehrerinnen zu bequatschen. Bei all dem, was ich in diesem Buch geschrieben habe und über all den praktischen Vorschlägen darf man nicht vergessen: Jeder hat noch sein eigenes Leben, in dem andere Dinge zählen. Man will auch ganz private Dinge tun – und glücklich sein!

Das mag sich jetzt etwas trivial anhören; aber wenn man erst einmal damit beginnt, die Ungerechtigkeiten um einen herum wahrzunehmen, beschleicht einen manchmal eine Art schlechtes Gewissen. Dann denkt man: Wieso hängst du hier fröhlich ab, während es anderen so schlecht geht – müsstest du nicht etwas unternehmen?

Sich diese Frage *ein bisschen* zu stellen ist ganz richtig; aber man sollte sich nicht damit tyrannisieren. Mir ist das in meiner Jugend schwergefallen, und ehrlich gesagt: Es fällt vielen Erwachsenen immer noch schwer. Manchmal kommt es einem fast unverschämt vor, sich zum Beispiel darüber zu ärgern, dass es im Büro keinen Kaffee mehr gibt, während andere Menschen nicht mal genug Wasser haben. Oder man schimpft übers schlechte Wetter, während man doch weiß: Die allermeisten Schweine und Hühner kommen bei keinem Wetter jemals raus!

Man sollte also nicht vergessen, dass es anderen schlechter geht; aber man muss auch das eigene Leben schätzen und genießen. Man kann sich eine politische Aufgabe vornehmen, aber man darf sich nicht fertigmachen, wenn man etwas nicht so konsequent durchhält, wie man gehofft hätte, oder wenn man eine Pause braucht. Das ist eine ungeheure Balance, die man wohl nie ein für alle Mal hinkriegt, sondern immer wieder neu ausprobieren muss. Vielleicht hört sich das jetzt ein bisschen abstrakt an, aber ich wollte es doch zumindest mal sagen für den Fall, dass auch ihr irgendwann mal an den Punkt kommt, dass ihr euch etwas kraftlos fühlt und denkt: »Ich will jetzt mal nicht über die Probleme der anderen nachdenken. Tu ich eh schon die ganze Zeit. Ich will heut einfach in der Sonne auf der Wiese liegen!«

Und genau das muss auch sein. Dazu hat man jedes Recht. Wenn man will, dass alle Menschen und Tiere in Frieden in dieser Welt leben sollen, und sogar glücklich sein sollen, heißt das auch, dass man selber glücklich sein darf. Schließlich ist man selber auch ein Mensch (und eine bestimmte Art von Tier).

Mit den vielen Vorschlägen im letzten Abschnitt wollte ich euch also nicht eintrichtern, dass ihr rund um die Uhr politisch aktiv werden müsst; ich wollte euch vielmehr ermutigen: Ihr müsst nicht, aber ihr *könnt!* Auch als Jugendliche! Auch wenn ihr vor dem Gesetz noch nicht volljährig seid.

Es gibt nämlich dieses weitverbreitete Missverständnis, dass Politik angeblich nur von Politikerinnen gemacht wird und für die anderen Leute hauptsächlich darin besteht, wählen zu gehen. Das ist nicht richtig.

Gesetze sind natürlich wichtig, aber auch Politiker können

nicht völlig nach eigenem Belieben entscheiden. Welche Gesetze ein Parlament macht, hat etwas mit den Meinungen zu tun, die die Bevölkerung insgesamt hat. Und die Bevölkerung, das sind wir alle! Wir alle bilden zusammen das, was man in einer Demokratie »Öffentlichkeit« nennt. Damit sind Zeitungen und Fernsehen gemeint, und Vereine und Demonstrationen, und die Stimmung der Menschen auf der Straße, worüber sie sich aufregen, was in der Schule diskutiert oder auf Facebook geteilt wird. Man sieht: Diese demokratische Öffentlichkeit besteht aus tausend Mosaiksteinen.

Alle davon sind wichtig, um einen Wandel für Tiere zu bewirken. In jedem gesellschaftlichen Bereich muss ein Umdenken stattfinden! Und weil wir alle uns in vielen unterschiedlichen Bereichen bewegen, können wir auch genau dort anfangen, für den Wandel zu werben.

Konsumentinnen und Bürgerinnen

Und genau das wollen wir letztlich: einen Wandel im Denken der Menschen anstoßen. Ich habe den Veganismus im zwölften Kapitel einen Konsumboykott genannt, bei dem wir den Wirtschaftszweigen, die mit Tieren Geld machen, unser Geld nicht mehr zukommen lassen. Aber die Landwirte und Nahrungsmittelproduzentinnen sind ja auch nicht blöd und suchen, wenn sie ihre Waren bei uns nicht mehr so gut loswerden, nach anderen Wegen. Zum Beispiel können sie Milch und Fleisch in andere Länder exportieren. Einige Zahlen der letzten Jahre sprechen auch dafür, dass zwar immer mehr Deutsche weniger Fleisch essen, dass allerdings auch mehr Fleisch von Deutschland anderswohin exportiert wird. Das muss nicht unbedingt miteinander zusammenhängen, denn Deutschland ist ohnehin ein Exportland: Wir verdienen viel an Exporten. Nur zeigt es leider, dass es nicht reicht, wenn wir *im Land* weniger Fleisch essen, sondern wir müssen auch auf anderen Wegen dafür sorgen, dass weniger Tiere eingesperrt und geschlachtet werden. Und das funktioniert über Informationen, Proteste, Demonstrationen, über Öffentlichkeit und schließlich über Gesetze. Letztlich sind Konsumboykotte darum immer nur ein Baustein in einer größeren Bewegung.

Wir Veganerinnen sind übrigens nicht die ersten, die durch einen Konsumboykott die Gesellschaft und die Wirtschaft zu ändern versuchen. Es weiß heute kaum jemand mehr, aber auch die Menschen, die im 18. und 19. Jahrhundert die Sklaverei bekämpften, riefen einen Boykott aus. Damals wurden in Nordamerika und in den Kolonien der Karibik afrikanische Sklaven und Sklavinnen eingesetzt, vor allem um Baumwolle und Zucker anzubauen. Die versklavten Menschen versuchten immer wieder, zu entkommen oder zu kämpfen, aber ihre Mittel waren begrenzt und ihre Gegner bewaffnet. Auf der Seite der freien Bürgerinnen erhielten sie Unterstützung vor allem durch englische und amerikanische Quäkerinnen und Quäker (das ist eine religiöse Richtung), die das System der Sklaverei ablehnten. Mit Vorträgen und Büchern reisten diese Quäker durchs ganze Land und versuchten die Bevölkerung und das Parlament von der Verwerflichkeit der Sklaverei zu überzeugen.

Auf ihre Initiative hin gab es Ende des 18. Jahrhunderts auch einen Zuckerboykott. Zeitweise verzichteten hunderttausende Engländerinnen und Engländer darauf, ihren Tee zu süßen oder Rum zu trinken, der aus Zucker gemacht war.

Es lag nicht allein daran, dass die Sklaverei am Ende des 19. Jahrhunderts gesetzlich abgeschafft wurde; aber auch dieser Boykott erzeugte Druck auf die Zuckerproduzenten und gab der politischen Debatte neuen Schwung. Und genauso müssen wir es heute auch machen.

Etwas abstrakter ausgedrückt: Wir sind nicht nur Konsumentinnen, sondern auch Bürgerinnen. Und als Bürgerinnen wollen wir unter anderem, dass die Gesetze unseres Heimatlandes unseren Vorstellungen von Gerechtigkeit entsprechen. Manchmal fragen mich Leute ziemlich entsetzt: »Wollen Sie etwa, dass es verboten wird, Tiere zu essen?«

Ehrlich gesagt: Klar! Meiner Meinung nach müsste es Gesetze gegen das Schlachten von Tieren geben, so wie es bereits Gesetze gegen das Töten von Menschen oder das viel weniger blutige Verbrechen Diebstahl gibt. Wieso verbieten unsere Gesetze, dass wir einem Menschen einen Kugelschreiber stehlen, nicht aber, einem Tier das gesamte Leben zu rauben?

Doch in einer Demokratie geht es nicht darum, was Einzelne wollen. Man kann sich Gesetze nicht einfach so wünschen, auch wenn man meint, dass man recht hat, sondern man muss andere davon überzeugen. Das ist der Unterschied zwischen einer Diktatur, wo ein Einzelner sagt: »So finde ich es richtig, das machen wir jetzt so!«, und einer Demokratie, wo sich die Menschen versuchen zu einigen.

Dieses Sich-Einigen und das Einander-Widersprechen finden in der Öffentlichkeit statt. Dabei kommt es zu einer Wechselwirkung zwischen den Gesetzen einerseits und der Meinung (genauer: den vielen Meinungen) der Öffentlichkeit andererseits. Gesetze und öffentliche Diskussionen beeinflussen einander gegenseitig.

Um ein ungerechtes Gesetz zu ändern, müssen erst mal bei einigen Menschen Zweifel an diesem Gesetz auftauchen. Dadurch wird das Ganze in der Öffentlichkeit debattiert. Fast immer gibt es eine Gruppe von Leuten, die ein bestehendes Gesetz verteidigen, während andere es angreifen. Wann genau die Sache »kippt«, lässt sich nicht genau sagen; es geht dabei nicht immer um exakte Mehrheiten. Manchmal liegt der entscheidende Wendepunkt wirklich bei 50 Prozent: Eine neue Regierung wird gewählt und setzt neue Prioritäten. Oft aber geht der Impuls zur Änderung von weniger als der Hälfte der Menschen aus. Ihre Argumente sind aber so stark, und sie schaffen es so gut, die öffentlichen Diskussionen in Gang zu halten, dass die anderen sozusagen klein beigeben und irgendwann zugeben: Sie können nichts mehr dagegen sagen. So ganz überzeugt sind sie noch nicht, und sie hätten lieber, dass alles beim Alten bliebe; aber der Fortschritt lässt sich einfach nicht aufhalten.

Dann gibt es ein neues Gesetz, und dieses Gesetz macht das Neue genauso zur Normalität, wie es früher das Alte war. Ab jetzt »erzieht« das Gesetz sozusagen die restlichen, noch zögerlichen Bürgerinnen hin zum Neuen. Irgendwann kann keiner mehr verstehen, wie und warum es eigentlich je anders war. So geschah es bei der Sklaverei, so war es bei den Gesetzen, die regelten, dass Frauen ihren Ehemännern gehörten, und so wird es hoffentlich auch bei den Tieren sein.

Streitereien

Vielleicht war das jetzt ein bisschen abstrakt und schien weit vom Thema entfernt. Ganz praktisch sieht es eher so aus, dass man zum Beispiel eine Packung Sojawürste zu einer Geburtstagsparty mitbringt und nichts anderes will, als dass einem diese Würste warm gemacht werden. Man will einfach nur in Ruhe sein Zeugs futtern.

Aber dann sehen einen die anderen, und sie legen los: »Warum isst du denn kein Fleisch?«

Man beginnt, ein bisschen was von der Massentierhaltung zu erzählen, und die Laune der anderen Partygäste sinkt. Trotzdem bohren sie weiter und wollen diskutieren; bloß ist es nun mal so, dass die meisten Veganerinnen sehr viel mehr über das Schicksal der »Nutztiere« wissen als diejenigen, die diese Tiere essen. (Darum sind wir schließlich Veganerinnen geworden!)

Was sie von uns über das Leid der Tiere erfahren, finden die Fleischesserinnen meist auch nicht so toll. Schließlich endet es oft damit, dass sich die Fleischesserinnen beschweren, man würde ihnen den Spaß verderben.

Dabei haben *sie* nachgefragt, und wir nur unsere Sojawürste mitgebracht!

Wenn ich für jedes Mal, dass mir so was passiert ist, einen Euro bekäme, könnte ich eine ganze Wurstfabrik damit kaufen. Und dann außer Betrieb setzen, oder Sojawurst damit produzieren.

Aber dadurch, dass Essen eben überall stattfindet und es so sichtbar ist, kommt es nun mal, auch wenn wir es nicht extra darauf anlegen, zu Diskussionen. Einerseits ist das gut: Diskussionen brauchen wir, um die Öffentlichkeit zu überzeugen.

Andererseits: Ein Spielverderber sein und andauernd in einen Streit über Würste verwickelt sein, will auch niemand.

Schon als ich von der Freundin erzählt habe, die auf einer Party diesen schnaufenden Mops gesehen hat, ging es um diese Frage: Wie bringt man Leute am besten zum Nachdenken? Wie stellt man es an, dass sie nicht sauer werden (und man selber auch halbwegs die Ruhe bewahrt)? Ich habe diese Fragen ein paar jugendlichen Veganern gestellt und zitiere euch mal zwei verschiedene Antworten:

»Wenn ich auf Andersdenkende treffe, vertrete ich meine Meinung natürlich und versuche, sachlich zu argumentieren. Ich möchte aber nicht zu nervig und missionarisch werden, denn damit erreicht man nix, eher das Gegenteil.« Das sagte einer, und ein anderer: »Ich finde es wichtig, dass man solche Sachen in der Schule immer wieder anspricht. Nicht nervig, aber immer wieder, denn einmal reicht nicht.«

Das sehe ich genauso wie die beiden. Die Preisfrage ist natürlich: Wo exakt verläuft die Grenze zwischen »nervig« und »immer wieder«? Ich glaube, auch darauf gibt es keine allgemeine Antwort; auch das muss wieder jeder für sich selbst ausbalancieren. Wichtig ist, dass man auch auf die anderen Leute eingeht und ihnen zuhört. Man sollte schon allein darum möglichst freundlich und respektvoll bleiben, weil man nie weiß, wie die Menschen genau in die Situation gekommen sind, in der wir uns jetzt begegnen. Bei diesen beiden Leuten mit dem schnaufenden Mops zum Beispiel: Der Hund könnte wirklich aus dem Tierheim gewesen sein; oder die Leute haben ihn zwar damals aus lauter Begeisterung gekauft, seither aber ihren Fehler eingesehen.

Außerdem weiß man nie, was in anderen Menschen gerade vorgeht. Manche reagieren auf Argumente für Tierrechte ziemlich abweisend; aber »es arbeitet« weiter in ihnen. Ich erinnere mich, wie ich einmal einen Vortrag vor ein paar Veganern und ganz vielen Jungbäuerinnen gehalten habe. (Das passiert mir immer wieder: Ich bin zu einem Vortrag eingeladen, und dann sitzen dort lauter Schweinemäster. Oder Ziegenzüchterinnen. Oder Jäger. Ihr könnt euch vorstellen, dass das nicht die allereinfachsten Begegnungen sind.)

Die meisten Jungbauern versuchten sich über mich lustig zu machen, obwohl sie ehrlich gesagt so viel gar nicht wussten.

Einer aber machte da nicht mit und stellte einige nachdenkliche Fragen. Nachher sah ich ihn noch mit zwei Veganern zusammensitzen, die auch zu dem Vortrag gekommen waren; und die beiden berichteten mir nachher: Dieser junge Mann hatte gerade den väterlichen Hof mit Milchkühen übernommen. Bisher wollte er einfach weitermachen und den Betrieb vergrößern, aber nach dem Vortrag und dem Gespräch mit den beiden anderen beschloss er, seinen Stall umzubauen. Damit sich die Kühe wenigstens richtig bewegen konnten. Einige andere Verbesserungen plante er auch.

Okay, das ist vielleicht nicht *ganz* das, was mir vorschwebt ... Ich hätte natürlich am liebsten, dass er gar keine Kühe mehr hielte! Andererseits finde ich es schon ziemlich bemerkenswert, dass ein Mensch, der mit Milchkuhhaltung aufgewachsen ist und dessen Lebensunterhalt davon abhängt, sich überhaupt so weit auf das einlässt, was andere sagen. Seit Jahren hat dieser Mann die Kühe im Stall stehen gesehen und sich nicht den Kopf darüber zerbrochen. Jetzt begann er zu überlegen: Wie geht es eigentlich den Kühen damit?

So etwas finde ich enorm. Und können wir ahnen, wie dieser einmal begonnen Denkprozess bei ihm weitergeht?

Dammbau und Dammbruch

Wie ihr sicher gemerkt habt, geht es mir in diesem letzten Kapitel nicht mehr um spezielle Fragen zum Veganismus, sondern eher darum: Wie ist es, wenn man genug gehört hat über all die Ungerechtigkeit gegenüber Tieren und aktiv wird? Wie fühlt es sich an, wenn man eine Meinung hat – zum Beispiel zu Tierrechten –, die die meisten um einen herum aber leider nicht teilen?

Mal ist man voller Hoffnung, dann ist man wieder enttäuscht oder sogar sauer – gerade wenn Menschen, die man sehr liebt, einfach nicht einsehen wollen, dass Tiere Rechte haben.

So sehen jedenfalls *wir* es. *Sie* denken: Wieso sieht sie nicht ein, dass Tiere zum Essen da sind? – Und beide Seiten fühlen sich ungemütlich dabei ...

Am größten ist allerdings die Gefahr, dass wir uns klein und machtlos fühlen. Schließlich ist jeder von uns nur einer von 7 Milliarden Menschen. Da gibt es so eine Stimme in uns, die skeptisch fragt: Was kann ein Einzelner schon bewirken?

Und diese Stimme gibt es nicht nur in uns. Manchmal macht es den Eindruck, als stünden um jeden Menschen, der etwas Sinnvolles zu tun versucht, zehn Menschen herum, die ihm sagen, dass sein Handeln nichts bringt.

Aber das stimmt nicht. Diese Menschen haben in den seltensten Fällen recht, sondern stehen meist einfach nur im Weg. Und damit ihr solchen Zweifeln und Einwänden nicht ganz ausgeliefert seid, habe ich mir für die letzten Seiten dieses Buches Gedanken darüber gemacht, wie das eigentlich funktioniert: etwas zu ändern.

Das Beispiel mit dem Dammbau habe ich schon erwähnt. Auch da leistet jeder Einzelne nur einen Minibeitrag, aber gemeinsam retten sie den ganzen vom Hochwasser bedrohten Ort. Niemand würde sagen, dass es falsch ist, einen Damm zu bauen, nur weil jeder nur einen einzigen Sandsack trägt. Darum ist es ziemlich sonderbar, dass Menschen, die in anderen Fällen ihren kleinen Beitrag zu leisten versuchen, oft entmutigt werden: »Ach, das bringt nichts. Du bist doch nur einer.« – Aber das stimmt nicht! Es kommt extrem selten vor, dass ein Mensch ganz alleine auf eine Idee kommt; meistens denken und hoffen andere dasselbe, nur sieht man sie vielleicht nicht. Auch die

Idee der Tierrechte liegt sozusagen in der Luft; viele Menschen haben sie. Gemeinsam können wir etwas ändern.

Verrückterweise gibt es aber auch das komplette Gegenteil zum Dammbau, nämlich den Dammbruch – also wenn ein Damm ein Loch bekommt und so viel Wasser hindurchströmt, dass der Damm das Wasser nicht mehr aufhalten kann. Solche »Dammbrüche« gibt es nicht nur im Schlechten (also bei einer echten Überflutung), sondern auch im Guten, das heißt: Manchmal kann eine einzige Person eine schlechte Gewohnheit oder ein falsches Verhalten vieler anderer durcheinanderwirbeln und etwas verbessern.

Zum Beispiel erlebte vor ein paar Jahren eine Kollegin von mir das Folgende: Sie stieg in Frankfurt aus einer U-Bahn und wollte mit der Rolltreppe zum Ausgang hochfahren. Aber vor dem Beginn der Rolltreppe hatte sich eine kleine Menschentraube gebildet, niemand konnte die Rolltreppe benutzen. Und warum? Ein älterer Herr versuchte schon seit einigen Minuten, mit der Rolltreppe nach oben zu fahren. Aber ob es nun an seiner Angst vor der ungewohnten Technik lag oder an seinen unsicheren, zittrigen Füßen – das Betreten der Rolltreppe gelang ihm nicht. Er versuchte es immer wieder und schaffte den »Absprung« nicht. Derweil standen die anderen staunend daneben.

Die Kollegin durchbrach ziemlich wörtlich eine Art Damm, als sie sich durch die Menge nach vorne drängte. Sie nahm den alten Mann beim Arm, half ihm auf die Rolltreppe – und die Menschentraube löste sich auf.

Ganz Ähnliches geschieht auch oft bei Verkehrsunfällen. Etliche Fernsehsender haben sogar schon Unfälle inszeniert, um das mit versteckter Kamera zu filmen: Da liegt dann ein Mensch scheinbar verletzt (tatsächlich aber mit Kunstblut angemalt) auf einer vielbefahrenen Straße. Und kein vorbeikommendes

Auto hält an, sondern alle fahren im Bogen um den vermeintlichen Unfall herum.

Warum aber ist das so? Wie kann es dazu kommen, dass Leute an einem Unfall vorbeifahren oder einem alten Herrn keinen stützenden Ellenbogen anbieten? Dieses Phänomen wurde schon oft von Sozialpsychologinnen (die erforschen wollen, wie die Psychologie von menschlichen Gruppen funktioniert) untersucht. In meinen Worten, als Freundin und ständige Beobachterin einer Schafherde, ausgedrückt: Auch wir Menschen sind Herdentiere. Wir schätzen die Gesellschaft anderer Menschen und orientieren uns in unserem Verhalten stark an dem, was andere um uns herum machen. Das kann oft hilfreich sein, zum Beispiel, wenn andere schon wissen, wo es lang geht, oder wenn einer eine Gefahr ausgemacht hat, man selbst aber noch nicht.

Dieses Herdenverhalten kann aber auch verhängnisvoll sein, wenn das übliche Verhalten eigentlich falsch ist und trotzdem alle daran festhalten. Bei meinen Schafen erlebe ich immer wieder, wie unglaublich schwer es für sie auszuhalten ist, allein zu sein. Es ist für ein Schaf schlicht unmöglich, sich weit von der Herde zu entfernen, auch wenn es Schmerzen hat oder wenn woanders sein Lieblingsfutter ist. Es gibt so etwas wie einen Magnetismus der Herde, und der zieht jedes einzelne Schaf zur Menge. Es fühlt sich gefährlich an, allein zu stehen, sogar wenn gar keine reale Gefahr da ist.

Und ganz ähnlich ist es bei uns Menschen. Es fällt uns extrem schwer, etwas anders zu machen als andere Leute, besonders wenn wir uns mitten in einer Gruppe befinden. Es fällt uns schwer, etwas laut auszusprechen, wenn alle anderen schweigen. Wir fühlen uns unwohl, wenn wir der einzige Mensch im Raum mit, sagen wir, einem roten Pulli sind und alle anderen schwarzgekleidet sind. Es gibt in allen Gruppen und Situationen gewisse Normen, also eine Art Richtlinie, wie man aussehen und sich verhalten soll. Meistens fällt uns das nicht einmal auf.

Aber man kann lernen »auszuscheren«, und wenn man es getan hat, merkt man: Oft schließen sich andere an. Und sind sogar erleichtert!

Zunächst mal, wenn zum Beispiel an einer Unfallstelle schon drei Autos vorbeigefahren sind, fällt es der vierten Autofahrerin total schwer anzuhalten. Sie sagt sich selber: Na ja, wird schon was dran sein, wenn die anderen weiterfahren. Sicher hat jemand anders bereits den Rettungswagen gerufen.

Dann erinnert sie sich an diese Versuche im Fernsehen, hält an und wählt die 112. Und kaum steht sie an der Unfallstelle, trauen sich auch andere zu halten. Eine Helferin bleibt selten alleine. Oft wird auch empfohlen, dass man zu anderen, die vielleicht nur blöd rumstehen, sagt: »Sie da mit dem blauen Anzug, bringen Sie eine Decke!« (Oder: »Rufen Sie den Notarzt!«) Dann löst sich der Angesprochene aus seiner Starre als Herdentier und fängt an, sinnvoll zu handeln.

Wenn ihr also manchmal das Gefühl habt: Ich kann alleine gar nichts machen, und niemand scheint zu sehen, dass da etwas total falschläuft – dann denkt an meine Kollegin mit der Rolltreppe oder an den, der nach einem Unfall als Erster anhält. Eine einzelne Person kann sehr wohl etwas bewirken!

Allerdings kann es natürlich sein, dass wir nicht direkt mitbekommen, wie »ansteckend« unser Handeln wirkt. Haben vielleicht einige andere Leute, die am Fuß der Rolltreppe gestanden haben, nachher zu sich gesagt: »Wieso hab ich eigentlich nur dusselig rumgestanden? Wenn wieder so etwas geschehen sollte, biete ich selber gleich meine Hilfe an.«

Und erinnert ihr euch an mein Erlebnis im Zug, als ich zwei Männer dafür kritisiert habe, dass sie sich über Menschen mit Akzent lustig machten? In dem Moment dachte ich auch, ich wäre alleine. Bis ich sah, wie mir der andere Fahrgast zunickte und mich diese Frau ansprach. Selbst wenn wir es nicht unmittelbar merken: Wir sind meist gar nicht alleine.

Ein Stein in der Waage

Und genau damit hat auch eine dritte Form von politischem Handeln zu tun, die ich »Stein in der Waage« nenne. Mit Waage meine ich nicht dieses digitale Gerät, auf das man sich stellt, um das Gewicht abzulesen, sondern das altmodische Modell, wo zwei Schalen mit Ketten an einem Stab hängen. Wenn beide gleich leer oder voll sind, sind sie im Gleichgewicht und hängen auf derselben Höhe.

Nehmen wir aber an, in der einen Waagschale liegt jetzt ein großer Stein; diese Schale hängt unten. Und jetzt legen wir in die andere Schale nacheinander mehrere kleine Steine. Zuerst sieht man keinen Effekt, aber irgendwann wird Bewegung in die Wage kommen. Irgendwann sind beide Schalen gleichauf, und wenn wir dann noch ein, zwei Steinchen mehr in die zweite Waagschale legen, senkt sich diese nach unten. Das Verhältnis hat sich umgekehrt.

Der große Stein versinnbildlicht hier das Fleischessen: eine mächtige, träge Tradition, mit der wir aufgewachsen sind. Die kleinen Steine in der anderen sind all die Argumente, die gegen das Essen von Tieren sprechen; sie kommen zuerst »klein« daher, weil sie so neu und ungewohnt sind.

Dieses Bild stammt eigentlich nicht von mir, sondern eine

Freundin hat mal einen Vortrag über Veganismus gehalten, und nachher kam eine Zuhörerin auf sie zu und sagte: »Vielen Dank für den Vortrag! Sie haben mich zwar noch nicht vollends überzeugt, aber Sie haben einen weiteren Stein in die Waagschale gelegt.«

Eine Waage zum Umschwenken zu bringen, erfordert Zeit. Manchmal haben wir das Glück, derjenige zu sein, der den »entscheidenden« Stein hineinlegt – dann kommt jemand auf uns zu und sagt: »Mensch, Sie haben so recht, jetzt bin ich überzeugt!« Aber meistens legen wir einfach einen der anderen Steine hinein. Und dass sich an der Waage (noch) nichts bewegt, heißt nicht, dass unser Tun vergeblich ist.

Ich glaube, das allermeiste von dem, was wir tun, besteht darin, kleine Steine in solche Waagschalen zu legen. Sie haben noch keinen sichtbaren Effekt – aber wir nähern uns dem Ziel gemeinsam, Schritt für Schritt. Und wir sind auch nicht allein dabei. Wir sehen nur die anderen nicht, die vorher schon Steine hineingelegt haben oder die nach uns kommen!

Freunde, die Mut machen

Diese anderen muss man nur finden. Manchmal dauert es seine Zeit – aber wenn ich euch einen letzten Ratschlag geben darf: Sucht euch ein paar Freundinnen und Freunde, die das mit den Tieren so sehen wie ihr. Damit meine ich nicht, dass ihr *nur* vegane Freundinnen haben sollt, denn auch die anderen Menschen bedeuten einem etwas, und auch sie sind keine schlechten Menschen. Aber es tut gut, immer wieder etwas Zeit mit Leuten zu verbringen, die einen ähnlichen Blick auf die Welt haben. Man muss gar nicht unbedingt über Tiere reden, es gibt ja auch noch andere wichtige Themen. Allein zu wissen, dass es da eine Gemeinsamkeit gibt, ist ein gutes Gefühl.

Natürlich gibt es auch blöde und unsympathische Veganer. Es gibt Veganer, die glauben so sehr an die geheime Kraft irgendwelcher Gemüse, dass sie meinen, man könne schwere Krankheiten zum Beispiel mit geriebener Zitronenschale heilen. Es gibt andere Veganer, die sind Nazis, wollen andere Menschen terrorisieren und aus dem Land ekeln, denken aber gleichzeitig, dass man zu Tieren friedfertig sein soll (bitte fragt mich nicht, wie das angeblich zusammenpasst). In jeder Gruppe von Menschen gibt es Ekelpakete und Idioten, und das ist bei den Veganerinnen nicht anders.

Aber es gibt auch viele, viele ganz wunderbare Tierrechtlerinnen und Veganer. Solche, die hilfsbereit sind und großzügig; die Geld geben, wenn jemand in Not ist, und die mit all ihrem Werkzeug angerückt kommen, wenn eine vorm Schlachter gerettete Kuh einen Unterstand braucht. Die Zeitungen lesen und über alles, was der Mensch dem Tier antut, informiert sind – die aber trotzdem immer freundlich bleiben, wenn sie vor einem Kaufhaus stehen und Flugblätter über Pelzkrägen verteilen. Das sind Menschen, mit denen man Spiele spielen und kochen und lachen und weinen und die halbe Nacht veganen Kartoffelsalat fürs Tierheimfest machen und Plakate für Demos bemalen kann.

Es ist wundervoll, mit solchen Menschen befreundet zu sein und für eine gute Sache zusammenzuarbeiten. Man merkt dabei, dass nicht nur die Dinge Freude machen, die man unmittelbar für sich selbst tut. Sondern wenn man versucht, etwas in dieser Welt zu verbessern, und zwar mit anderen, mit Freunden, dann kann das unglaublich schön sein.

So etwas erleben zu dürfen, wünsche ich euch.

NOCH MEHR INFOS

Verhaltensbiologie

Wenn ihr Bücher sucht, in denen es noch viel mehr Beispiele von dem gibt, was Tiere können und fühlen, empfehle ich euch die folgenden:

- *Jeffrey M. Masson*: Wovon Schafe träumen. Das Seelenleben der Tiere. Wilhelm Heyne Verlag, München 2006.
- *Jonathan Balcombe*: Tierisch vergnügt. Ein Verhaltensforscher entdeckt Spaß im Tierreich. Kosmos Verlag, Stuttgart 2007.
- *Karsten Brensing*: Persönlichkeitsrechte für Tiere. Die nächste Stufe der moralischen Evolution. Herder Verlag, Freiburg im Breisgau 2015.
- *Marc Bekoff*: Das Gefühlsleben der Tiere. Ein führender Wissenschaftler untersucht Freude, Kummer und Empathie bei Tieren. Mit einem Vorwort von Jane Goodall. animal learn Verlag, Bernau 2008. (Dieses Buch ist nicht so toll übersetzt, inhaltlich aber sehr interessant.)
- Eine Menge schöner Kurzvideos von den Tieren des beschriebenen Kuhaltersheims an der Nordsee könnt ihr auf YouTube finden, wenn ihr das Stichwort »Hof Butenland« eingebt. Zu meinen Lieblingsvideos zählen »Lotti im Schnee«, »Blubbern mit Rosa-Mariechen« und »Hof Butenland happy cow«.

- Die Geschenke der Krähen an Gabi seht ihr zum Beispiel
  hier: *www.bbc.com/news/magazine-31604026*

Massentierhaltung

- Die Freunde, von denen ich im neunten Kapitel erzähle und
  die das Innere von Ställen dokumentieren, gehören zum
  Umfeld der Tierrechtsorganisation ARIWA (Animal Rights
  Watch). Auf deren Internetseite findet man unter der
  Rubrik »Archiv« viele Filme.
- Jeweils etwa vier Minuten lang ist ein Film über Schweine
  *www.ariwa.org/aktivitaeten/aufklaerung/videos/597-
  schweinezucht-in-deutschland-video.html*
  (Dieser Film lässt sich auch in Schulen einsetzen. Er
  informiert mit bedrückenden Bildern.)
- und einer über Kühe (hier fand ich die Bilder besonders
  schwer auszuhalten)
  *www.ariwa.org/aktivitaeten/aufklaerung/videos/924-milch-
  bedeutet-immer-leid-video.html*
- Ein Happy End hat ein ARIWA-Film, den ihr auf YouTube
  findet: »Entenbefreiung Weihnachten 2013«. Er dauert
  ebenfalls vier Minuten und zeigt den Weg von neun Enten
  aus einer Mastanlage zu den Wiesen und Bächen von Hof
  Butenland.
- Für sehr verlässlich halte ich die Informationen auf der
  Website der Albert-Schweitzer-Stiftung für unsere Mitwelt
  e. V. *www.albert-schweitzer-stiftung.de* unter der Rubrik
  »Tiere«.
- Ein 15-minütiger Film, »Mattis & die Milch«, der für den
  Gebrauch im Schulunterricht konzipiert wurde, lässt sich

auf der Website *www.werkstatt-zukunft.eu* unter »Bildungsmaterial« bestellen.
- Den Text des Tierschutzgesetzes kann man leicht aus dem
  Internet runterladen. Wie immer bei Gesetzestexten muss
  man das »Kleingedruckte« mitlesen. Die Verordnung zu den
  Tiertransporten trägt den absurden Namen »Verordnung
  zum Schutz von Tieren beim Transport und zur Durchführung der Verordnung (EG) Nr. 1/2005 des Rates (Tierschutztransportverordnung – TierSchTrV)«.

PR der Agrarindustrie

- Auf der recht neuen Website *www.agrarlobby.de* werden
  Beispiele und Strategien des Agrarlobbyismus aufgezeigt.
- Die Vorschläge für eine geschönte Sprache stammen aus
  einem Artikel des Wochenblatts für Landwirtschaft und
  Landleben vom 2. 8. 2013: »Vokabular für Tierhalter: Du
  bist, wie du sprichst«,
  *http://www.wochenblatt.com/landwirtschaft/nachrichten/
  vokabular-fuer-tierhalter-du-bist-wie-du-sprichst-6775.html*

Zoos

- Den Einsatz von Psychopharmaka in Zoos haben Elke
  Bodderas und Per Hinrichs 2014 ausführlich recherchiert:
  *http://www.welt.de/wissenschaft/umwelt/article127612535/
  Die-Tiere-in-deutschen-Zoos-stehen-unter-Drogen.html*

Jagd

- Kurz und klar spricht sich der Zoologe Prof. Dr. Reichholf unter dem Titel »Die Wahrheit über die Jagd« auf YouTube gegen die Jagd aus. Ausführlicher ist sein Vortrag mit dem Titel »Jagd reguliert nicht« (ebenfalls auf YouTube).
- Das erwähnte Buch des Försters *Peter Wohlleben* (handelt allerdings nur auf wenigen Seiten von der Jagd), heißt »Naturschutz ohne Natur. Von den Grenzen der Umweltpolitik.« wjs Verlag, Berlin 2009.
- Die Website *www.abschaffung-der-jagd.de* listet unter der Rubrik »Jägeropfer: Menschen« alle Jagdunfälle im deutschsprachigen Raum auf. Dadurch, dass die Originalmeldungen immer verlinkt sind, kann man sichergehen, dass nichts davon erfunden ist, auch nicht »Jäger trifft Haus« (14. April 2015) oder »Jäger trifft versehentlich Kinderbett« (8. Januar 2015).

Infos zu sonstigen tierischen Produkten ...

... entstammen oft Filmen, die solche Grausamkeiten zeigen, dass ich nicht weiß, ob ich sie wirklich empfehlen soll. Wenn ich nicht gerade einen Artikel (oder ein Buch) darüber schreiben muss, schaue ich immer nur ein paar Sekunden rein, dann weiß ich Bescheid, nämlich kurz gesagt: Das kaufe ich nie wieder.

Die folgenden Filme könnt ihr alle bei YouTube finden:
- eine Dokumentation des ZDF über die Lederherstellung in der Reihe »37° – Gift auf unserer Haut«
- einen 10-minütigen Film von Spiegel TV, »Lebendig gerupft, Das Geschäft mit den Gänsedaunen«

- die blutigen Seiten der Schafwolle unter »Schafe für Wolle geschlagen, getreten und geschnitten« und die von Angora-wolle unter »So werden Angora-Kaninchen gequält«
- Die letzten beiden Filmaufnahmen stammen von der Tierrechtsorganisation PETA (People for the ethical treatment of animals). Etwas leichter ist vermutlich dies hier zur Schafswolle anzusehen: »Pink über die Grausamkeit hinter australischer Wolle«, ebenfalls von PETA und auf YouTube.
- Zum Stichwort Pelz gibt es auf YouTube ebenfalls mehrere Videos, und eine kleine Info, worauf man beim Kauf von Jacken achten sollte, um Pelz zu vermeiden, findet sich hier: *www.ndr.de/ratgeber/verbraucher/Hundefell-als-Pelzbesatz,pelz134.html*

Geschichte des Vegetarismus

- In diesem Sammelband finden sich erstaunlich viele Texte zum Vegetarismus, von berühmten Autoren und quer durch die europäische Geistesgeschichte: *Iris Radisch/Eberhard Rathgeb (Hg.)*: Wir haben es satt! Warum Tiere keine Lebensmittel sind. Residenz Verlag, St. Pölten 2011.
- Um die Verbindung des Tierrechtsgedankens mit anderen Bewegungen, zum Beispiel Sozialismus und Anarchismus geht es in zwei anderen Büchern:
  Matthias Rude: Antispeziesismus. Die Befreiung von Mensch und Tier in der Tierrechtsbewegung und der Linken. Reihe theorie.org, Schmetterling Verlag, Stuttgart *2013*.
  Leo Tolstoi, Clara Wichmann, Elisée Reclus, Magnes Schwantje u. a.: Das Schlachten beenden! Zur Kritik der Gewalt an Tieren. Anarchistische, feministische und linkssozialistische

Traditionen. Verlag Graswurzelrevolution, Heidelberg 2010. – Diese Texte klingen, obwohl über 100 Jahre alt, erstaunlich aktuell. Ich könnte mir vorstellen, dass sich der eine oder andere auch als Schullektüre sehr gut eignet.

Tierversuche

- Corina Gericke, eine Tierärztin vom Verein Ärzte gegen Tierversuche e. V., hat ein kompaktes und informatives Büchlein über (Argumente gegen) Tierversuche geschrieben: *Corina Gericke*: Was Sie schon immer über Tierversuche wissen wollten – Ein Blick hinter die Kulissen. Komplett aktualisierte und überarbeitete 3. Auflage des Diskussions- und Argumentationsbuches. Echo-Verlag, Göttingen 2015.
- In dieser Datenbank werden Kurzzusammenfassungen veröffentlichter Tierversuche erfasst. Man kann darin zum Beispiel nachschauen, welche Tierversuche in der eigenen Stadt gemacht wurden oder was an Tieren einer bestimmten Spezies experimentiert wird.
  http://www.datenbank-tierversuche.de

Umwelt

- Eine Zusammenfassung zum Zusammenhang zwischen Fleischkonsum und Welternährung gibt es hier:
  http://www.topagrar.com/news/Home-top-News-Ohne-Fleischerzeugung-wuerde-Ackerflaeche-fuer-Welternaehrung-reichen-1216742.html

- Zu dem Problem, dass reiche Länder in armen Ländern Ackerflächen für Tierfutter belegen: *http://land-grabbing.de/triebkraefte/futtermittel/fallbeispiel-sojaproduktion-in-lateinamerika/*
- Zum Flächenverbrauch speziell der Bundesrepublik Deutschland: *https://www.destatis.de/DE/PresseService/Presse/Presse mitteilungen/2013/08/PD13_272_85.html*
- Zur Klimabilanz von Fleisch hat die Universität Wien 2012 eine neue Studie vorgelegt. Hier ein Interview mit einem der Autoren, dem Geophysiker und Lebensmittelwissenschaftler Kurt Schmidinger: *http://m.geo.de/GEO/natur/oekologie/fleischkonsum-und-klima-wir-muessen-weg-von-der-tierhaltung-71985.html*
- Das Stickstoffgutachten des Sachverständigenrats für Umweltfragen aus dem Januar 2015 findet man unter den Veröffentlichungen auf *www.umweltrat.de*
- Die Gesundheitsschäden durch verschiedene Quellen von Luftverschmutzung hat das Max-Planck-Institut für Chemie in Mainz im Jahr 2015 berechnet. Eine Kurzfassung hier: *http://www.mpic.de/aktuelles/pressemeldungen/news/ mehr-tote-durch-luftverschmutzung.html*
- Dass sich mit Bio-Anbau ganz Deutschland (locker) ernähren ließe, hat Markus Seemüller 2000 für seine vom Öko-Institut ausgezeichnete Diplomarbeit berechnet. Soweit ich sehe, hat sich an den wesentlichen Parametern seither nichts geändert. Die ganze Arbeit online hier: *http://www.oeko.de/oekodoc/76/2000-010-de.pdf* und eine Kurzzusammenfassung hier: *https://schrotundkorn.de/lebenumwelt/lesen/sk010513.html*

- Viele weitere Infos zu den ökologischen und weltpolitischen Hintergründen des Fleischkonsums finden sich im jeweils aktuellen Fleischatlas, den Heinrich-Böll-Stiftung und BUND herausgeben. Download hier: *http://www.bund.net/fleischatlas* und Bestellen der Druckversion hier: *http://www.boell.de/de/2014/01/07/fleischatlas-2014*
- Leuten, die sich so richtig in Dutzende von Tabellen, Zahlen und aktuellen Studien reinfuchsen wollen, empfehle ich das Buch von *Toni Meier*: Umweltschutz mit Messer und Gabel. Der ökologische Rucksack der Ernährung in Deutschland. oekom Verlag, München 2013.
- Dazu, wie sich Massentierhaltung weltweit entwickelt, und welche »Hilfe« Deutschland dabei gibt, habe ich diesen Text geschrieben: *http://www.monde-diplomatique.de/pm/2014/08/08/a0002.text*
- Englischsprachige Infos zur Entwicklung in den großen Schwellenländern Indien und China kann man sich downloaden unter *http://brightergreen.org/india/* beziehungsweise *http://brightergreen.org/china/*

Vegane Ernährung

Zur veganen Ernährung gibt es (wie vermutlich zu allen Gesundheitsthemen) eine Menge Vorurteile und krauses Zeug zu hören und zu lesen. Nicht nur im Internet, wo bekanntlich jeder alles Mögliche schreiben kann, egal wie gut er selbst informiert ist. Auch Ärzte lernen innerhalb ihres Studiums meist nicht viel über Ernährung; weshalb mir meine Hausärztin zum Beispiel empfahl, ich solle zwecks Vitamin-B12-Zufuhr »täglich einen Hefewürfel lutschen«. Was völliger Unsinn ist, denn erstens ist das völlig unpraktikabel – und zweitens enthalten Hefewürfel gar kein Vitamin B12!

Zur Recherche für dieses Buch habe ich auch diverse Krankenkassen angeschrieben, welche Infos sie zur veganen Ernährung, allgemein und speziell für Jugendliche, haben. Das Ergebnis war ernüchternd: Zwei davon wussten nicht mal wirklich, was vegan bedeutet, und eine gab auf ihrer Website sogar falsche Informationen dazu an! Auch die Deutsche Gesellschaft für Ernährung vermengt auf ihrer Website die vegane Ernährung mehrfach mit der (gänzlich anderen) makrobiotischen Lebensweise! (Stand: 3.11.2015)

Schließlich noch ein letzter Warnhinweis: »Ernährungsexperte« ist kein geschützter Begriff, im Grunde kann sich jeder Experte für irgendwas nennen. Und auch die Ernährungswissenschaft ist nicht unbeeinflusst von dem Lobbyismus, den ich im zehnten Kapitel beschrieben habe. Ein gutes Beispiel für die Macht der Lebensmittel-Lobby ist, wie seit Jahren ein »Ampelsystem« bei der Markierung der Lebensmittel verhindert wird: Anhand der Farben rot, gelb und grün könnten deutsche Verbraucherinnen (wie seit Jahren in Großbritannien) erkennen, welche Nahrungsmittel viel Fett und Zucker enthalten.

Jetzt aber die gute Nachricht: Es gibt verlässliche und verfügbare Informationen dazu, wie man sich vegan gesund ernährt. Auch im Internet. Ich empfehle euch die beiden folgenden Seiten (samt präzisen Tipps für Blutuntersuchungen, die man von der Hausärztin machen lassen kann):

- Der Blog *www.tofufamily.de*
- und die Seite *http://www.highfive-vegan.org/start/*
- Sehr ausführlich und genau, wenn auch etwas »trocken« zu lesen ist das Buch von: *Claus Leitzmann/Markus Keller*:

Vegetarische Ernährung. 3. Auflage. Reihe UTB, Verlag
Eugen Ulmer, Stuttgart 2013.

Vegan kochen & leben

In den letzten Jahren sind so viele tolle vegane Koch- und Back-
bücher erschienen, dass ich kein spezielles empfehlen möchte.
Am besten ist wohl, man geht in eine Buchhandlung vor Ort
und schaut mal in diverse Bücher rein, welche Rezepte einem
zusagen.

Oder man sucht sich im Internet vegane Versionen zu den
eigenen Lieblingsessen raus, viele kann man einfach googeln.
Auch bei *www.chefkoch.de* gibt es unzählige vegane Rezepte,
und eine Art Suchmaschinenseite mit knapp 15 000 veganen
Rezepten findet ihr hier: *www.rezeptevegan.de*

Weitere (ausgesuchte) Internetseiten rund ums Vegansein:
- *http://www.vegan-news.de/*
- *http://veganwelt.de/*
- *https://www.facebook.com/kochenohneknochen*
- *https://www.facebook.com/Vegpool*
- Einsteigerinnen, die auch Produkttests suchen, können hier
  gucken: *http://apfelvegetarier.blogspot.de/*
- Hier könnt ihr eure Postleitzahl eingeben, um jemanden zu
  finden, der euch mit konkreten Tipps zur Seite steht:
  www.vegan-buddy.de
- Falls ihr es gern ein bisschen spooky mögt und Englisch
  versteht, schaut euch mal den YouTube-Channel von »Vegan
  Black Metal Chef« an.
- Dieser Blog nimmt hübsch bissig vegane, gelegentlich

aber auch andere politische Themen auf die Schippe
http://graslutscher.de/

- Witzig auch der YouTube-Channel von »Der Artgenosse« sowie die Cartoons auf *https://www.facebook.com/vegansidekick*
- Noch mehr vegane Blogs findet ihr hier:
  http://www.utopia.de/magazin/die-besten-vegan-blogs
- Ob eure bisher verwendete Kosmetik vegan ist, könnt ihr googeln, oder ihr schreibt die Firma an. Auf dieser Seite findet ihr die ausführlichsten Listen mit veganer Kosmetik: *http://www.kosmetik-vegan.de/*
- Infos zu veganen Produkten speziell in Österreich hier:
  http://www.animalfair.at/
- und in der Schweiz: *https://veganschweiz.wordpress.com/*
- Vielleicht auch für eure Eltern interessant ist das sehr persönliche, ehrliche und informative Buch von *Jumana Mattukat*: Mami, ist das vegan? Ein Erfahrungsbericht. Verlag Kamphausen, Bielefeld 2013.
- oder auch *Corinne Matzka / Jonas Engelmann*: Vegane Eltern – junges Gemüse: Handbuch für den veganen Familienalltag. Ventil Verlag, Mainz 2015.
- Eine Übersicht über die Anbieter veganer Produkte und Infos, was sie sonst noch produzieren, findet ihr hier: *http://www.vegan-news.de/fleischalternativen-ueberblick-hersteller/*

Tierrechte im Unterricht

- Den von mir im Text schon erwähnten, frisch gegründeten Verein, der Workshops und Impulse zum gesellschaftlichen Mensch-Tier-Verhältnis anbietet, findet ihr hier:
  www.mensch-tier-bildung.de

- Unterrichtsbesuche machen auch Mitgliederinnen von: *www.achtung-fuer-tiere.de*
- Anhand des folgenden Texts von mir haben schon einige Schulklassen über Zoos diskutiert: *http://www.zeit.de/gesellschaft/2014-02/zoo-ethik*
- Die Bundeszentrale für politische Bildung hat 2012 ein Themenheft zu »Mensch und Tier« herausgegeben, das man kostenlos bestellen kann: *http://www.bpb.de/shop/zeitschriften/apuz/75802/mensch-und-tier*
- Darin enthalten ist auch ein Essay zur Tierethik von mir, der als Diskussionsgrundlage in Schulen geeignet ist: *http://www.bpb.de/apuz/75806/duerfen-wir-tiere-fuer-unsere-zwecke-nutzen-essay*
- Weiteres für Schulen geeignetes Filmmaterial findet sich in der Rubrik »Videothek« von *www.ariwa.org* – das sind die Tiere in den Ställen. Zum Kontrast kann man sich das Verhalten freier Tiere in den Videos von Hof Butenland ansehen (auf YouTube).
- Auf Hof Butenland lebt auch Mattis aus dem schon erwähnten 15-minütigen Film »Mattis & die Milch«, zu bestellen auf *www.werkstatt-zukunft.eu* unter »Bildungsmaterial«
- Ich erinnere noch mal an die historischen Texte aus *Leo Tolstoi, Clara Wichmann, Elisée Reclus, Magnes Schwantje u. a.: Das Schlachten beenden! Zur Kritik der Gewalt an Tieren. Anarchistische, feministische und linkssozialistische Traditionen. Verlag Graswurzelrevolution, Heidelberg 2010.*

VEGANE FRÜHSTÜCKSMUFFINS

Und zum Abschluss gebe ich euch mein eigenes Rezept für ziemlich gesunde *und* leckere Frühstücksmuffins, und zwar 24 Stück. Drei dieser Muffins sind eine Frühstücksportion.

Heizt zu Beginn schon mal den Backofen vor auf 150 Grad Umluft. Gebt dann in eine Rührschüssel

- **300 g Vollkornweizenmehl**
- **100 g Sojamehl**
- **100 g Zucker**
- **1 Tütchen Vanillezucker**
- **1 Tütchen Backpulver**

Mischt die trockenen Zutaten kurz mit einer Gabel durch und fügt **2 gehäufte Esslöffel Haselnussmus** hinzu (= 70 g. Das Haselnussmus kann man im Bioladen kaufen. Alternativ gebt ihr zwei Esslöffel Öl und drei Esslöffel gemahlener Haselnüsse oder sonstiger Nüsse hinzu, oder auch etwas kleingeschnittene getrocknete Aprikosen. Oder was ihr sonst mögt. Auch mit Müslis kann man herumexperimentieren, zum Beispiel 80 g Mehl durch Müsli ersetzen.) Nun knapp **einen halben Liter Sojamilch** dazugeben und gut verrühren.

Für dieses einfache Rezept braucht ihr nicht mal einen Rührmixer, eine Gabel reicht. Der Teig soll nicht ganz so »flüssig« sein wie ein üblicher Kuchenteig, aber er muss sich schon etwas »bewegen« können. Legt jeweils ein Papierförmchen in die Buchten der Muffinbleche. Wenn ihr nun in jedes Förmchen einen guten Esslöffel Teig tut, sollte der weder vom Löffel runterfließen noch ganz schwer am Löffel hängen, sondern etwas dazwischen. (Übrigens quillt Vollkornmehl noch ein bisschen nach, wundert euch also nicht, wenn der Teig nach ein paar Minuten etwas fester scheint.)

Inzwischen müsste der Backofen aufgeheizt sein. Schiebt nun die Muffinbleche auf den Rost und lasst die Muffins ca. 25 Minuten backen. Sie sollten oben leicht bräunlich und fest, aber natürlich nicht steinhart sein. Zur Probe könnt ihr eins herausnehmen und das Papier abschälen (Achtung, heiß!) – wenn es unten noch klebt, brauchen die Muffins noch ein paar Minuten. Nach dem Backen lasst ihr sie abkühlen und noch etwas Feuchtigkeit verlieren. Dazu legt man Kuchen meist auf einen Rost, aber bei Muffins mache ich es mir etwas einfacher, indem ich mit einem Teelöffel in der linken und einem in der rechten Hand alle Muffins noch in der Blechform halb umdrehe, so dass sie hochkant stehen. So kommt Luft an ihre Ober- und Unterseite.

Die angegebene Menge reicht für zwei Muffinbleche mit je 12 Muffins. Ich backe sie jede Woche einmal vor, friere die meisten davon ein und stelle mir abends drei zum Auftauen fürs Frühstück raus. Sie eignen sich auch gut zum Mitnehmen. Wenn ihr nur ein Blech habt, halbiert die Menge; dann könnt ihr auch mit Ober- und Unterhitze backen, bei 175 Grad.

Ein Muffin enthält ca. 100 Kalorien. 5,3 Gramm Zucker, 4,2 Gramm Eiweiß und 3,8 Gramm Fett. Drei von diesen Muffins geben euch ungefähr so viel Gesamtenergie wie ein Marmeladebrot oder ein Käsebrot. Allerdings enthalten sie drei Mal so viel Eiweiß wie ein Marmeladebrot und etwas weniger Fett und Zucker. Im Vergleich mit dem Käsebrot enthalten sie natürlich mehr Zucker, aber auch ein bisschen mehr Eiweiß und fast die Hälfte weniger Fett. – **Enjoy!**

ABBILDUNGS-QUELLENVERZEICHNIS

Die Infographiken in diesem Buch wurden auf Grundlage der folgenden Quellen erstellt:

Vergleich Lebenserwartung »Nutztier«
vs. natürliche Lebensdauer (S. 20 / 21)

Die Zahlen stammen aus Recherchearbeit der Autorin im Dialog mit Tierärzten und Menschen, die Tiere in Lebenshöfen aufnehmen.

Zahl der 2014 geschlachteten Tiere
in Deutschland (S. 88 / 89)

Statistisches Bundesamt, Wiesbaden 2015, Fachserie 3, Reihe 4.2.3 –2014, Land- und Forstwirtschaft, Fischerei: Geflügel
https://www.destatis.de/DE/Publikationen/Thematisch/Land Forstwirtschaft/ViehbestandTierischeErzeugung/Gefluegel 2030423147004.pdf;jsessionid=C7C3785E3FA47AEC26ED43B 319858176.cae3?__blob=publicationFile
Abrufdatum: 22.02.2016

Anstieg der Kuhmilchleistung pro Kuh (S. 95)

- Landesamt für Statistik, Niedersachsen (Zahlen bis 1960 und 1970)
  http://www.milchwirtschaft.de/downloadcenter/dateien/
  *statistik_seit1950_entwicklung_kuhzahlen_milchleistung_*
  erzeuger.pdf
- BLE (Erstellungsdatum: 07.01.2016; Zahlen von 2000 bis 2014)
  *http://www.ble.de/SharedDocs/Downloads/01_Markt/09_*
  Marktbeobachtung/02_MilchUndMilcherzeugnisse/Jaehrliche
  Ergebnisse/01_Deutschland/Dt_Grundlagen/Milchwirtschaft-
  Deutschland.xlsx?__blob=publicationFile
- Statista 2016
  http://de.statista.com/statistik/daten/studie/153061/
  umfrage/durchschnittlicher-milchertrag-je-kuh-in-deutschland-
  seit-2000/
- Abrufdatum für alle drei Quellen: 15.02.2016

Krankheiten bei Ankuft im Schlachthof (S. 114)

Statistisches Bundesamt, Wiesbaden 2015, Fachserie 3,
Reihe 4.3 – 2014, Land- und Forstwirtschaft, Fischerei:
Schlachttier- und Fleischuntersuchung
https://www.destatis.de/DE/Publikationen/Thematisch/Land
Forstwirtschaft/ViehbestandTierischeErzeugung/Fleischunter
suchungJ2030430147004.pdf?__blob=publicationFile
Abrufdatum: 15.02.2016

Ein Legehuhn in Daten (S. 129)

LOHMANN TIERZUCHT GmbH, 2016
Legehenne »Brown Classic«, Alternative Haltungsform
http://www.ltz.de/de/layers/alternative-housing/lohmann-brown-classic.php
Abrufdatum: 15.02.2016

Transport (S. 133)

Verordnung zum Schutz von Tieren beim Transport und zur
Durchführung der Verordnung (EG) Nr. 1/2005 des Rates
(Tierschutztransportverordnung – TierSchTrV)
Ausfertigungsdatum 11.02.2009
Abrufdatum: 15.02.2016

Jagd in Deutschland 2013/14 (S. 150/151)

Deutscher Jagdverband e. V. (DJV), 2016
https://www.jagdverband.de/node/719
Abrufdatum: 15.02.2016

Fleisch ist klimaschädlicher als Autofahren (S. 225)

Kurt Schmidinger / Elke Stehfest: Including CO_2 implications
of land occupation in LCAs— method and example for live-
stock products. Int J Life Cycle Assess (2012) 17:962–972;
DOI 10.1007/s11367-012-0434-7

*https://foodethics.univie.ac.at/fileadmin/user_upload/inst_
ethik_wiss_dialog/Schmidinger__K._2012._Including_CO$_2$_
implications_of_land_occupation_in_LCAs-method_and_
example_for_livestock_products._International_Journal_of_Life_
Cycle_Assessment.pdf*
Abrufdatum: 16.03.2016

Vegane Nahrungspyramide (S. 243)

VEBU – Vegetarierbund Deutschland e.V., 2016
*https://vebu.de/fitness-gesundheit/ernaehrungspyramide/
vegane-ernaehrungspyramide/*
Abrufdatum: 16.03.2016

DANK

Die Idee, ein Jugendbuch zum Thema Veganismus und Tier-rechte zu schreiben, war ein Vorschlag von Dennis Wohlfeil vom S. Fischer Verlag. Dafür herzlichen Dank! Das Schreiben dieses Buches war mir eine riesige Freude – und eine Herausforderung. Es ist gar nicht so leicht, Zusammenhänge, von denen man meint, man verstünde sie, so zu beschreiben, dass auch andere sie verstehen können; dabei merkt man nämlich oft, dass man sie selber gar nicht hinreichend verstanden hat! Darum habe ich während des Schreibens an diesem Buch viel dazugelernt.

Weil dieses Buch so viele Themenbereiche behandelt, war ich noch mehr als sonst auf Rat und Informationen anderer ange-wiesen. Viele Menschen haben Kapitel dieses Buches gegenge-lesen und mich auf Fehler hingewiesen. Für ihre Hilfe danke ich Susanne Billig, Peter Carstens, Jürgen Foß, Jan Gerdes, Corina Gericke, Frauke Girus-Nowoczyn, Daniel Graf, Tanja Günther, Arved Hönig, Stefan Kammler, Markus Keller, Toni Meier, Karin Mück, Christina Mumm, Claudia Preuß-Ueberschär, Reu-ben Proctor, Friederike Schmitz, Schüler für Tiere Köln e.V., Ursula Sezgin, Konstantinos Tsilimekis, Siegfried Ueberschär, Dinesh Wadiwel und Leos Paul Westphal.

Außerdem danke ich Stefan Kammler und Christina von Wil-lisen, die mich während der Monate des Schreibens so wunder-bar unterstützt und den Schafen und mir aus einigen kniffligen Lagen herausgeholfen haben. Ihnen beiden ist dieses Buch ge-widmet.

Ich bin Malala – und dies ist meine Geschichte

Als die Taliban die Macht in Pakistan übernahmen, sollten Mädchen nicht mehr zur Schule gehen. Doch Malala ließ sich nicht einschüchtern und kämpfte für ihr Recht auf Bildung. Am 9. Oktober 2012 schossen ihr Terroristen in den Kopf, als sie auf dem Weg von der Schule nach Hause war. Sie überlebte den Anschlag schwer verletzt, doch aufgegeben hat sie nicht – im Gegenteil: Sie ist zu einer Symbolfigur für den Frieden und zum Vorbild vieler Jugendlicher auf der ganzen Welt geworden. Zusammen mit Bestsellerautorin Patricia McCormick erzählt Malala von den Ereignissen in Pakistan – von Schulzeit, Freundinnen und zunehmenden Anfeindungen der Extremisten, von ihrem Widerstand und wie ihr Leben dadurch eine tragische Wendung nahm.

Malala Yousafzai mit
Patricia McCormick
Malala – Meine Geschichte
Aus dem Englischen von
Maren Illinger
Band 81253

Das gesamte Programm gibt es unter
www.fischerverlage.de

fi 81253 / 1